广东国际战略研究院智库丛书

欧盟
与全球治理

THE EUROPEAN UNION AND GLOBAL GOVERNANCE

严少华　赖雪仪　主编

社会科学文献出版社
SOCIAL SCIENCES ACADEMIC PRESS (CHINA)

目　录

导论　欧洲联盟、多边主义与全球治理

严少华[*]

一　全球治理的现状：赤字与挑战

当今世界正处在一个动荡和变革的时代，而全球治理也走到了一个十字路口。一方面，全球性问题与挑战仍然严峻，对全球治理的需要日益凸显。随着全球化程度的加深，当今全球性问题在性质、规模、影响和复杂性上都超越了以往，给国际秩序带来了前所未有的挑战。2008年金融危机虽然已经过去，却深刻地改变了全球经济格局，全球经济秩序仍然在调整过程中。自2016年美国总统特朗普上台以来，朝鲜核问题和伊朗核问题牵动着地区和全球安全局势，核扩散以及地区冲突等仍然威胁着国际社会的稳定。而气候变化与网络安全等非传统安全问题则向国际社会提出了新的挑战。根据联合国最新《全球环境展望》报告，有足够的科学证据表明地球的环境正在持续恶化，国际社会须采取紧急的行动以扭转这一趋势。① 一言以蔽之，全球性政治、经济、安全与生态等诸多问题正以前所未有的方式重新塑造当今世界，并对全球治理提出了更为迫切的要求。

另一方面，现有全球治理体系难以适应日益加剧的全球性挑战。当今全球治理体系是二战后以美国为首的西方国家主导建立的，其基本框架包括以联合国及其安理会为核心的全球安全体系；以国际货币基金组织、世界银行、

　严少华，博士，现为广东外语外贸大学讲师，研究方向：欧盟政治与对外政策、中欧关系。
① 　United Nations Environmental Programme, " Global Environmental Outlook 6," https://www. unenvironment. org/resources/global – environment – outlook – 6.

关税和贸易总协定为支柱的全球经济体系；以国际劳工组织、世界卫生组织及联合国专门机构为基础的全球社会体系；等等。这一体系对维护世界和平与稳定、促进各国经济社会发展发挥了重要作用。但随着全球化的深入以及国际权力格局的变化，现有全球治理体系的内在缺陷也日益明显，新兴国家和主导国家都对这一体系表示不满。由于实力的上升，新兴国家要求改革现有全球治理体系，赋予新兴国家更大的话语权。[①] 同时，一些新兴国家开始谋求建立新的全球治理机制，如金砖机制、亚洲基础设施开发银行。[②] 与中国等新兴国家加快参与和融入全球治理形成鲜明对比的则是美国这个全球治理的主导国家开始从全球治理体系中"后撤"。奉行单边主义和"美国优先"理念的特朗普不满美国长期实行的全球治理政策，先后退出了巴黎气候协定、联合国教科文组织、伊朗核协议、联合国人权理事会、维也纳外交关系公约等一系列全球治理机制。在欧洲，民粹主义、民族主义和"逆全球化"思潮的兴起也引发了国际社会对全球治理体系动荡的担忧。

全球性问题的积累、新兴国家的崛起、全球权力的转移、全球领导力的缺失以及全球治理体系的失效，共同造成了所谓"全球治理赤字"的现象——全球化的世界，全球治理的需求在增加，全球治理的供给却不足。"全球治理赤字"不仅存在于制度层面，即现有国际制度或国际安排未能有效发挥作用，也存在于政治层面，即目前的全球治理机构中非西方国家的代表性缺失导致全球治理体系的低效和失败。[③] 全球治理赤字的现象也成为国际社会共同面对的难题。在2019年3月举行的中法全球治理论坛上，习近平主席站在人类社会发展的高度，指出全球治理面临"四大赤字"，即治理赤字、信任赤字、和平赤字和发展赤字，精炼地概括了当前全球治理所

① Thomas Weiss, "Rising Powers, Global Governance, and the United Nations," *Rising Powers Quarterly*, 2016, 1 (2): 7 - 19.

② Chakraborty Sudip, "Significance of BRICS: Regional Powers, Global Governance, and the Roadmap for Multipolar World," *Emerging Economy Studies*, 2018, 4 (2): 182 - 191.

③ 庞中英：《全球治理赤字及其解决——中国在解决全球治理赤字中的作用》，《社会科学》2016年第12期，第4页。

面临的主要问题和挑战。[①] 习近平主席特别指出要发挥世界贸易组织等全球多边机制和欧盟等区域多边机制的建设性作用，破解治理赤字的难题，共同构建人类命运共同体。[②]

　　在当前全球治理体系动荡的背景下，地处亚欧大陆两端的欧盟同中国一起成为维护全球多边秩序稳定的重要力量。作为两大力量与两种文明，欧盟与中国有实力也有信心为全球治理贡献各自的理念与方案。在中国提出的构建人类命运共同体的构想中，欧洲共同体是不可或缺的一部分。"他山之石，可以攻玉"，本书的主要目的即回应习近平主席提出的命题，系统考察欧盟参与全球治理的理念与实践，为全球治理的中国方案提供智慧与经验。

二　全球治理的欧盟理念：多边主义的理想

　　由于欧洲一体化的实践与全球治理的理念高度契合，欧盟在冷战后全球治理兴起的初期就开始积极参与其中。[③] 在当前的全球治理体系中，欧盟无疑是一支举足轻重的力量。尽管受到经济危机、难民危机、民粹主义以及英国脱欧等多重危机的困扰，欧盟在全球治理体系中仍然具备独特的地位与优势。经过多轮的扩大与条约改革，欧盟已成为全球性力量（global actor），在国际舞台上发挥日益重要的作用。如今，欧盟拥有全球最高的GDP，是全球最大的贸易力量、最大的对外投资者以及最大的发展援助提供者。欧盟与传统大国、新兴国家、多边国际组织以及非政府组织建立了紧

---

① 习近平：《为建设更加美好的地球家园贡献智慧和力量——在中法全球治理论坛闭幕式上的讲话》，人民网，2019 年 3 月 26 日，http：//politics. people. com. cn/n1/2019/0327/c1024 -30998619. html。

② 习近平：《为建设更加美好的地球家园贡献智慧和力量——在中法全球治理论坛闭幕式上的讲话》，人民网，2019 年 3 月 26 日，http：//politics. people. com. cn/n1/2019/0327/c1024 -30998619. html。

③ 叶江：《试论欧盟的全球治理理念、实践及影响——基于全球气候治理的分析》，《欧洲研究》2014 年第 3 期，第 76 ~ 77 页。

密的合作关系。在国际贸易、气候变化、国际发展援助以及联合国改革等全球治理议题上，欧盟也扮演着领导性的角色。此外，欧盟在国际观念与制度方面的"规范性力量"也为其在全球治理中的角色奠定了基础。正如美国学者托马斯·比斯特克指出的，"基于其所拥有的资源、对法治的承诺以及在地区治理机构的创建中所拥有的经验，欧盟有潜力在诸多全球性治理安排的设计中发挥主导作用"。[1]

欧盟对全球治理的积极态度及独特优势也引起了学界对其全球治理理念的关注。由于全球治理不可避免地受到地区治理以及国家内部治理的影响，欧盟的全球治理理念自然也是建立在其自身推进一体化的历史经验基础之上。从欧洲一体化的独特经验以及欧盟特殊的制度架构出发，学者们对欧盟全球治理理念的基本内涵进行了分析。杨娜认为主权共享、按照国际制度规范行为体行为以及分权是指引欧盟全球治理战略的主要理念。[2] 金玲则指出欧盟全球治理战略的核心理念是"良政"。[3] 在本书中，赵晨分析了欧盟全球治理观的四个基本内涵，即以人权为基础的宪政主义、全球法治、跨层次的多边主义以及社会保护。在赵晨看来，欧盟的全球治理理念整体上具有鲜明的"后现代主义"和"世界主义"色彩。

欧盟全球治理理念的内涵十分丰富，最核心的理念则是欧盟对多边主义的承诺。与传统大国不同，欧盟从本质上而言是一个多边实体，欧洲一体化也是一个多边治理的进程，在多元的声音中寻求共识与合作是欧盟一贯的传统，因此欧盟在全球治理上也天然地倾向于多边主义。欧盟委员会前主席巴罗佐指出，多边主义是欧盟条约的宪政目标之一，而国际法治与多边机制的积极影响也是欧盟基因的一部分，这可以看作欧盟对全球秩序的附加贡献。[4] 因此，以规则为基础的多边主义本身就是欧盟价值观的一部

---

① Thomas Biersteker, "Global Governance," in Miguel Maduro ed., "An EU Agenda for Global Governance," *RSCAS Policy Paper*, 2011 (1): 12.

② 杨娜：《欧盟的全球治理战略》，《南开学报》2012年第3期。

③ 金玲：《欧盟全球治理新思路及对中欧关系的影响》，《国际问题研究》2013年第2期。

④ Jose Barroso, "European Union and Multilateral Global Governance," in Miguel Maduro ed., "An EU Agenda for Global Governance," *RSCAS Policy Paper*, 2011 (1): 5.

分，深植于欧盟的基因之中。鉴于欧盟本身是多边合作的典范，欧盟认为对多边体系的承诺——以及对联合国作为多边体系支柱的承诺——将决定二战后建立的制度框架是否（以及如何）继续作为国际体系的基石。① 《里斯本条约》也明确提出欧盟对外政策的目标之一是，强化以多边合作和全球良治为基础的国际体系。② 近年来，多边主义已经成为欧盟对外关系的核心理念，甚至可以被视为欧盟参与全球治理的"教义"，它比任何其他概念都更能体现欧盟在世界政治中的立场。③

多边主义的概念本身缺乏足够的共识，迄今为止最为全面的阐述与界定还是来自欧盟。在很大程度上，欧盟甚至可以被看作多边主义的代言人，其对多边主义的承诺（至少在话语上）远远超过其他国际行为体。从概念本身来看，多边主义与单边主义、双边主义相对应，指在国际体系中实施政治战略和政策的方式，涉及与其他行为体之间活跃、广泛的合作。④ 在全球治理中，欧盟对多边主义的强调也与美国对单边主义的偏好形成鲜明对比。2003 年，在美国布什政府单边主义倾向上升的背景下，欧盟在其《欧洲安全战略》中首次明确提出了"有效多边主义"的理念，将建立在有效多边主义基础上的国际秩序明确为欧盟三项战略目标之一。文件指出，"在威胁、市场与媒体全球化的世界，我们的安全与繁荣日益依赖于有效的多边体系。我们的目标是建立一个更强大的国际社会，一套更有效的国际制度和一个基于规则的国际秩序"。⑤ 为了实现这一目标，欧盟进一步阐述了国际法、联合国、国际组织、国际机制以及地区组织等对于"有效多边主义"的重要性。

---

① European Council, "The EU and the UN: the Choice of Multilateralism," Brussels, COM 526/2003, 10 September 2003.

② *Treaty of Lisbon*, article 21.

③ 叶江：《试论欧盟的全球治理理念、实践及影响——基于全球气候治理的分析》，《欧洲研究》2014 年第 3 期，第 79 页。

④ 〔美〕戴维·斯科特：《中欧的多极化与多边主义概念分歧：欧方视角》，载潘忠岐等著《概念分歧与中欧关系》，上海人民出版社，2013，第 229 页。

⑤ European Union, *A Secure Europe in a Better World: European Security Strategy*, Brussels, 12 December 2003.

2008 年金融危机之后，随着新兴力量的群体性崛起、国际力量格局的变化以及欧盟自身陷入内外交困的局面，欧盟的全球治理观也呈现明显的实用主义转型态势。① 换言之，欧盟全球治理的理念更注重价值观与现实利益之间的平衡，在坚持多边主义原则的同时，更注重多边主义的"有效性"、"功能性"和"互惠性"。② 在 2016 年发布的《欧盟全球战略》中，欧盟重申要维护以规则为基础的全球秩序，这一秩序以多边主义为核心原则，并且以联合国为中心。但在对新的战略环境做出现实评估之后，欧盟提出在对外政策中将奉行"有原则的现实主义"理念，并将"有效的全球治理"（effective global governance）确认为欧盟对外政策的五项战略目标之一。为了建立有效的全球治理体系，欧盟在手段上预留了更多的操作空间。欧盟"有效的全球治理"理念强调在继续通过多边框架解决全球性问题的同时，承认多边合作进程与方式的多样性，比如加强与第三国、国际组织、地区组织以及非国家行为体的合作与协调。③

简而言之，在欧盟的全球治理理念中，维护多边机构和多边机制的有效性至关重要，而欧盟是全球多边主义不可或缺的伙伴，在全球多边治理中有着独特的责任与优势。一方面，欧盟已将"有效多边主义"确立为其对外关系，包括参与全球治理的目的与指导原则，在实现有效多边主义的手段上也更加现实与灵活。另一方面，欧盟也自视为履行多边主义承诺、运用多边工具解决问题的模范，试图在全球治理上发挥榜样的力量（lead by example）。

三 全球治理的欧盟实践：多边主义的现实

欧盟如何实现其"有效多边主义"的治理目标？"有效多边主义"的全

---

① 任琳、程然然：《欧盟全球治理观的实用主义转型》，《国际展望》2015 年第 6 期。
② 金玲：《欧盟全球治理新思路及对中欧关系的影响》，《国际问题研究》2013 年第 2 期，第 67 页。
③ European Union, *Shared Vision, Common Action: A Stronger Europe: A Global Strategy for the European Union's Common Foreign and Security Policy*, Brussels, 2016.

球治理理念在实践中的效果如何？欧盟的多边主义理念在不同领域会有差别吗？这是本书试图回答的核心问题。在一次关于欧盟与全球治理的高级别会议上，著名学者克里斯托弗·希尔等指出，目前关于欧盟与多边主义的学术和政策讨论缺乏经验数据的支撑。[①] 本书围绕上述核心问题，对欧盟在不同领域的全球治理实践及其与联合国等多边治理机构的互动开展了深入的实证研究。

在欧盟的多边主义理念与全球治理实践中，联合国占据了中心地位。赖雪仪探讨了欧盟参与和推动以联合国为中心的全球治理体系的实践及挑战。她指出，欧盟与联合国是"自然伙伴"，拥有相同的核心价值观及共同的国际关系目标。因此，欧盟自创始以来就视联合国为以规则为基础的国际秩序的核心，并致力于维护联合国作为多边国际秩序的基石。欧盟虽然不是联合国的正式成员，却积极参与联合国的行动，尤其是在发展援助、人道主义援助、和平与安全以及气候变化等领域。赖雪仪指出了欧盟在参与联合国的过程中遇到的六个问题，其中包括非国家行为的身份问题、欧盟成员国拒绝在外交安全领域赋予布鲁塞尔更大权能、欧盟成员国之间的分歧、联合国与欧盟在制度方面协调性不足、参与联合国行动对欧盟自主性的威胁以及联合国越来越难以成为输出价值观和规范的平台。她认为欧盟在中短期内难以解决这些问题，因此难以有效推动以联合国为中心的全球治理。

刘曙光与王祎然分析了欧盟参与全球金融治理的实践。2008 年金融危机之后，全球金融治理成为 G20 等国际机制和各国政策制定者关注的重点议题之一。他们认为欧盟作为世界的重要一极，是全球金融治理的重要参与者和执行者，在全球金融治理尤其是金融监管中发挥了不可替代的作用，甚至在一定程度上具有成为全球金融治理主导者的条件。但是对欧盟参与国际金融机构改革以及全球储备货币体系调整的案例研究也表明，缺乏凝

---

① Christopher Hill、Nadia Klein、Wolfgang Wessels，"EU Multilateralism: Rhetoric and Reality in the Context of Global Governance," in Miguel Maduro eds., "An EU Agenda for Global Governance," *RSCAS Policy Paper*, 2011（1）：31.

聚力、立场难以统一以及代表性缺乏等问题使得欧盟难以将自身在金融领域的实力转化为在全球金融治理中的影响力。而逆全球化浪潮以及英国脱欧进程则将进一步削弱欧盟的金融实力及其对全球金融治理的影响力。

王瑞从全球发展治理的视角分析中国与欧盟在非洲合作的必要性与可行性。他认为欧盟与中国作为传统援助方与新兴援助国的代表，有必要在全球治理的发展合作领域展开切实可行的合作，而非洲则为中欧发展治理合作提供了机遇和平台。在对欧盟与中国对非发展援助模式进行比较分析的基础上，王瑞认为中欧在对非发展援助上虽然表现出"问题导向"与"制度导向"的差异，但也存在广泛的利益共同点。而共同的历史身份与经验、优势互补以及结构化的国际影响力则为中欧在非洲进行发展援助三方合作提供了可行性。以"南—北—南"合作模式为特征的中欧非三方发展合作将为全球发展治理探索新的路径。在未来的合作方向上，他认为中欧在非洲的发展合作需要更加聚焦全球性问题，突出非洲国家的主导地位以及深化双边与多边合作机制。

傅聪论述了欧盟在全球环境治理中的角色。他认为欧盟作为单一行为体参与全球环境治理的合法性是在欧洲一体化与欧盟环境政策一体化的过程中逐步形成的，欧盟的全球环境治理之路也经历了从萌芽到积极跟随，直至成为全球领导者的阶段。但是多重危机的考验、民粹主义的泛滥、英国脱欧产生的不确定性以及成员国国内政治等诸多因素也导致欧盟在全球环境治理中的领导力趋于减弱。他指出欧洲一体化的深化与欧盟参与全球环境治理具有密切的正相关性，欧盟本身的特征也影响着其参与全球环境治理的路径与方式，即支持多边主义框架，追求以国际法的约束力保障全球环境治理机制的地位。2019年欧洲议会选举中，支持一体化的中间力量掌握大局，绿党支持率上升，将为欧盟重振在全球环境治理中的领导地位提供机遇。

沈晓晨分析了欧盟参与全球反恐治理的历史与现状。他认为欧盟参与全球反恐治理具有内部与外部两个维度。长期以来，反恐是欧盟内部安全治理的一个重要议题，欧盟参与恐怖主义全球治理也具有明显的内部安全治理色彩，体现出由内及外的安全治理思路。但"9·11"事件之后，欧盟反恐政策开始具有外部维度，真正产生参与反恐全球治理的意识，并逐渐成为重要的全球反恐行为体。他提出欧盟形成了有别于内部安全治理，但又具有强烈的内部安全治理特点的反恐国际维度。而《里斯本条约》关于"团结"、"永久性结构化合作"以及"共同防御"等的相关条款也为欧盟成为反恐国际行为体创造了新的契机。虽然欧盟参与反恐全球治理面临着能力与资源不足的困境，但沈晓晨认为欧盟在过去20年的反恐实践中所遵循的地区治理路径仍然构成当前思考走出恐怖主义治理困境的一个独特思路。

　　原航探讨了国内学者少有关注的欧盟与全球社会治理这一前沿议题。他指出欧盟参与全球社会治理包括内部和外部两个维度，即欧盟社会政策的对外维度与欧盟对外政策的社会维度。前者强调欧盟社会政策（社会权利、社会规范、社会再分配）的对外示范、溢出和辐射，后者侧重在对外关系中运用对话、贸易、援助和国际合作等政策工具推广其社会规范并影响全球社会治理。欧盟参与全球社会治理的主要议题包括核心劳工标准、体面劳动日程、企业社会责任等，并采取由近及远的视角向国际组织、候选入盟成员国、其他周边国家、发达国家和新兴市场以及发展中国家输出欧盟社会治理模式，在塑造全球社会治理方面也取得了明显的成绩。欧盟积极参与国际劳工组织等国际组织和论坛的有关社会政策的议题和日程设定，对一些国际原则、规范和规则的公开辩论、共识形成起到了引领和塑造的作用。欧盟对其新成员国、入盟候选国和周边国家的社会政策也有直接影响，对中小发展中国家社会政策制定和改革的影响力不可忽视。但欧盟内部社会政策面临的挑战、国际秩序的变化以及新兴国家的崛起等因素也使得欧盟的经验与模式开始受到质疑与挑战，全球社会治理因之将呈现多元竞争与交流的格局。

　　最后，赵纪周探讨了欧盟与中国在北极治理中的合作。随着北极在战略、经济、科研、环保、航道与资源等方面的价值日益明显，北极治理成为国际社会关注的焦点之一。欧盟作为一个兼有超国家联邦政体与国际组织双重属性的独特行为体，其在北极治理中也极力推崇具有欧洲特色的治理理念与实践。在北极治理中，欧盟主要关注气候变化与北极环境、北极地区可持续发展以及北极事务的国际合作等，其治理理念与实践体现出"规范性力量"的特征，既追求经济等方面的利益，也希望占据有利的价值高地。但由于北极理事会的局限性以及环北极的排他性等因素，欧盟在北极治理中的理念与实践尚难以对其他行为体产生重大影响。赵纪周认为欧盟与中国在北极治理方面拥有相近的利益诉求、相似的政策立场和类似的身份定位，这为双方在北极治理上的合作提供了某种可能。

四　欧盟与全球治理的未来

从本书的实证研究来看，欧盟参与全球治理的记录可谓喜忧参半。尽管在某些全球治理议题上发挥了领导角色，欧盟的全球治理理念与实践之间仍然存在难以逾越的鸿沟。这既与欧盟自身的局限与困境有关，也有国际格局和外部环境变化的因素，比如地缘政治的紧张、逆全球化的思潮、全球机制的过时、全球治理的失衡以及全球性问题本身的复杂性等，构成了当前全球治理以及国际合作的重要障碍。[1]

这是否意味着欧盟的全球治理理念与实践已经过时了呢？与之相反，我们认为欧洲的理念与实践仍然代表了某种创新性与前瞻性。虽然当今的国际体系中，欧洲不再处于支配地位，但其核心理念与原则多来自欧洲国家。在国际秩序演变的过程中，欧洲国家也比美国积累了更丰富的全球治理经验。因此，我们有理由相信欧洲在全球治理方面有可能提供美国之外的另外一种思路。而当今全球治理的困境也恰恰凸显了欧盟治理理念的价值和重要性。在当前全球治理停滞不前乃至局部倒退的背景下，区域治理与地区秩序的重要性反而更加明显。而欧盟无疑是区域治理的先行者和领导者。尽管欧盟自身危机缠身，但仍然为世界其他地区的治理提供了无可

---

① JeanPisani - Ferry, "Should We Give up Global Governance?" *Policy Contribution*, 2018 (17) .

替代的参照物。

实际上，欧盟自身的全球治理思路，也越来越重视区域治理的层面。在 2003 年的《欧洲安全战略》中，欧盟就用一小段的篇幅强调了地区组织在以"有效多边主义"为基础的国际秩序中的重要作用，认为欧洲安全合作组织、东盟以及南方国家共同体等地区组织可以强化全球治理并为全球秩序做出重要贡献。[①] 在 2016 年更新版的《欧盟全球战略》中，合作性的地区秩序（cooperative regional orders）被确立为欧盟全球战略的五项目标之一，并占据了很大的篇幅。欧盟认为在一个去中心化（decentralized）的世界，地区（region）构成了至关重要的治理空间。在自愿基础上形成的地区治理为国家和人民提供了更多机会以应对安全关切，从经济全球化中获益，更充分地展示不同文化和身份认同，并在世界事务中发挥影响力。[②] 这一立场也充分体现了欧盟以区域治理推动全球治理的思路变化。

从这个意义上而言，欧盟推动区域治理的路径也代表了未来全球治理的可能走向之一。建立在主权共享原则与辅助性原则（subsidiarity）基础上的多层治理（multi‐level governance）模式是欧盟在区域治理方面的独特创新，也为当前的全球治理赤字提供了应对的思路。在 2019 年被视为决定欧盟命运的欧洲议会选举中，尽管疑欧主义和民粹主义力量在此前呼声甚高，主流的亲欧党派仍然成功地赢得了超过 2/3 的票数。而超过 50% 的选举投票率也表明一个泛欧政治空间正在形成。这对欧盟而言，是一个积极的信号，也是全球治理期待已久的正能量（impetus）。

参考文献

〔美〕戴维·斯科特:《中欧的多极化与多边主义概念分歧：欧方视角》，载潘忠岐

---

①　European Union, *A Secure Europe in a Better World：European Security Strategy*, Brussels, 2003.

②　European Union, *Shared Vision，Common Action：A Stronger Europe：A Global Strategy for the European Union's Common Foreign and Security Policy*, Brussels, 2016.

等著《概念分歧与中欧关系》，上海人民出版社，2013。

金玲：《欧盟全球治理新思路及对中欧关系的影响》，《国际问题研究》2013 年第
2 期。

庞中英：《全球治理赤字及其解决——中国在解决全球治理赤字中的作用》，《社会
科学》2016 年第 12 期。

任琳、程然然：《欧盟全球治理观的实用主义转型》，《国际展望》2015 年第
6 期。

习近平：《为建设更加美好的地球家园贡献智慧和力量——在中法全球治理论坛闭
幕式上的讲话》，人民网，2019 年 3 月 26 日，http：//politics. people. com. cn/n1/2019/
0327/c1024 - 30998619. html。

叶江：《试论欧盟的全球治理理念、实践及影响——基于全球气候治理的分析》，
《欧洲研究》2014 年第 3 期。

杨娜：《欧盟的全球治理战略》，《南开学报》2012 年第 3 期。

Christopher Hill, Nadia Klein, Wolfgang Wessels, "EU Multilateralism：Rhetoric and
Reality in the Context of Global Governance," in Miguel Maduro eds. , "An EU Agenda for
Global Governance," *RSCAS Policy Paper*, 2011（1）.

Chakraborty Sudip, "Significance of BRICS：Regional Powers, Global Governance, and
the Roadmap for Multipolar World," *Emerging Economy Studies*, 2018, 4（2）.

European Council, "The EU and the UN：the Choice of Multilateralism," Brussels,
COM 526/2003, 10 September 2003.

European Union, *A Secure Europe in a Better World：European Security Strategy*, Brussels,
2003.

European Union, *Shared Vision, Common Action：A Stronger Europe：A Global Strategy for
the European Union's Common Foreign and Security Policy*, Brussels, 2016.

JeanPisani - Ferry, "Should We Give up Global Governance?" *Policy Contribution*, 2018
（17）.

Jose Barroso, "European Union and Multilateral Global Governance," in Miguel Maduro
eds. , "An EU Agenda for Global Governance," *RSCAS Policy Paper*, 2011（1）.

Thomas Biersteker, "Global Governance," in Miguel Maduro eds. , "An EU Agenda for
Global Governance," *RSCAS Policy Paper*, 2011（1）.

Thomas Weiss, "Rising Powers, Global Governance, and the United Nations," *Rising Powers Quarterly*, 2016, 1 (2).

United Nations Environmental Programme, "Global Environmental Outlook 6," https: // www. unenvironment. org/resources/global – environment – outlook – 6.

全球治理的欧盟方案：涛声依旧还是变成了旧船票

赵 晨[*]

摘 要： 本文对 21 世纪以来欧盟的全球治理理念演变及其在世界上的影响力进行总结和评估，归纳了欧盟全球治理观的基本特征，并解析它在 21 世纪初走向巅峰的原因。但 2009 年欧债危机之后，具有"浪漫主义"色彩的欧盟全球治理方案逐渐褪色，被迫向现实主义低头，欧盟的世界主义主张遭遇各种挑战，其生命力和活力经受严重考验。

关键词： 全球治理 欧洲联盟 全球法治 现实主义 浪漫主义

如何管控经济全球化和经济相互依赖时代的各种全球性问题，也就是如何进行全球治理，世界各主要地区各有自己的方案和理念。[①] 欧盟作为一个超国家性最强的地区性国际组织，自 20 世纪 90 年代起，就一直是全球治理的引领者和坚定支持者。如果按照国家性和超国家性来划分，也就是说按照认可治理的主体为国家还是国际组织来划分世界各地区关于全球治理的态度，欧盟的全球治理观无疑处在这一光谱的超国家一侧。

21 世纪的第一个十年，是欧盟理念在全球治理领域最为盛行的时期。世纪之初，欧元面世并成为与美元媲美的国际货币，欧盟通过东扩将版图从西欧扩展到中东欧，它的经济总量也超过美国，跃升为世界最大市场。在这些基础上，欧盟在世界舞台上展现出一个有别于美国的"罗马"式霸

---

[*] 赵晨，中国社会科学院欧洲研究所研究员，欧洲国际关系研究室主任。研究方向：欧洲国际关系、欧盟政治、欧洲一体化和全球治理。

[①] 赵晨：《中美欧全球治理观比较研究初探》，《国际政治研究》2012 年第 3 期。

权的"希腊"型力量，它的发展模式被称为"欧洲梦"，[1] 它治理世界的方法比美国"更加积极，更加和平"，[2] 它向全世界昭示着未来的全球治理走向——像它一样深度的地区一体化。但是 2009 年的欧债危机令欧盟陷入窘境，随后的希腊债务纠纷、乌克兰危机、难民危机、频频发生的暴恐事件削弱了欧洲的全球声誉，欧盟的运作开始内倾化。2016 年英国公投决定脱欧，特朗普当选美国总统，更加破坏了欧盟参与国际事务和引领全球治理的内外环境。面对单边主义和贸易保护主义抬头、民粹主义在欧洲和世界其他地区的泛滥，欧盟旧有的全球治理方案还有生命力和号召力吗？这是本文致力讨论的问题。

本文首先对欧盟的全球治理观和它致力于实现的世界秩序的内容进行总结。其次回顾欧盟的全球治理方案在冷战后 20 年所经历的"黄金时期"。再次，本文将对欧盟方案在 2009 年欧债危机后逐渐丧失吸引力的原因进行解析，并探讨欧盟外交政策导向的相应转变。最后作者对欧盟全球治理观的生命力和欧盟在世界舞台上的前景进行了初步的展望和预测。

一 欧盟的全球治理方案

欧盟全球治理观的基本内涵可基本划分为四项内容：以人权为基础的宪政主义、全球法治、跨层次的多边主义以及社会保护。

首先是以人权为根基的宪政主义。欧盟一向主张以普遍人权为基础，摒弃强权政治，以国际组织决定和国际法作为衡量世界事务是非曲直的标准，这是它的世界规范的核心内容。[3] 1950 年《欧洲人权公约》开端的、

---

[1] 〔美〕杰里米·里夫金：《欧洲梦：21 世纪人类发展的新梦想》，杨治宜译，重庆出版社，2006。

[2] 〔英〕马克·伦纳德：《为什么欧洲会领跑 21 世纪》，廖海燕译，上海三联书店，2009，第 10 章。

[3] 〔美〕杰里米·里夫金：《欧洲梦：21 世纪人类发展的新梦想》，杨治宜译，重庆出版社，2006；〔英〕提摩许·加顿·艾什：《自由世界：美国、欧洲和西方世界的未来》，张宁译，东方出版社，2009；〔英〕马克·伦纳德：《为什么欧洲会领跑 21 世纪》，廖海燕译，上海三联书店，2009。

以平等的个人主义为核心的人权世界观是其内核，而其外延则是以康德的《永久和平论》为其思想根源的全球宪政主义秩序理想。

欧盟的这一全球治理理念建立在其自身以和平的制度化和法制化方式推进一体化的自身历史经验基础之上。欧盟的历次重大条约均会标明欧盟的价值观，2009 年生效的《里斯本条约》在前言的第二款和第三款即表示："欧盟建立在尊重人的尊严、自由、民主、平等、法治和尊重人权，包括少数族裔人权的基础上"，"联盟成立的目的就是要增进和平，推广它的价值，提高它的人民的幸福水平"。① 欧盟从未将这些价值理念限制在自己的境内，它很早就开始对外推广自己的模式。1989 年 10 月，雅克·德洛尔——欧洲一体化史上最出色的欧盟/欧共体委员会主席之一，在布鲁日的欧洲学院发表演说时阐述了欧洲的世界观，他引用了 1948 年在海牙召开的首届欧洲统一运动大会上的一位宣言起草者的话："欧洲的最高目标就是保证人的尊严，以及自由——这一人的尊严的真正形式……我们不仅要在我们的大陆联盟保障我们欧洲已经得到的种种自由，也要将这些自由的益处播撒给世间诸人。"②

其次是全球法治。通过法律一体化实现欧洲一体化，是欧盟区别于其他地区组织的重要特征，欧盟自己就是一套建基于"共同体法律"（acquis communtaire）之上的体制机构，欧洲法院的判决具有超越成员国司法体系的直接效力和最高效力。欧洲法院和成员国法院相互配合，已形成一个完整的司法体系，目前欧盟立法占所有欧洲国家新增立法的大约一半。③ 法治帮助塑造

---

① Council of the European Union, "Consolidated versions of the Treaty on European Union and the Treaty on the functioning of the European Union," Article 2 and Article 3, Brussels, 2008.

② Denis de Rougemont, quoted by Jacques Delors in his address of 17 Oct. 1989 to the College d'Europe in Bruges, http://www.ena.lu/address_given_jacques_delors_bruges_17_october-1989-020004200.html. accessed 24 Nov. 2016. Albert Bressand, "Between Kant and Machiavelli," *International Affairs*, 2011, 87 (1): 62.

③ Thomas Christiansen, "The European Union and Global Governance," in Jens-Uwe Wunderlich and David J. Bailey ed., *The European Union and Global Governance*: *A Handbook* (1ˢᵗ edition), Abingdon: Taylor and Francis, 2017, p. 221.

了欧洲密度很高的规范环境（dense normative environment）。① 欧盟是著名法理学家凯尔森法学思想的较好体现："要能够创造对一个以上国家都有效力的规范，这些国家就必须由一个高于它们自己法律秩序之上的法律秩序所授权。正是国际法，作为高于各国的法律秩序，才可能创造出对两个或两个以上国家的范围均有效力的规范，即国际法规范。"② 通过树立法律权威，欧盟将欧洲变为当今世界法律强制力最强的跨国地区性"小秩序"。

欧盟对外强调条约和国际法对治理全球化的重要意义，重视联合国等国际机构的核心作用。如德国著名哲学家哈贝马斯2005年在西班牙格林纳达召开的国际法哲学与社会哲学协会第22届世界大会上所发表的名为《康德的国际法宪法化的规划——它仍有机会吗？》的演讲中所说：康德在世界主义观念的支配下，提出了以世界共和国为形式的国际法完全宪法化的理想。③ 不过国际法的宪法化仅在二战结束后一段时期向着康德所构想的世界法方向有所演进。随着两极世界秩序的结束和美国成为唯一的超级大国，新自由主义的世界秩序观开始产生，康德的思想不仅遇到了传统"现实主义"的批评，也遇到了打着自由主义旗帜的人的反对。哈贝马斯将这种自由主义称为"霸权自由主义"，并认为从规范和经验两方面来看，霸权自由主义都存在明显问题。④ 他坚持认为世界应当回到二战后初期国际组织初建时代的模式，联合国作为国际社会核心组织的地位不容动摇，联合国的缺陷并不是我们放弃康德规划的充分理由。康德思想是欧盟全球治理观的哲学根源。在后冷战世界，全球化的问题随着它自身的扩展不断暴露，这样的话，如果人类想避免复杂多变的冲突所造成的不可计数的风险，就需要一个新的世界秩序，或者至少是新的"交通规

---

① Thomas Christiansen, "The European Union and Global Governance," in Jens-Uwe Wunderlich and David J. Bailey ed., *The European Union and Global Governance: A Handbook* (1st edition), Abingdon: Taylor and Francis, 2017, p.221.
② 〔奥〕凯尔森：《法与国家的一般理论》，沈宗灵译，中国大百科全书出版社，1996。
③ 转引自莫纪宏主编《全球化与宪政》，法律出版社，2005，第22页。
④ 转引自莫纪宏主编《全球化与宪政》，法律出版社，2005，第22页。

则"（Rule of the Road）。① 这一新世界秩序和规则必须以国际法为轴，如德国前任驻华大使史丹泽所说："为了使世界实现新的稳定，为了塑造未来稳定、规范的新世界秩序——这一新秩序将为未来的稳定制度制订规范——替代正在瓦解的冷战时期的制度，全世界都必须越来越坚信国际法的重要性。"②

再次是跨层次多边主义的治理方式。"多边主义"，按照制度化水平的高低，可从低层次将其定义为"三个或者更多的国家团体之间政策协调的实践"，③ 也可从高层次定义为"按照某种原则协调三个或者更多国家之间的关系，是一种要求极高的制度形式"。④ 欧盟对多边主义的理解偏向高层次的多边主义。2003 年欧盟委员会发表《欧盟与联合国：多边主义的选择》的政策文件，指出欧盟在全球治理、消除贫困、实现可持续发展、国际安全与和平等方面可为联合国提供实质性支持。2003 年欧盟发布其第一份安全战略文件《更美好世界中的欧洲安全》，正式提出将"有效多边主义"（effective multilateralism）作为其核心战略方式和目标。

作为国家间共同体，欧盟自身即为各成员国协调妥协，并自愿向超国家机构转让权力的多边主义深度外交的产物。欧盟的多边主义主张有其自身特色，除了通常民族国家之间的政府间"平级"磋商之外，欧盟尤其倚赖国家政府"之上"的国际组织管理国际事务。欧盟及其成员国非常看重通过国际组织输出自己的制度和观念，发挥自己的"软力量"。欧盟及其成员国是联合国等国际组织维持和平行动的重要参与力量，亦是世界上最大的人道主义援助提供者。欧盟每年总预算的 1% 用于援助，平均每位欧盟公

---

① 〔德〕沃尔克·史丹泽：《全球体系中的欧盟与中国》，〔美〕沈大伟、〔德〕艾伯哈德·桑德施耐德、周弘主编《中欧关系：观念、政策与前景》，社会科学文献出版社，2010。

② 〔德〕沃尔克·史丹泽：《全球体系中的欧盟与中国》，〔美〕沈大伟、〔德〕艾伯哈德·桑德施耐德、周弘主编《中欧关系：观念、政策与前景》，社会科学文献出版社，2010。

③ Robert O. Keohane, "Multilateralism: An Agenda for Research," *International Journal*, 1990（XIV）.

④ 〔美〕约翰·鲁杰：《对作为制度的多边主义的剖析》，鲁杰编《多边主义》，苏长和等译，浙江人民出版社，2003，第 8～13 页。

民的出资援助额超过 4 欧元。① 欧盟在国际社会中主张多边主义，其推广的多边主义注意维护联合国权威，欧盟及成员国危机干预行动会争取获得联合国安理会的授权。

除了政府间性质的国际组织，欧盟和欧盟国家同超过 200 个非政府组织保持联系或与它们深入合作。在信息供给和监督执行等方面，欧盟相当看重和借助全球非政府组织的网络和人力资源。欧盟和西欧、北欧一些国家给非政府组织设立大量项目，提供至为关键的资金支持。欧洲的一些精英人士甚至已经把非政府组织的作用提升到战略高度，1999 年科索沃战争时期一位德国学者如此评论这场战争：今天，世界上最大的军事力量，如北约和美国，也要为大赦国际这样的非政府组织服务。② 总起来看，欧盟希望通过链接上至国际组织，下至非政府组织、地方政府、企业，甚至是个人的网络，以原则和规则构建一个适应经济全球化要求的世界治理系统。

最后还有社会保护。福利国家是二战后西欧的社会和政治基础。欧洲一体化虽然符合二战后美国主导的自由资本主义世界的整体开放潮流，但它在初创阶段就含有社会民主的基因，这既得益于欧洲左派的努力斗争，也与充分汲取一战和二战两次世界大战教训、秉承"改进型自由主义"（embedded liberalism）经济理念的保守派和自由派右翼相关。可以说，发展社会市场经济，是两种政治力量的妥协和共识。这种思想共识反映到欧洲一体化进程中，就使得注重社会保护和经济均衡发展成为欧盟/欧共体有别于其他地区一体化的重要特征。

欧盟建起共同市场之后，资本在共同市场之内享有自由流动的权力，劳动力在单一市场中可以更加自由地迁徙，同时在异国工作的劳动者将面临福利待遇和社会保护的差异，他们的人数越来越多，亟须欧洲层面的社会保护。欧洲左翼人士注意到了这种社会需求，已经改变了民族主义观念

---

① 见欧盟官网：https://europa.eu/european‑union/topics/humanitarian‑aid‑civil‑protection_en，最后访问日期：2019 年 6 月 20 日。

② Thomas Risse, "Democratic Global Governance in the 21st Century," *Progressive Governance for the 21 century*, p. 94, Conference Proceedings, Florence, 20th and 21th November 1999.

的他们，也有了足够的雄心要在欧洲层面甚至全球层面上为资本重建一个他们曾在民族国家容器里成功建起过的约束它的框架。法国社会党人雅克·德洛尔就是其中的代表人物，他在担任欧共体委员会主席期间竭力推动"社会欧洲"建设，力图使社会一体化与经济一体化同步前进。1989年，在《单一欧洲法令》已经签署、统一大市场的法律工作完成后，他展望世界，认为当代的关键问题是世界经济缺乏一个领航员，应当建立一个世界范围内劳动力分配的政治体制；德洛尔强调："欧洲道路绝不可腾空民族国家的权力，但又必须重建自治区域，以便其履行基本任务。宏观经济政策必须在欧共体层面重新制定。"① 只有这样，社会党人才能保住西欧国家已有的福利建设成果，避免被资本反噬的厄运；也只有让欧共体成为社会民主的新容器，让劳动者的收入有机会追赶资本的脚步，欧洲才能拥有不同于美国的独有特质，并且通过进一步将其不断向世界推广，影响整个世界的走向。②

欧洲一体化的过程中，对跨国流动人群的社会保护是其区别于世界其他地区经济一体化的重要特征之一。欧盟层面已经发展出一套以人的社会权利为基础、以促进就业为导向、水平比较低、以协调各国社会政策为主要目标的欧洲社会政策，"社会欧洲"建设取得一定成效。总体上，"社会欧洲"是对成员国社会民主的一种补偿性辅助工程，其社会再分配既有因历史遗产而造成的扭曲再分配（如共同农业政策），也有帮助欧盟各国、各地区经济均衡发展的正向再分配（如结构基金）。

冷战结束后，全球化兴起。当技术进步为资本打开国门之后，社会保护事业大为滞后。如何治理和驯服全球化这匹"烈马"，保障那些失意者的利益，德国哲学家哈贝马斯认为欧盟模式是唯一的出路："随着经济的跨国化，特别是金融市场以及工业生产的跨国化，劳动力市场的全球化，民族

---

① Jacques Delors, "Une nouvelle fornitère pour la social – démocratie：l'Europe?" in Piet Dankert and Ad Kooyman（ed.）, *Europe sans frontiers et l' avenir de la CEE*, EOP, Antwerp, 1989, p. 9.

② 赵晨：《论欧洲联盟的民主》，中国社会科学出版社，2018，第181页。

国家的政府今天越来越发现，为了保持国际竞争力，自己被迫不得不忍受诸如失业率持续上涨，少数群体不断被边缘化这样的后果。"① 哈贝马斯认为，这种状况下，如果社会福利国家不想徒有其名，社会下层要想免遭彻底隔离，就必须建立起跨国的行为主体。只有像欧洲共同体这样的跨国整体，才能按照协调一致的世界内政模式对全球系统施加影响。②

在市场全球化的压力之下，"政治只能做出'弥补'"，必须"在更广阔层面上成功地为一种世界内部政治创造一套有承受能力的基础设施"，"政治必须跟随全球化市场而成长"。③ 欧盟就是哈贝马斯所说的"没有世界政府的全球管理制度"设想的小范围试验，他测验的是"由在世界政治中有行为能力的主管者们组成的小团体是否能在一个改革了的世界组织的框架内进一步扩大由超国家的政体所形成的暂时还比较松散的网络"，测试"这种网络"，即"从方向路线上转向一种世界内部政治，同时又不要一个世界政府，这样做是否可能"。④

二　欧盟方案的"黄金时期"：冷战后二十年

在欧盟和欧洲国家的全球治理倡议里，对民族国家的强调程度低于世界其他地区。欧洲尤其是西欧地区被普遍认为已进入后民族国家时代，受到后现代主义思潮的影响，经两次世界大战的惨痛教训，再经过欧洲一体化的超国家联合实践，欧洲国家民众特别是精英，对民族主义负面效应的反思更深刻，对国家概念是有所怀疑的。整体上，欧盟的全球治理理念具

---

① 〔德〕于尔根·哈贝马斯：《欧洲是否需要一部宪法?》，《包容他者》，曹卫东译，上海人民出版社，2002。

② 〔德〕于尔根·哈贝马斯：《欧洲是否需要一部宪法?》，《包容他者》，曹卫东译，上海人民出版社，2002。

③ 〔德〕于尔根·哈贝马斯：《欧洲是否需要一部宪法?》，《包容他者》，曹卫东译，上海人民出版社，2002。

④ 〔德〕于尔根·哈贝马斯：《全球化压力下的欧洲民族国家》，《哈贝马斯在华讲演集》，人民出版社，2002。

有比较鲜明的"后现代主义"色彩。[①]

20 世纪末 21 世纪初，经济全球化迅猛发展，通信技术的革命性进步大大拉近了人与人之间的距离，国际贸易的增长速度大幅超过世界平均 GDP 增长率，全球产业链基本形成，资本可以轻易地跨越国家边界，选择成本效益比最高的地区投资设厂。"全球化"取代"相互依赖"成为风靡世界的"时髦用语"，[②] 其代表性现象也从繁荣的海洋贸易，横越大洋、川流不息的远洋船队，变成每位个体手持智能手机，随时从全世界的网络商城比价、订货，利用跨国公司提供的卫星导航服务指引道路、购买电影票，或者寻找自己心仪的餐厅。整个世界对深度融入核心地区的人士（很大一部分是普通人，而非精英）来说，已经是一个"地球村"概念。世界经济和社会的发展方向似乎就是欧盟主张和本身就在不断实践的"后现代世界"。

在国际政治领域，直至 2008 年华尔街引爆次贷危机，进而造成全球经济混乱之前，美欧主导的自由主义依然主导着世界潮流，是治理全球化的核心关键词。但是欧盟的自由主义方案与美国有一定差别，它的全球治理规划是欧盟宪政设计的"放大版"，是康德的民主共同体设想的延续。如何在没有世界政府的状况下克服无政府秩序带来的混乱和战争，欧盟及其成员国将希望寄托在国际制度的强化和国际规范的普及上。欧洲比世界任何地区都更加强调国际法治的必要性，它不断推进国际法的制度化进程，它是联合国设立国际刑事法庭最积极的推动者；它也希望通过各种法律援助和法律培训项目，推动世界各国的法治进程，废除死刑、保护公民政治自由等是其中的核心部分。

这一时期，宪政和国际法治作为欧洲全球治理核心价值观最鲜明的例子是国际法领域欧洲提出的普遍管辖权问题。2001 年 6 月 18 日，比利时国内法庭做出判决，起诉 4 名卢旺达人。这是国际法历史或国际关系历史上首

---

① 〔英〕罗伯特·库珀：《和平箴言：21 世纪的秩序与混乱》，吴云、庞中英等译，北京大学出版社，2007。

② 〔美〕罗伯特·基欧汉、〔美〕约瑟夫·奈：《权力相互依赖》（第 3 版），门洪华译，北京大学出版社，2002。

次适用普遍管辖原则，打破了国际刑法一贯采用的属地管辖原则和属人管辖原则。此罪行发生地在卢旺达，被起诉4人的国籍是卢旺达，被他们杀害的是卢旺达人，与比利时一点关系都没有。但比利时本国的法庭实践普遍管辖权原则，用自己本国的法律审理与自己国家或国民没有任何联系的案子。此后不少人在比利时援引此例起诉各国国家首脑。在美国的压力下，2003年7月比利时不得不废除《普遍管辖权法》，代之以一个管辖范围大大缩小、与其他西方国家规定基本一致的法令，[①] 但这一不成功的尝试从侧面可证明全球宪政理念在欧洲的深入程度。

冷战结束后，国际机制不断完善，涌现出一批以世界贸易组织（WTO）、联合国国际刑事法庭为代表的带有超国家成分的国际组织，由西方（特别是欧洲）倡导的气候变化等议题成为国际议程的主要成分。世界贸易组织取代纯政府间性质的《关贸总协定》成为管理商品和服务贸易、解决贸易纠纷的权威机构。它设有类似贸易法庭的争端解决上诉机构，共有7位大法官，每个争端案件需指定3位大法官进行处理。[②] 这种超国家的司法架构符合欧盟世界主义和宪政主义理念，也与欧洲法院的制度设计比较相似。欧洲法院独立于成员国政府首脑组成的欧盟理事会，它可以防止成员国政府推翻它的裁决，同时可通过其裁决创造判例，间接制定适用全欧盟范围的法令，使自己兼具司法者和立法者的双重角色。WTO司法审议机构裁决的适用范围虽然比欧洲法院小，但它也在通过判决的方式制定规则（如在贸易和环境问题上），而这些裁决如果让政府间性质的WTO理事会来投票，则很有可能无法通过。[③] 美国学者苏珊·斯特兰奇对此这样总结：超国家法院具有自我创制（autopoesisi）性，它能以判例为"武器"，为原由国家政府组成的经常失灵的或者是不完善的国际秩序提供新的法律

---

① 朱文奇：《国际刑事法院与中国》，中国人民大学出版社，2009。
② 苏庆义：《WTO改革：复杂的系统工程》，《半月谈》2019年3月下。
③ 〔美〕罗伯特·基欧汉、约瑟夫·奈：《导言》，〔美〕约瑟夫·奈、〔美〕约翰·唐纳胡编《全球化世界的治理》，王勇等译，世界知识出版社，2003。

基础。①

　　欧盟的全球治理理念在此时期也开始影响到美国的外交，甚至是内政实践。比如美国的司法体制就是一个明显的例子。二战后，美国的反垄断法在域外执行时长期奉行直接效应原则，即使遇到外交抗议、行政拒绝，或者越来越多的反对它的外国法律（这些法律限制美国获取在国外的证据并且试图撤销美国的判决，比如美国反垄断的谢尔曼法案）。但21世纪初，美国政府（特别是在奥巴马任内）逐渐转变路线，赞成国际礼让原则，并且支持在国会听证会和国际反垄断争议中采取节制态度。另外，美国监管者开始较少依赖单边国家行动，而更多地依靠机构间合作，走上了一条从单边到双边，甚至多边的道路。据此，美国法学学者安妮－玛丽·斯劳特认为世界进入一个新的网络型的"新秩序"，各国政府以及各行各业的精英进行广泛的跨国联络和合作，组成无数张网。② 每张网中的个人反复讨论，从解决问题的角度出发得出共识，这就是德国国际政治学者托马斯·里瑟（Thomas Risse）从欧盟经验中总结，受哈贝马斯交往沟通哲学理论启发得出的结论，即应该允许国际领域中的行为者如在国内事务中一般，通过"交往行动"获得期望的结果。③ 全球化在帮助资本自由跨境之后，政府和非政府组织中的精英人士也开始适应这种状况，并运用现代交通和通信技术相互协商，管理和处理监管事务。当然，此种实践早已是欧洲一体化历史中的"惯常操作"，欧盟治理的一个重要经验就是通过高密度的会议和磋商，可令原本意见有分歧的各成员国，甚至是地方代表、利益集团代表达成意见共识，最终形成具有约束力的政策。

　　在气候变化议题上，欧盟及其成员国是最积极的倡导者，并在美国拒绝签署《京都议定书》后，取代美国在21世纪初成为这一领域的主导性力量。在每年举行的联合国全球气候变化大会上，与中国、美国、俄罗斯、

---

① Susan Strange, "The Defective State," *spring*, 1995, pp. 55 – 74.

② 〔美〕安妮－玛丽·斯劳特：《世界新秩序》，任晓等译，复旦大学出版社，2010。

③ Thomas Risse, "Let's Argue! Communicative Actions in World Politics," *International Organization*, 2000, 54 (1).

印度等主要谈判方不同，欧盟是唯一接受有约束力目标（binding targets）的一方。[①] 在此议题上，欧盟一直试图在联合国大会上复制与自己制度模式相似的"自上而下"的"摊派"模式。通过向易受全球变暖影响的小岛屿国家提供专项应对资金，承诺向发展中国家提供财政和技术支持，以及卓有成效的呼吁和持续提供气候变化的数据证明，直到2007年的巴厘岛会议，欧盟的方案都是全球气候变化的主流解决方案。

随着联合国层面人权事业的不断发展，欧盟对自己的人权外交理念也更加自信。2003年欧盟委员会出台的《欧洲安全战略》声明："欧洲应当准备分担全球的安全责任，建设一个更加美好的世界……扩展良治、支持社会和政治改革、惩治腐败和滥用权力的行为、建设法治和保护人权是加强国际秩序的最佳途径。"[②] 意大利学者索尼娅·卢卡雷利认为欧盟具有民族国家很少见的两种外交特质：第一是当代世界政治中的稳定性力量，这是由欧洲的历史和历史形成的价值和原则所决定的；第二是它的对外关系受"保护的伦理"的影响。[③]

总体来看，冷战后的20年是国际自由主义兴盛的"黄金时代"，苏联解体为西方解除了地缘政治的最大对手，在安全基本无忧的前提下，欧盟的市场力量和规范力量得到比较充分的施展，依靠着"软实力"，伴随着它自身的扩大，欧盟的声誉达到顶峰，欧盟的全球治理方案也因之在21世纪初迎来自己的"黄金时期"。这段时间，欧盟的全球治理方案中的前三点，即以人权为基础的宪政主义、全球法治和跨层次的多边主义在全球的推广都取得较大的反响，但是人权、宪政思想和政策脱离实际的泛化，以及欧盟方案的第四点——全球社会保护事业裹足不前，也为整个欧盟方案在

---

① Thomas Christiansen, "The European Union and Global Governance," in Jens – Uwe Wunderlich and David J. Bailey ed., *The European Union and Global Governance: A Handbook* (1ˢᵗ edition), Abingdon: Taylor and Francis, 2017, p. 220.

② European Union, "A secure Europe in a better world: European Security Strategy," December 2003, https://www.consilium.europa.eu/uedocs/cmsUpload/78367.pdf, accessed 21 Dec. 2016.

③ Sonia Lucarelli, "Introduction," Sonia Lucarelli and Ian Manners ed., *Values and Principles in European Union Foreign Policy*, Oxon: Routledge, 2006, p. 3.

2009 年欧债危机后逐渐丧失吸引力埋下伏笔。

三　现实主义回归之后

当 21 世纪进入第二个十年，欧盟的全球治理思想的影响力明显下降，这既与它自身有关，也有全球化和整体国际环境变化的原因。总结起来，可归纳为以下三点。

首先是欧盟过于浪漫的世界主义理念在中东等地区碰壁破产。

自 20 世纪 90 年代科索沃战争以来，欧盟在人权外交和强调"保护的责任"的道路上越走越远，不仅在贸易协定中捆绑人权条款、常规性外交交往中要求对方国家"废除死刑"，更重要的是，欧盟在科索沃、马里、利比亚和叙利亚危机中屡屡支持人道主义干涉军事行动，其理由就是这些国家的政府不能承担保护自己人民的责任。欧盟及法国、英国等成员国在一些时刻甚至直接或间接地绕开联合国实施此类行动，比如 1999 年欧洲国家对科索沃的干预就没有得到联合国安理会的授权，2011 年利比亚危机中法国和英国两个欧盟成员国直接承认反对派政权、要求卡扎菲下台，并为了所谓"保卫班加西"率先出动战机轰炸卡扎菲军队，这实际上违背了联合国安理会 2011 年 3 月 17 日 1973 号决议《设立禁飞区》的初衷。同年叙利亚危机之初，法国又是首个提出要进行军事干预的国家。这事实上已经违反了康德在《永久和平论》中的论断，是"世界主义"激进化的表现。

康德的《永久和平论》一书明确将"任何国家均不得以武力干涉其他国家的体制和政权"列为"国与国之间永久和平"的 6 条先决条款中的一条（第 5 条），他写道：

> 如果一个国家由于内部的不和而分裂为两部分，每一部分都自命为一个单独的国家，声称着代表全体……只要这种内争还没有确定，则这一外力干涉就会侵犯一个仅仅纠缠于自己内部的病症却并不依附任何别人的民族的权利了；因此它本身就构成一种既定的侮辱并使一

切国家的独立自主得不到保障。[①]

欧盟和美国一道在联合国层面上推动保护的责任原则进入国际和平与安全领域，2005 年联合国首脑会议通过了决议：每个联合国会员国均有保护其平民的责任，如果会员国未能保护其平民，在种族灭绝、战争罪、种族清洗和反人类罪情形下，国际社会有采取各种措施帮助保护平民的责任。[②] 但是，欧盟及其法英等成员国在保护责任原则的适用范围和标准不明晰的情况下，在利比亚和叙利亚事实上处于内战状况，政府军和反对派（或被称为"叛军"）互有伤亡，选边站队，以阻止大规模人道主义灾难的名义军事干预或试图军事干预两国内政，这是对康德思想的一种背离。过于积极地输出自由民主模式，期待"历史的终结"，[③] 这也不符合康德式世界主义的初衷。

为了支持所谓的"阿拉伯之春"，欧盟及其成员国在中东北非地区进行了一场"人权浪漫主义"实验，放弃了审慎的外交政策，转而积极支持各国的"民主化"。但这种以保护人权为出发点（或者是借口）的行动显然过于理想化，极大地脱离中东北非地区的实际情况。中东北非各种矛盾交织，但欧洲既轻视这一地区宗教、民族和历史的复杂性，又轻信所谓"民主化"的力量，同时无视自己并不具备类似美国的军事实力，还缺乏俄罗斯的坚定意志，最终导致自己的这场"浪漫主义"实验以失败落幕。总体上看，"阿拉伯之春"后，中东与北非国家并未如西方国家所愿而走向政治民主化，反而普遍出现治理弱化乃至国家失败与地区失序的局面。利比亚内战推翻了卡扎菲政权，结束了卡扎菲的生命，但利比亚在"革命"结束后转入无政府状态，整个国土沦为军阀乱斗的战场，家庭失散，普通民众生命无法得到保障，直至今日也未建立起一个统一的政权，这同法国和英国政

① 〔德〕康德：《历史理性批判文集》，何兆武译，商务印书馆，1990，第 104~105 页。
② 2005 World Summit Outcome, General Assembly of United Nations, paras. 138 and 139, A/60/L. 1, 15 September 2005.
③ Francis Fukuyama, *The End of History and the Last Man*, New York: Penguin Press, 1992.

治人物宣扬的在利比亚建立自由民主责任政府相去甚远。

叙利亚内战中,欧洲和美国扶植的反对派一盘散沙,其中部分反对派还同"伊斯兰国"极端恐怖主义势力相互勾结,变相帮助手段残忍、违反人性的"伊斯兰国"。深具讽刺意味的是,欧盟以"人道主义"为名干涉叙利亚,却酿成二战后最大的一场人道主义灾难,50万人失去生命,数百万人流离失所。到2013年,"阿拉伯之春"已经变成"阿拉伯之冬""阿拉伯之乱"[①],叙利亚内战不断升级,变成美国、俄罗斯、伊朗、土耳其、沙特等全球大国和区域大国的"代理人战争",并滋生和助长了比"基地组织"更为残忍的恐怖组织——"伊斯兰国"(ISIS)的崛起。时至今日,叙利亚的内战仍未完全结束。

欧盟及法英等国的外交政策不仅给中东地区人民带来痛苦,它们自己的实际地缘政治利益也未得到保障,欧盟和法英德等欧洲大国在叙利亚内战中逐渐沦为"次要角色",俄罗斯和伊朗成长为危机主导性力量;同时中东危机的后果开始向欧盟自身"外溢",最显著的事件就是欧洲难民危机的爆发。中东北非乱局造就的人道主义灾难逼迫众多叙利亚、伊拉克、利比亚难民偷渡地中海,或沿土耳其北上,涌入欧盟国家,导致欧洲不得不面对二战结束以来最大的一场"难民潮"。同时,"伊斯兰国"通过社交媒体和网络空间煽动欧洲内部伊斯兰极端情绪,欧洲恐怖分子内外勾结,连续在欧洲引爆炸弹,持枪持刀杀人,驾驶卡车冲撞人群,制造了一系列恐怖袭击事件,使得欧洲"引火上身",原有和平安定的政治经济局面为之一改,蒙上了恐怖的阴影。2015年11月13日,巴黎发生大规模恐怖袭击事件,造成至少132人死亡。此后,欧盟干预叙利亚的热情逐渐消散,现实主义而非"浪漫主义"重新成为欧盟外交政策的主流思维。[②]

---

① 2014年叙利亚总统巴萨尔在连任总统后宣告"阿拉伯之春"已结束。但"阿拉伯之春"的所谓"民主化"进程在2013年就已完全停滞。Tanja A. Boerzel, Assem Dandashly and Thomas Risse, "Responses to the 'Arabellions': The EU in Comparative Perspective – Introduction," *Journal of European Integration*, 2015, 37 (1): 1 – 17。

② 赵晨、赵纪周、黄萌萌:《叙利亚内战与欧洲》,中国社会科学出版社,2018,第10~11页。

其次是经济全球化的负面效应不断增大，社会不平等日益加剧，破坏了欧盟世界观的经济基础。

如果没有政治力量进行强制性社会再分配，经济在自然增长过程中，必然会导致收入不均等；经济全球化扩大了资本的选择项，如果一国政治环境对资本进行制约，或者利润状况不理想，资本可以轻易转而选择对己更友好、生产成本更低的国家和地区。如此一来，原本在国内竞争中就处于弱势的蓝领工人和青年人，如果没有提升学历，掌握新技能，增加国际化意识和能力，就更容易成为被边缘化的"失败者"。这些弱势人群的不满情绪一直在缓慢积累，2008年全球金融危机爆发后，他们的状况日益恶化，而且看不到改善的希望，因而新自由主义精英们所宣称的"涓滴效应"（trickle-down effect）学说，即开放自由的经济增长可以自然让每个人都从中自动获益（经济发展过程中并不给予贫困阶层、弱势群体或贫困地区特别的优待），[①] 在他们眼中已全然"破产"。全球化和欧洲一体化，已经不再是一个有吸引力的名词。在债务危机、难民危机、恐怖主义袭击等种种难题面前，他们转而更加依赖自己更加熟悉的"民族国家"，民族主义情绪高企，甚至偏于强调种族认同、宗教认同，使得政治整体趋向保守。在公投或选举总统这样的"一人一票"的政治制度安排下，大众与精英在个体影响力上拥有了难得的平等机会，经济上弱势的大众得以用国内政治许可的方式表达了自己对全球化的反抗。英国本是西方世界中最为开放的中等强国，但公投决定与欧盟进行切割，美国更是二战后自由主义世界的大本营，但发表大量反移民、反自由贸易言论的特朗普能够当选总统，这两个案例

---

① "涓滴效应"是供给学派或者是里根经济学的一个核心概念。见《大西洋月刊》对20世纪80年代美国里根政府预算委员会主任大卫·斯托克曼的访谈。William Greider, "The Education of David Stockman," *The Atlantic*, 1981。当时加尔布雷斯等美国经济学家就对此表示质疑，详见 John Kenneth Galbraith, "Recession Economics," *The New York Review of Books*, 1982。2008年世界金融危机后，包括国际货币基金组织（IMF）在内的国际机构都对此进行反思，认为不存在比富人变得更富、更显著的、使下层民众受益的"涓滴效应"。见 Era Dabla-Norris、Kapana Kochhar、Nujin Suphaphiphat、Frantisek Ricka、Evridiki Tsounta, "Causes and Consequences of Income Inequatliy: A Global Perspective," International Monetary Fund, 2015。

均揭示了不平等时代发达国家民意的变化，标志着草根白人阶层开始对持新自由主义意识的精英展开了"绝地反击"。[①]

降低社会不平等本应是全球治理的必要含义。二战后，欧美通过凯恩斯主义经济政策和社会福利体制建设成功地增加中产阶级比例，降低社会不平等程度，欧盟通过自身社会政策的发展和完善在一定程度上减缓了欧洲社会贫富差距的扩大进程。但是在经济全球化加速发展之后，欧盟并未出台有效的管控和治理举措给资本的烈马套上"缰绳"，制约社会分配日益不公的趋势。2011年欧盟委员会曾应民众呼声，提出实行金融交易税（FTT，即托宾税）的建议，对股票、债券、金融衍生品交易征税。在法德等国的不懈努力下，目前法国已经实行，德国、奥地利、比利时、爱沙尼亚、希腊、西班牙、意大利、葡萄牙、斯洛文尼亚和斯洛伐克10个欧盟成员国同意征收金融交易税。按照该倡议的发起国——法国前外长菲利普·法比尤斯的计算，通过对股票和债券交易征收0.1%、对衍生品合约征收0.01%的金融交易税，欧盟每年可以获得590亿欧元的财政收入。欧盟可以将征收金融交易税所获得的收入中的25%用于为那些接收难民的国家提供金融和技术救助；50%提供给发展中国家用来帮助它们缓解极度贫穷；另外的25%列入欧盟预算。这样做不仅能促使成员国愿意接受难民，还能有效防止金融投机，可谓一举多得。[②]可惜截至当下，即使欧盟内部，依然只有法国成功征收这一税种，其他欧盟成员国未能实际实施这一政策，更勿论在全球层面推广落实此项可以降低社会不平等的有效举措。

最后，大国竞争重新回归世界政治的主题。2017年特朗普入主白宫后，在一定程度上放弃了多边主义和自由国际主义秩序，将"大国竞争"当作时代主题，不断退出国际组织和国际协定，极大地削弱了欧盟全球治理方案的超国家基础。

冷战后美国将自己看作世界霸主，总体上认为这是一个它主导下的经

---

① 赵晨：《不平等时代的全球治理》，《国际论坛》2017年第5期。
② 王丽颖：《欧洲金融交易税风刮美国》，《国际金融报》2015年12月14日。

济相互依存的世界。冷战后美国历任总统基本认可这一观点，即由它一手建立，并得到西方盟友（包括欧盟）鼎力支持，以自由主义为核心，具有开放精神的国际秩序既符合美国的价值观，又能为美国带来安全和经济红利，美国普林斯顿大学教授约翰·伊肯伯里将其概括为"自由国际主义"（liberal internationalism）。[1]

但特朗普推翻了这一传统认知，他在 2016 年竞选美国总统期间，以及 2017 年当选总统后反复发表言论，声称美国在这个国际体系中"吃亏上当"，所以要改变现有的"不公正"状况。特朗普提出"美国优先"的战略目标，抛弃了体现美国国际主义精神和作为美国道德制高点工具的"国际公共产品"概念，一再强调美国在现有国际秩序和国家竞争中利益受损，不认可二战以来美国自己主导、美欧共同倡导而建立的自由国际秩序。2017 年 12 月，特朗普高调推出了他的首份《美国国家安全战略》，提出要以"有原则的现实主义"为外交指导方针。所谓"美国优先"，就是凡事以美国的国家利益为重；所谓"有原则的现实主义"，就是"以结果而非意识形态为导向"，采用实用主义态度处理世界事务，"民主、自由、人权"等西方价值观只是美国保卫自己"主权"的工具，而非目的。[2] 特朗普非常直白地向世界表明：美国的外交是要竭力为自己谋利，它已经不再提为全球或盟友提供"国际公共产品"，彻底脱掉了"自由国际主义"的外衣。

特朗普政府在"美国优先"原则的指导下，已在一系列国际问题中表现出与欧洲的巨大分歧。

第一，政治表态中很少提及与欧盟的"盟友"关系，并赤裸裸地向欧洲"争利"。同看重美欧共同历史血缘关系和共有价值观的传统的美欧领导人不同，"不公平"是商人出身的特朗普对美欧关系的基本判断。在 2018 年 7 月的北约峰会上，他声称欧盟每年坐享对美 1510 亿美元的贸易顺差，却让美国

---

[1]　John Ikenberry, *Liberal Leviathan: The Origins, Crisis, and Transformation of the American System*, Princeton: Princeton University Press, 2011.

[2]　The White House, "National Security Strategy of the United States of America," Dec. 2017, https://www.whitehouse.gov/articles/new-national-security-strategy-new-era/.

人花钱保卫欧洲的安全,这是"行不通的"。北约峰会期间,在接受美国哥伦比亚广播公司采访时,特朗普甚至说欧盟是比俄罗斯和中国"更恶劣"的"敌人"或"竞争者",① 这令欧洲从政治家到普通民众"大跌眼镜"。

第二,特朗普执政下的美国退出了一系列国际协定和国际机制,令美国这个二战后国际制度的主要塑造者站在了全球治理的对立面,成为自由国际主义秩序的破坏者。自特朗普上任以来,美国先后退出《跨太平洋伙伴关系协定》(TPP)、《巴黎气候变化协定》、联合国教科文组织、联合国人权理事会、万国邮政联盟,搁置欧美之间的《跨大西洋投资与贸易伙伴关系协定》(TTIP)谈判,单方面撕毁"伊朗核协议",表示要退出美俄《中导条约》,以不批准争端解决机制上诉法官的方式阻碍世界贸易组织(WTO)正常运作,并不顾各方反对,将美国使馆从特拉维夫迁至耶路撒冷,激化伊斯兰世界与犹太力量之间的矛盾,破坏巴以和平进程。这些外交举动均遭到欧盟和欧洲国家的反对和批评。

第三,美国政府威胁直接对欧盟实施贸易制裁和限制措施,向自己的盟友"毫不留情地"挥起"大棒":首先,对欧盟销售到美国市场的钢铝产品分别征收25%和10%的关税;其次,以"国家安全"为理由,声称要向欧盟出口美国的汽车,特别是德国生产的汽车征收25%的关税,按照特朗普的原话,他希望"纽约第五大道上看不到奔驰车";再次,威胁要对同伊朗保持贸易和投资关系以及参与俄罗斯"北溪2号"天然气管线建设的欧洲公司实施"长臂管辖",要求它们撤出伊朗市场或北溪项目,否则美国就会对它们进行制裁。此外,在安全领域,特朗普认为美国为北约承担了70%的开支,这是"极不公平"的,要求欧洲国家立即满足军费开支占到国民生产总值2%的基本条件。

此外,特朗普还经常对英国脱欧政党(比如独立党)和反全球化、反欧盟的欧洲民粹主义者在言语上表示支持,再加上他夸张、粗鲁、自大的

---

① Andrew Roth et al., "Trump calls European Union a 'foe' ahead of Russia and China," *The Guardian*, July 15, 2018, https://www.theguardian.com/us-news/2018/jul/15/donald-trump-vladimir-putin-helsinki-russia-indictments.

言行，出尔反尔的表态，歧视女性、少数族裔、移民的政治立场，"推特治国"的方式，以及相对蔑视欧洲的态度和情绪，这些都激起了从普通欧洲民众到欧洲主流政党和政治人物的极大反感。特朗普的前白宫首席战略顾问、为特朗普成功竞选总统立下汗马功劳的斯蒂夫·班农，在被白宫解除职务后赴欧洲活动，广泛接触欧洲极右翼党派，宣讲他的极右翼政治理念，煽动欧洲民粹主义政党"掀起平民主义革命"，并计划在布鲁塞尔建立名为"革新运动"的政治基金会，试图搜集数据，分析选票支持，以帮助民粹主义政党在2019年的欧洲议会选举中击败传统政党，干涉欧洲政治走向，这也引起欧洲主流政治力量的不安和警惕。

特朗普强调"绝对获益"的现实主义式"美国优先"世界观与欧洲的自由主义主流意识形态不符，同欧盟坚持的以多边主义为核心特征的自由国际秩序理念相悖。欧盟和法国、德国等核心欧盟国家均对特朗普的政策走向极为不安，表示要以欧洲团结自强来应对"失去美国依靠"的悲哀前景。

欧洲理事会主席图斯克和法国总统马克龙，在多个场合反复提醒特朗普要"珍惜"欧洲朋友，德国总理默克尔也指出，面对这样的美国，欧洲需要更加团结。比如，2018年5月召开的欧盟理事会首脑峰会上，图斯克公开表示当下的华盛顿已经不值得依赖，他说："我们今天目睹了一种新现象：美国政府反复无常的过分自信。看看特朗普最近的这些决定，或许有人会想，有这样的朋友，谁还需要敌人？"随后他在推特上写道："但坦白讲，欧盟应该心怀感激，因为特朗普让我们丢掉了幻想。我们明白了一个道理，如果你需要一个帮手，最终会发现，它就长在自己的手臂上。"

2018年8月21日，法国总统马克龙发表电视讲话，在概述其未来一年的外交优先事项时，着重强调"多边主义危机"和让欧洲更加"主权化"的必要性。他的讲话显示出欧洲领导人对美国外交走向的担心，他说，"多边主义正在经历一场重大危机，这场危机与我们所有的外交活动相冲突，而这首先是因为美国的政策"，"与欧洲一起重建战后新秩序的伙伴似乎正在背弃我们共同的历史"。在危机面前，马克龙认为欧洲应发挥"贸易和经济强国"的作用，抵御美国的域外制裁，捍卫自身战略利益和财政的独立性。同一天，德国外长马斯在德国《商报》上发表文章，表达了类似看法。他指出，欧洲和美国已经疏远多年，形成欧美关系的双方共同价值观和利益日渐褪色，现在已经到了重新评估欧美关系的时候。马斯认为欧美伙伴关系应该更加平衡，当美国跨越"红线"时，欧洲应当进行制衡。但是德国无法独立完成这个任务，德国需要与其他欧洲国家紧密合作，才能达到制衡美国的作用。马斯还特别提到欧美在货币领域的竞争，他呼吁"通过建立独立于美国的支付渠道来加强欧洲的自主权"。

四　欧盟的全球治理观还有生命力吗

斯坦利·霍夫曼 1966 年在其名作《顽固还是过时？民族国家的命运并以西欧为例》一文中指出："在国际舞台上，国家依旧是权力的最高拥有者，虽然不是每个国家都是一个政治共同体，然而直到当下还没有比国家更具包容性的政治共同体。"[①] 时间虽然演进到 21 世纪，经济全球化和欧洲一体化已经发展至相当高的水平，但是霍夫曼的论断并没有过时，民族国家依然是比欧盟和其他国际组织更加紧密、更有力量的政治行为体。2008年世界金融危机之后，民粹主义在发达国家的复兴、民族主义在全球的抬头进一步佐证了这一点。当然，霍夫曼在此文中的一些观点也有夸大之处，比如他将国际机制比喻为"小人国绑在格列佛身上的绳子"，一旦格列佛苏醒就会挣脱这些束缚，[②] 这显然低估了国际组织、国际法、条约和规范的作用。事实证明，即使是特朗普治下的美国，今天也无法全然无视国际机制的存在，它的"退群"和"退约"举动使得美国的国际声誉大为下降。

就当前的世界政治和全球治理现状而言，欧盟的全球治理方案具有一

---

① Stanley Hoffmann, "Obstinate or Obsolete? The Fate of the Nation – State and the Case of Western Europe," *Daedalus*, 1966, 95 (3): 862 – 915.

② Stanley Hoffmann, "Obstinate or Obsolete? The Fate of the Nation – State and the Case of Western Europe," *Daedalus*, 1966, 95 (3): 862 – 915.

定的超前性：世界其他地区并不具备与欧洲相似的后现代文化心理氛围和相关的超国家治理结构。在现实面前，"世界主义"的欧盟规范向外推广具有地域性的限制，而且需要一定的制度和物质条件。比如"欧洲化"比较成功的国家，均位于欧盟的周边，如巴尔干地区国家，或者是已经加入欧盟的中东欧诸国，但这些国家并非单纯只是受到欧盟"世界主义"理想的感染，主要还是因为欧盟向它们展示了"变为欧盟成员国的诱惑"，并以结构基金和聚合基金等政策工具对其进行经济援助，经济考量是这些对象国倒向欧盟不可忽视的因素。① 当债务危机袭来，欧盟的财政资源受限，或者面对俄罗斯的地缘政治威胁时，即使这些邻近地区，甚至已经加入欧盟的新成员国，也出现离心倾向。比如一些中东欧国家和希腊、意大利、葡萄牙等南欧国家开始寻求来自中国的基础设施建设资金，或是波兰转向美国，试图单独获得美国的军事保障。欧盟的"软实力"终究无法替代经济发展或是国家安全所不可或缺的"硬实力"的保障。

此外，欧盟及其成员国建基于人权的全球宪政治理观也存在不够尊重世界其他地区和国家自主性及自治能力的问题，② 这种过于浪漫的自由主义方案忽视了经典现实主义国际关系理论中所强调的"审慎"的重要性。如美国学者约瑟夫·奈所言：国家理想或意识形态动机（"民主、人权、制止专制主义"）的巨大感召力可使得我们看不到相关事实和道德选择的另外两个向度。动机、手段和结果三个向度均是重要的，仅仅使用简单的模式不能完成权衡各项道德要求的任务，我们必须根据具体情势的事实进行推理。道德虽然不能等同于谨慎，但道德立场包括关于不偏不倚的基本假设，即必须通过道德合算的权衡确立对外国人的最低义务（如消极义务、对结果的责任、乐善好施等）。③

---

① Frank Schimmelfennig, "The Community Trap: Liberal Norms, Rhetorical Actions and the Eastern Enlargement of the European Union," *International Organization*, 2001, 55 (1)；赵晨：《欧盟如何向外扩展民主：历史、特点和个案分析》，《世界经济与政治》2007 年第 5 期。

② 赵晨：《中美欧全球治理观比较研究初探》，《国际政治研究》2012 年第 3 期。

③ 〔美〕约瑟夫·奈：《硬权力与软权力》，门洪华译，北京大学出版社，2005。

除却现实主义视角的批评，从马克思主义视角来看，欧盟的世界主义也只是一小部分精英的世界主义，是一部分有财力四处旅行、工作和生活悠闲的特权人士希望看到的世界。德国哲学家斯洛特戴克明确指出：究其本质，这"不过是被宠坏了的人的地方主义"。① 所谓"世界公民"的思考也可以被称为"旅行途中的狭隘主义"，它只是赋予资本主义的世界内部空间中一切可以用钱换到的东西的一种开放性的意韵。广大的发展中世界，甚至包括发达世界中为生活所困、难以筹措资金"走出去"的普通人很有可能对社会保护之外的欧盟价值观持有不一样的看法。

当然，欧盟一向被视为世界政治的实验室，如果国际贸易和世界经济的增长、科技革命或是大力度的全球性社会再分配进一步提升最普通人群的收入，抑或全球民众因整体性战争或灾难威胁而大幅提升全球意识，欧盟的全球方案将会获得更多的拥趸。即使如此，欧盟的全球治理方案依然需要改革，比如要想降低全球总体不平等状况，就需要采取实用主义态度，破除西方在发展援助过程中附加给穷国的民主、自由、人权等附加政治条件。印度著名经济学家阿玛蒂亚·森质疑美国自由主义哲学家约翰·罗尔斯的《正义论》：为什么我们总是认为饥饿、饥荒以及医疗卫生的缺乏没有对自由的侵犯那样严重？② 站在全球角度，发达国家人均 GDP 超过 4 万美元，是发展中国家平均水平的 8 倍多，发展中国家的贫困是绝对贫困，而发达国家的贫困是相对贫困。所以，全球治理中的减贫议题，应当由对资本主义制度或社会主义制度、所谓的"自由民主"还是威权体制的关心，转向对社会的关心；对参与治理的各种行为体也应当一视同仁，非政府组织未必都是"好的"，政府也未必都是"坏的"，只要有效发挥作用，取得良好效果，就都是应予以称许的组织。对待公正问题，应采取宽容的态度，如阿玛蒂亚·森所说，评价公正问题需要"全人类的眼睛"参与：这首先

① 〔德〕彼德·斯洛特戴克：《资本的内部：全球化的哲学理论》，常烜译，社会科学文献出版社，2014，第 308 页。
② 〔印〕阿玛蒂亚·森：《正义的理念》，王磊、李航译，中国人民大学出版社，2012，第 120 ~ 121 页。

是因为我们可能会认同其他地方的人们，而不只是我们自己所处的社群；其次是因为我们的选择及行为可能会影响远处或近处其他人的生活；最后是因为他们凭借各自的历史和地理视角所持的看法，可能会帮助我们克服自身的地域狭隘性。① 全球治理在规范性方面，应当以相对性为追寻原则，即追寻更好的全球治理方法和政策，超越对绝对公正社会的寻找。

当下世界又走到一个关键的历史节点，经济全球化在经历了冷战后30年突飞猛进的发展之后，面临国家权力回归的严峻考验，民族主义和民粹主义在包括欧洲在内的发达世界迅猛崛起。全球治理如何在积极纠正经济全球化缺憾的同时，有效应对上述鼓吹保守退化的"堡垒"思想和行动，成为它必须回答的根本性问题。欧盟的全球治理方案在21世纪初成为世界政治未来发展的"模板"，但在近年来的实践中则充分暴露出其过于理想化和具有伪善性的弱点，这张"旧船票"如要真正发挥作用，必须做出因应现实的改革，并与世界其他赞同全球治理的力量一道，协调努力，从基本民生着手，捍卫和平与发展的世界发展整体趋势。

参考文献

〔印〕阿玛蒂亚·森：《正义的理念》，王磊、李航译，中国人民大学出版社，2012。

〔美〕安妮-玛丽·斯劳特：《世界新秩序》，任晓等译，复旦大学出版社，2010。

〔德〕彼德·斯洛特戴克：《资本的内部：全球化的哲学理论》，常烜译，社会科学文献出版社，2014。

〔美〕杰里米·里夫金：《欧洲梦：21世纪人类发展的新梦想》，杨治宜译，重庆出版社，2006。

〔奥〕凯尔森：《法与国家的一般理论》，沈宗灵译，中国大百科全书出版社，1996。

〔德〕康德：《历史理性批判文集》，何兆武译，商务印书馆，1990。

〔美〕罗伯特·基欧汉、〔美〕约瑟夫·奈：《权力相互依赖》（第3版），门洪华

---

① 〔印〕阿玛蒂亚·森：《正义的理念》，王磊、李航译，中国人民大学出版社，2012，第120~121页。

译，北京大学出版社，2002

〔英〕罗伯特·库珀：《和平箴言：21世纪的秩序与混乱》，吴云、庞中英等译，北京大学出版社，2007。

〔英〕马克·伦纳德：《为什么欧洲会领跑21世纪》，廖海燕译，上海三联书店，2009。

莫纪宏主编《全球化与宪政》，法律出版社，2005

〔美〕沈大伟、〔德〕艾伯哈德·桑德施耐德、周弘主编《中欧关系：观念、政策与前景》，社会科学文献出版社，2010。

〔英〕提摩许·加顿·艾什：《自由世界：美国、欧洲和西方世界的未来》，张宁译，东方出版社，2009。

〔德〕于尔根·哈贝马斯：《欧洲是否需要一部宪法?》，《包容他者》，曹卫东译，上海人民出版社，2002。

〔德〕于尔根·哈贝马斯：《全球化压力下的欧洲民族国家》，《哈贝马斯在华讲演集》，人民出版社，2002。

〔美〕约翰·鲁杰：《对作为制度的多边主义的剖析》，鲁杰编《多边主义》，苏长和等译，浙江人民出版社，2003。

〔美〕约瑟夫·奈：《硬权力与软权力》，门洪华译，北京大学出版社，2005。

赵晨：《不平等时代的全球治理》，《国际论坛》2017年第5期。

赵晨：《论欧洲联盟的民主》，中国社会科学出版社，2018。

赵晨：《欧盟如何向外扩展民主：历史、特点和个案分析》，《世界经济与政治》2007年第5期。

赵晨：《中美欧全球治理观比较研究初探》，《国际政治研究》2012年第3期。

赵晨、赵纪周、黄萌萌：《叙利亚内战与欧洲》，中国社会科学出版社，2018。

朱文奇：《国际刑事法院与中国》，中国人民大学出版社，2009。

Albert Bressand, " Between Kant and Machiavelli," *International Affairs*, 2011, 87（1）.

Frank Schimmelfennig, "The Community Trap: Liberal Norms, Rhetorical Actions and the Eastern Enlargement of the European Union," *International Organization*, 2001, 55（1）.

Francis Fukuyama, *The End of History and the Last Man*, New York: Penguin

Press, 1992.

John Ikenberry, *Liberal Leviathan: The Origins, Crisis, and Transformation of the American System*, Princeton: Princeton University Press, 2011.

Robert O. Keohane, "Multilateralism: An Agenda for Research," *International Journal*, 1990（XIV）.

Susan Strange, "The Defective State," *spring*, 1995.

Tanja A. Boerzel、Assem Dandashly and Thomas Risse, "Responses to the 'Arabellions': The EU in Comparative Perspective – Introduction," *Journal of European Integration*, 2015, 37（1）.

Thomas Christiansen, "The European Union and Global Governance," in Jens – Uwe Wunderlich and David J. Bailey ed., *The European Union and Global Governance: A Handbook*（1st edition）, Abingdon: Taylor and Francis, 2017.

Thomas Risse, "Let's Argue! Communicative Actions in World Politics," *International Organization*, 2000, 54（1）.

Stanley Hoffmann, "Obstinate or Obsolete? The Fate of the Nation – State and the Case of Western Europe," *Daedalus*, 1966, 95（3）.

William Greider, "The Education of David Stockman," *The Atlantic*, 1981.

欧盟——以联合国为中心的全球治理的积极推动者

赖雪仪*

摘　要：联合国与欧盟称彼此为"自然伙伴"，两者有相同的核心价值观及对国际关系共有的目标。过去几十年间，双方一直努力加强合作，以推动以联合国为中心的全球治理的目标。本文回顾欧盟对联合国的政策和欧盟眼中的联合国在全球治理中的角色，然后讨论欧盟参与联合国事务及与联合国合作的具体表现，再分析欧盟参与联合国的困难和限制，探讨其中六个最主要的困难——非国家行为体的身份问题、欧盟成员国拒绝在外交安全领域给布鲁塞尔更大的权能、欧盟成员国之间的分歧、联合国与欧盟在制度方面协调性不足、参与联合国行动对欧盟自主性的威胁、越来越难以联合国为输出规范和价值观的平台。由此得到的结论是，欧盟在中短期内难以有效地推动以联合国为中心的全球治理。而这又将负面影响欧盟作为全球行为体声誉和其在全球治理中的地位。

关键词：欧盟　联合国　改革　以联合国为中心　全球治理

一　引言

作为世界上最大的国际组织及最大的区域组织，联合国与欧盟有相同的核心价值观及对国际关系共有的目标，因而称彼此为"自然伙伴"。多边合作解决国际问题、提升人权、灭贫、保护环境等都是欧盟与联合国致力

---

* 赖雪仪，2013 年毕业于坎特伯雷大学，现任职于广东外语外贸大学。研究方向：欧盟政治、亚欧关系及中欧关系。

推扩的目标。两个机构都深信，没有任何一个国家能单靠一己之力应付气候变化、恐怖主义、跨国犯罪、传染病等问题。多年来，欧盟及其成员国积极参与联合国全球治理行动，并主张要以联合国为核心来展开全球问题的治理。但近年，反全球化及极右排外主义在世界各地爆发，包括欧盟多国，加上自 2017 年特朗普就任美国总统以来，推动"美国第一"政策及单边主义，大大威胁以联合国为中心的国际合作，也打击欧盟致力推动的有效多边主义。在传统全球治理大国美国后退之际，欧盟及其成员国成为继续以联合国为中心的全球治理的主要推动力。然而，欧盟参与联合国事务及与联合国合作时都遇到不少问题。本文从了解欧盟—联合国关系的现状及特点，探讨欧盟成为以联合国为中心的全球治理的领导者的可能性。

作为国际关系中有史以来一体化程度最高的地区组织，欧盟与联合国的关系是国际关系学中一个备受关注的课题，尤其是在 2003 年欧盟出台其以推广有效多边主义（effective multilateralism）为核心的首份对外安全战略后。随后几年有多位学者出版针对欧盟跟联合国关系的论文集。[①] 已有的研究集中在欧盟成员国在联合国及其机构的团结与否、[②] 欧盟在联合国内

---

① 例如 MaximilianRasch，*The European Union at The United Nations：The Functioning and Coherence of EU External Representation in a State – centric environment*，Leiden，Boston：MartinusNijhoff Publishers，2008；Katie V. Laatikainenand Karen E. Smith edited，*The European Union at the United Nations：Intersecting Multilateralisms*，London，New York：Palgrave Macmillan，2006；Jan Wouters，Frank Hoffmeister and Tom Ruys edited，*The United Nations and the European Union：An Ever Closer Partnership*，The Hague：T. M. C. Asser Press，2006。

② 例如 Rafal Willa，"EU – UN Relations. How much of a Partnership？" *European Review*，2016，25（2）：337 –350；Xi Jin and Madeleine O. Hosli，"Pre – and Post – Lisbon：European Union Voting in the United Nations General Assembly，" *West European Politics*，2013，36（6）：1274 – 1291；UlfJakobsson，"An International Actor under Pressure：The Impact of the War on Terror and the Fifth Enlargementon EU Voting Cohesion at the UN General Assembly 2000 – 05，" *Journal of Common Market Studies*，2009，47（3）：531 – 554；Robert Kissack，"European Union Member State Coordination in the United Nations System：Towards a Methodology for Analysis，" European Foreign Policy Unit Working Paper，2007（1）；Karen E. Smith，"Speaking With One Voice？ European Union Coordination on Human Rights Issues at the United Nations，" *Journal of Common Market Studies*，2006，44（1）：97 – 121；Nicholas Rees and Helen Young，"EU Voting Behaviour in the UN General Assembly 1990 – 2002：The EU's Europeanizing Tendencies，" Irish Studies in International Affair，2005（16）：193 – 207；Elisabeth Johansson – Nogues，（转下页注）

的行为，① 以及欧盟与联合国在第三方国家共同的行动三个方面③。

在这些已有研究的基础上，本文先回顾欧盟对联合国的政策和欧盟眼中的联合国在全球治理中的角色，然后探讨欧盟参与联合国事务及与联合国合作的历史，再分析欧盟参与联合国的困难和限制，最后探究欧盟未来继续推动以联合国为中心的全球治理的发展方向。

二 欧盟对联合国的政策

深受战争摧残的欧洲国家，由始创欧洲煤钢共同体起，就在条约中确立对联合国及《联合国宪章》的重要地位，视联合国为基于规则的国际秩序必不可少的核心，亦视联合国为处理国际争端、跨国问题上合法性最高的组织。创立欧洲煤钢共同体的《巴黎条约》的第93条确保与联合国和经济合作与发展组织的有效联系及沟通。建立欧洲经济共同体的《罗马条约》更是在开首部分就声明会遵守《联合国宪章》。1993年正式生效的《欧洲联盟条约》（又称《马斯特里赫特条约》，标志欧盟的成立）的第11条亦声明

（接上页注②）"The Fifteen and the Accession States in the UN General Assembly: What Future for European Foreign Policy in the Coming Together of the 'Old' and 'New' Europe?" *European Foreign Affairs Review*, 2004 (9): 67 – 92; Paul Luif, "EU Cohesion in the UN General Assembly," Chaillot Occasional Papers, 2003 (49)。

① 例如 ThomasRenard and Bas Hooijmaaijers, "Assessing the EU's Strategic Partnerships in the UN System," Egmont Royal Institute for International Relations Security Policy Brief, 2011 (24); Nicoletta Pirozzi, "The EU's Contribution to the Effectiveness of the UN Security Council: Representation, Coordination and Outreach," Document IAI10, 14 (July 2010); Edith Drieskens, "EU Actorness at the UN Security Council: A Principal – Agent Comparison of the Legal Situation before and after Lisbon," *European Journal of Law Reform*, 2008, 6 (4): 599 – 619。

② 例如汤祯滢、金灿荣《联合国与区域组织在实施定向制裁中相互关系探析》，《国际论坛》2019年第2期；HikaruYamashita, "Peacekeeping cooperation between the United Nations and regional organisations," *Review of International Studies*, 2012 (38): 165 – 186; Jan Wouters, "The United Nations & the European Union: Partners in Multilateralism," EU Diplomacy Papers, 4 (2007); Hanna Ojanen, "The EU and the UN: A Shared Future," FIIA Report, 2006 (13); Mary Farrell, "EU Representation and Coordination within the United Nations," GARNET Working Paper, 2006 (6)。

会遵守《联合国宪章》。多年来，欧盟坚持基于《联合国宪章》等多个国际条约的全球秩序，致力维持联合国作为多边主义规则的国际秩序的基石。

自 2003 年起，欧盟出台了一系列对外政策文件，努力建立共同对外及安全政策，目标是使欧盟由一个地区性组织扩展为一个世界性力量。其中最重要的是 2003 年 12 月出台的《欧洲安全战略》（*European Security Strategy*），以及 2016 年 6 月出台的《欧盟对外及安全政策全球战略》（*A Global Strategy for the European Union's Foreign And Security Policy*）。《欧洲安全战略》是其第一份安全战略文件，2016 年的《欧盟对外及安全政策全球战略》是其第二份，也是最新的一份，是欧盟在经受多个内外危机后更新版的外交与安全政策。

两份文件都强调联合国在国际关系中的重要位置，尤其是对于欧盟推崇的有效多边主义。多年以来，欧盟的官方文件及领导人发言中都一再强调联合国是多边主义的支柱，坚持在联合国框架下和平解决任何争端。而共同维护"以联合国为中心的国际秩序"亦成为欧盟跟各国际伙伴的双边、多边合作协议或联合声明中必会重申的，这足以证明欧盟对推动联合国在国际关系中的核心地位的坚持。当然，以联合国为中心的世界观的基础是欧盟在当中享有受认可的地位及影响力。

这其中的动因有两方面。其一，正在努力发展共同外交政策及提升国际地位的欧盟，视联合国为它的一个重要舞台，认为只要欧盟积极地参与和支持联合国行动，不但能提高它在国际社会的能见度，而且能显示出其在国际关系中的重要性和对国际社会的贡献。其二，对一直努力输出其价值观及规范的欧盟而言，联合国是一个重要的平台，务求将其人权、环境保护等标准推广到更多国家。杨娜的论点正是这两方面的总结，她指出欧盟通过参与并融入全球治理进程，包括参与联合国事务，使其最大限度地维护既有国际关系秩序，并在推进全球治理机制改革中占得主导地位，从而防止新兴国家在现有国际体系之外建立与之抗衡的新机制。①

欧盟驻联合国代表处的官网显示，欧盟最重视的联合国行动是冲突预

---

① 杨娜：《欧盟的全球治理战略》，《南开学报》（哲学社会科学版）2012 年第 3 期，第 19 页。

防、维和行动、推广人权保护和人道主义事务。[①] 其次是气候变化、环境保护、移民，以及推广大规模杀伤性武器的不扩散等的全球合作。尤其在环保、劳工权利保护、国际刑事法庭等新国际事务上，欧盟努力倡导，以争取"带头人"的地位。欧盟还是《京都议定书》的积极执行者，并且成为大量有关环境的多边公约与协定的重要一方，亦是《联合国气候变化框架公约》的主力。它还是联合国"千年发展目标"的重要支持者。以地区而言，欧盟认为与联合国在非洲的合作是最重要的。在处理国际问题时，欧盟坚持用联合国的机制，军事行动及制裁必须有联合国的批准，并视其为唯一合法性的来源。同时，欧盟强调会继续坚持加强联合国行动的清晰度、透明度、效率、有效性和问责制。

龙静认为欧盟将联合国改革进程视为扩展国际舞台、增加在联合国中的权重的机会，因而大力支持以发展、安全和人权为重点的改革。[②] 值得注意的是，关于联合国改革的问题，欧盟内部的分歧很明显。例如，英法两个成员国坚决维持自己独立的联合国安理会常任理事国地位，对布鲁塞尔及德国等提出的改革安理会的组成方法大力反对。同样希望改革安理会组成方法的意大利与一些中小成员国结成同盟，反对德国"入常"，主张定期选举决定联合国安理会成员，根据地域代表性采取轮值方式分配席位，改革安理会的组成。除此之外，参与联合国决议及行动时，欧盟成员国仍然以国家利益为主导，距离欧盟倡议的将欧盟共同利益置于首位的理想很远。缺乏共同政策导致欧盟无法发挥有力的作用。

三　欧盟眼中的联合国

欧盟大量的政策文件、新闻稿、领导人发言等多次提及联合国，本部

---

① Delegation of the European Union to the United Nations, "The European Union at the United Nations, fact sheet," 21/09/2018, https: //eeas. europa. eu/delegations/un - new - york/9875/european - union - united - nations - fact - sheet_ en, accessed on 01/02/2019.

② 龙静：《论欧盟在联合国中的地位和作用》，《当代世界》2007 年第 12 期，第 29 页。

分集中分析 2003 年及 2016 年欧盟的两份外交战略文件、2003 年欧盟委员会发表的《欧盟与联合国：多边主义的选择》报告，以及最近两年的领导人发言中对联合国的定位。

首先是 2003 年 12 月正式发布的、共 15 页的《欧洲安全战略》中，提到联合国 3 次，第 9 页的一段和第 11 页的一段，是完全关于联合国的。第 8 页关于以巴冲突的一段，联合国则作为协调方之一只是简单地被提及。《欧洲安全战略》第 9 ~ 10 页，是欧盟发表其有效多边主义的部分，其中第二段就是关于联合国的：声明《联合国宪章》为国际关系、国际法发展的基本框架，并列明联合国安全理事会的首要任务是维护国际和平。第 11 页的一段再次强调维护国际和平为联合国的要务，并将支持联合国相关任务列为欧盟的对外政策。

2003 年 9 月，欧盟委员会向欧洲理事会及欧洲议会发布报告——《欧盟与联合国：多边主义的选择》。该报告发布的时间比《欧洲安全战略》早出台 3 个月，但当时的欧盟共同外交和安全政策高级代表早在 6 月就向欧洲理事会汇报过草拟好的"安全战略"。而《欧盟与联合国：多边主义的选择》的预备应该是在《欧洲安全战略》之后。21 页的正文围绕欧盟与联合国应如何加强合作，以及如何加强欧盟在联合国的影响力而展开论述。开篇首段是声明欧盟对多边主义、国际规则、国际组织的坚持，第二段才开始提及联合国，称其为"多边体系的核心"（the pivot of the multilateral system）。这份文件把成为联合国系统的核心支柱定为欧盟对外政策的一个目标，后面是欧盟委员会给欧盟的行动建议，围绕欧盟可以怎样帮助联合国克服现有的困难以继续推动多边主义、如何增强与联合国的合作，以及怎样增加欧盟在联合国的影响力。文件强调欧盟的经济及政治影响力与联合国的国际合法性是互补的，亦分析了 2004 年的东扩将如何影响欧盟与联合国的关系。关于欧盟对联合国的定位，此文件反映出四方面的内容：联合国作为多边体系的核心；联合国作为全球普遍合法性最高的国际问题处理机构；联合国作为欧盟一个输出价值的平台；联合国特别是联合国安理会作为对不遵守国际规则的行为最终的仲裁者。

2016 年共 60 页的《欧盟对外及安全政策全球战略》中，联合国出现了 12 页。按百分比来计算，与 2003 年《欧洲安全战略》文件 15 页中出现了 3 页是一样的。2016 年文件首个提及联合国的地方是第 8 页，是概述欧盟对外政策原则中关于支持以法治为基础的世界秩序的一段，当中强调欧盟会促进以联合国为核心的多边主义，这在第 10 页、第 15 页、第 39 页都进行了重申。第 15 页亦指明《联合国宪章》及《联合国世界人权宣言》为多边世界秩序的基础；第 42 页又重申对《联合国世界人权宣言》的支持。第 41 页谈及海事安全时，欧盟指出要让《联合国海洋法公约》普及化和被落实。第 47 页指出欧盟共同安全与防务政策在迅速回应危机时，要遵守《联合国宪章》。

第 26～27 页，联合国与其属下的机构都被列为欧盟在稳定其周边地区安全的合作伙伴之一。第 43 页更列举联合国为处理全球治理问题的核心伙伴之一。另外，第 43 页再谈及海事安全，列联合国和其属下的机构为合作伙伴之一。同一段落还称联合国为欧盟在人道主义行动、可持续发展、气候变化、反恐方面的合作伙伴。第 45 页呼吁欧盟跟北约、联合国等多边组织增强彼此的兼容性以强化行动力。

第 39～40 页有一段名为"改革"的部分，指出欧盟决心从联合国及其安理会开始改革世界治理的机制。接着此段的是名为"投资"的一段，是少数整段完全关于联合国的：其强调欧盟及其成员国在财政上对联合国的大力支持，并说明将会增加这方面的投资，另外，在指出欧盟共同安全与防务政策对联合国维和工作的补充作用时，欧盟将增强协同增效作用列为未来与联合国合作的目标。

总括而言，在这些政策文件中，其一，欧盟一再强调联合国是其所支持的有效多边主义，以及以法治为基础的世界秩序的核心，并视《联合国宪章》及《联合国世界人权宣言》为多边世界秩序的基础。其二，欧盟还视维护国际和平为联合国的首要任务，当中包括欧盟周边地区、海事安全等。其三，欧盟称联合国为全球治理的核心伙伴，并非唯一，而是欧盟核心伙伴中的一员。其四，欧盟认为联合国及其安理会的设计已经跟不上现实中国际关系的改变，所以必须改革，而欧盟寻求改革中核心推动者的地位，以确保改革后的联合国依然有欧盟的一席之地。其五，欧盟认为自己的支持，包括财政上、军事行动上，是联合国不可缺少的。

那欧盟领袖们又是怎样看联合国的呢？2015 年第 70 届联合国大会，图斯克首次以欧洲理事会主席身份出席联合国大会，当时的欧盟正陷于难民危机，因此图斯克的致词针对中东及北非的问题，这反映出他视联合国为处理中东及北非危机的一个重要平台。① 2016 年第 71 届联合国大会上，图斯克声明欧盟支持联合国平息叙利亚和利比亚危机的工作，同时强调联合国是国际社会对抗恐怖主义的重要工具。② 而在 2017 年第 72 届联合国大会上，图斯克称联合国是处理国际冲突最好的工具、讨论国际事务的核心平台。③ 第 73 届联合国大会上，图斯克的致词中包括对联合国作为讨论移民管理、处理利比亚危机的核心平台角色的肯定。④ 另外，他呼吁联合国帮助阻止假消息的散布，又举欧盟—非盟—联合国在利比亚合作的成功为例，说明现今国际社会需要更多合作。

在上述四次联合国大会发言中，欧洲理事会主席图斯克无一例外，都花一定时间谈及全球在气候变化上加强合作的迫切性，以及欧盟全力推动巴黎条约执行的决心。由此可见，他高度肯定联合国作为国际气候变化合作平台的角色。

图斯克在第 72 届联合国大会上的致辞是历届中最长的，他强调欧盟及

---

① Donald Tusk, Address by President of the European Council Donald Tusk at the 70th General Assembly General Debate, 29/09/2015, available https：//gadebate. un. org/sites/default/files/gastatements/70/70_ EU_ en. pdf, accessed 01/02/2019.

② Donald Tusk, Address by European Council President Donald Tusk at the 71st General Assembly General Debate, 21/09/2016, available https：//gadebate. un. org/sites/default/files/gastatements/71/71_ EU_ en. pdf, accessed 01/02/2019.

③ Donald Tusk, Address by European Council President Donald Tusk at the 72nd General Assembly General Debate, 20/09/2017, available https：//gadebate. un. org/sites/default/files/gastatements/72/eu_ en. pdf, accessed 01/02/2019.

④ Donald Tusk, Address by European Council President Donald Tusk at the 73rd General Assembly General Debate, 27/09/2018, available https：//gadebate. un. org/sites/default/files/gastatements/73/eu_ en. pdf, accessed 01/02/2019.

成员国共承担了联合国约 1/3 的财政及 1/3 的维和行动资源。① 图斯克亦强调欧盟及联合国都是二战后为防止再出现残暴行为而生的,声明与联合国合作和在联合国的框架内行动,是欧盟会一直坚持的。除此之外,他列举了欧盟与联合国在多个非洲地区的联合维和、冲突预防行动,并支持联合国加强对难民及移民的管理。在这次大会致辞中,图斯克呼吁联合国改革,亦呼吁联合国动员国际社会正面对抗朝鲜、俄罗斯等。在第 73 届联合国大会上,图斯克又重申欧盟坚定支持联合国,以及联合国为改革所做的努力,并呼吁所有国家更好地装备联合国。② 在第 73 届联合国大会期间,欧盟委员会主席容克与欧盟外交和安全政策高级代表莫盖里尼一同与联合国秘书长古特雷斯会谈。容克形容联合国为多边主义的奠基石,是通往人类更好未来及更美好世界的桥梁,并声明欧盟是联合国亲密的伙伴,会积极地支持联合国。③

欧盟外交和安全政策高级代表莫盖里尼对联合国的评价,可从她在 2017 年 5 月联合国安理会的年度简报会上针对欧盟—联合国关系的讲话中了解。④ 莫盖里尼指出欧盟与联合国分享对国际关系共同的愿景、共同的原则、共同的价值观、共同的观念,因此两个组织从倡议到行动都有很好的配合。她强调共同原则、价值观、根本理想（fundamental ideals）是欧盟相信联合国的基础,并列举了两者从巴尔干半岛到叙利亚、利比亚,再到中

① Donald Tusk, Address by European Council President Donald Tusk at the 72nd General Assembly General Debate, 20/09/2017, available https://gadebate.un.org/sites/default/files/gastatements/72/eu_ en.pdf, accessed 01/02/2019.
② Donald Tusk, Address by European Council President Donald Tusk at the 73rd General Assembly General Debate, 27/09/2018, available https://gadebate.un.org/sites/default/files/gastatements/73/eu_ en.pdf, accessed 01/02/2019.
③ Jean‐Claude Juncker, Press statement by President Jean‐Claude Juncker with António Guterres, Secretary‐General of the United Nations, 23/09/2018, available http://europa.eu/rapid/press‐release_ SPEECH‐18‐5871_ fr.htm, accessed 01/02/2019.
④ Federica Mogherini, Speech by High Representative/Vice‐President Federica Mogherini on the EU‐UN cooperation, delivered during annual briefing to UN Security Council, 09/05/2017, available https://eeas.europa.eu/headquarters/headquarters‐homepage_ en/25815/High%20Representative/Vice‐President%20Federica%20Mogherini%20on%20the%20EU‐UN%20cooperation, accessed 01/06/2019.

非共和国等多次合作。另外，莫盖里尼强调欧盟成员国承担了联合国维和行动财政经费的 40%，并指出欧盟捐助了联合国下属基金和机构近 50% 的总预算，随后点名提醒美国应继续对联合国"投资"。这次讲话中，莫盖里尼多次强调欧盟与联合国的一致性，一再指出"the European way is the UN way"，并以此作结。

综合欧盟的对外战略文件及其领导人的讲话可知，欧盟最重视的是联合国作为欧盟积极推动的多边主义，以及以法治为基础的世界秩序的核心。同时，联合国被视为面对世界性重大挑战的核心平台。欧盟坚持全球治理及冲突处理在联合国的框架内进行。除此之外，欧盟文件及领导人多次肯定联合国为欧盟在国际关系中的重要伙伴，虽然只是多个重要伙伴之一。欧盟领导人视给联合国的高份额财政支持为证明欧盟国际重要性的一大证据，并以此为傲。

四　欧盟参与联合国的状况

作为有史以来区域一体化程度最高的机构，欧盟在联合国的身份及其参与情况，都超出国际关系中对联合国参与者的了解，这也是独一无二的。本部分说明欧盟在联合国机制中的身份及行动。

（一）身份

首先，关于会员资格，欧盟自身并非联合国的成员，因为联合国规定其成员只限于国家。不过，所有欧盟成员国都是联合国的成员。至 2019 年英国开始脱欧前，欧盟 28 个成员国占联合国 193 个会员国的 14.5%。

自 1974 年 10 月，联合国第 29 届大会通过了第 3208 号决议，当时的欧洲共同体（1993 年成立的欧洲联盟前身）被授予永久观察员地位。作为观察员，欧盟能参与联合国大会，但不享有投票权。这样的观察员地位也是欧盟参加其他联合国部门和专门机构中最常见的身份，包括安理会、经济及社会理事会、联合国教科文组织、世界卫生组织、世界知识产权组织、联合国工业发展组织等。而欧盟委员会是国际海事组织的观察员，欧洲中央银行是国际货币基金组织的观察员。

除了不能参与表决外，作为观察员的欧盟在会议上只能在所有正式与会成员发表完意见后才能发言，而且观察员一般不能提出修正案，亦不能主持会议或做大会报告。而欧盟的一项贡献是其致力于协调各成员国的立场。欧盟在联合国大会的六个主要委员会和经济及社会理事会等机构协调成员国的投票。欧盟在纽约的代表团每年需要召开数以百计的协调会议，以制定欧盟在联合国的共同立场。

法国和英国是联合国安全理事会的常任理事国。另外，其他欧盟成员国会占每届非常任理事议席的两到三个。《欧洲联盟条约》第 19 条规定联合国安理会的欧盟成员国必须告知其他欧盟成员国有关安理会的讨论情况，并要求常任理事国在不影响自身《联合国宪章》规定责任的情况下捍卫欧盟的立场和利益。2009 年《里斯本条约》生效后，更加要求联合国安理会的欧盟成员国要行动一致，以及要将安理会的行动详尽地告知其他欧盟成员国和欧盟外交与安全政策高级代表。

《罗马条约》赋予欧盟委员会在共同关税问题上的专属权限的同时，要求其在联合国等国际组织就经济问题进行投票时统一成员国的立场。欧盟并不满足于仅拥有观察员地位，不断争取在联合国及其机构中的正式成员地位，例如，1993 年欧共体进化为欧盟后向联合国大会申请正式成员地位，不过未通过。

近年，欧盟亦积极推动联合国安理会改革，尤其希望获得常任理事国身份，提出由欧盟取代英法两国现在的常委位置，理由是 2009 年生效的《里斯本条约》明确赋予欧盟法人的身份，以及只有统一力量才能让欧洲国家在国际上有足够的力量面对中美等大国。现在欧盟"入常"之路首要的反对者并非其他国家，而是英法两国。同时，欧盟一些成员国有自己"入常"的目标，如德国、意大利。内部严重的分歧使欧盟提升在安理会的地位方面停滞不前。欧盟的政策是要求英法两个安理会常任理事国及其他在安理会轮任议席的欧盟成员国，向其他不在安理会的成员国分享安理会工作的资讯及讨论的内容。

欧盟在专门机构则有一些成功的例子，1991 年欧共体成为联合国粮食及农业组织（FAO）的正式成员（现在欧盟委员会拥有这会员身份），1993 年欧盟委员会成为联合国可持续发展委员会的正式成员。1995 年欧盟成为世界贸易组织的正式成员。2003 年，欧盟委员会及欧盟成员国都成为 FAO 与世界卫生组织（WHO）之下的食品法典委员会的成员。不过，欧盟自 1999 年以来参加世界卫生组织的身份还是观察员，2005 年亦是以观察员身份加入联合国教科文组织（UNESCO）。经过多年的努力，欧盟至今仍然没有获得世界银行及国际货币基金组织的观察员或会员身份。

2011 年 5 月，联合国大会通过第 A/65/276 号决议，提升欧盟在联合国的参与地位为 "被提升了的观察员"（enhanced observer status）。[1] 这个特殊地位，联合国其他非国家行为体观察员都没有，在欧盟之后，联合国大会只向具备同等条件的其他区域组织开放同等特殊地位，只要该组织符合两个条件：该区域组织在联合国大会已有观察员地位；该区域组织的成员国同意它为代表发言。

"被提升了的观察员" 身份不仅容许欧盟可以在大会上提出欧盟共同立场，而且在发表自己的意见干预会议时也没有时间的限制。同时，"被提升了的观察员" 可以担任报告人、主持会议、提出议案、在会议期间获邀参加一般性辩论，以及对议案提出修订意见。自此，欧洲理事会主席代表欧盟所有成员国在每年的大会上发表立场声明。可是欧盟作为 "被提升了的观察员" 并不享有关键的投票权及挑战大会主持人决定的权利。

随着联盟的职能扩张，布鲁塞尔多年来一直积极争取提升自己在联合国的地位。但就暂时的成果来说，欧盟认为联合国制度越来越不能反映欧盟的一体化程度。

（二）代表

欧盟成员国都是联合国的正式会员，它们在联合国中更重视自己的国

---

① European Council, EU at the UN General Assembly, available https：//www.consilium.europa.eu/en/policies/unga/, accessed 01/06/2019.

家身份及国家利益。因此，坚持欧盟整体利益的欧盟委员会的参与对欧盟来说尤为重要。根据在欧盟内部的权限分工，欧盟委员会能在贸易、关税、海洋生物保护等事务上代表整个欧盟发言。经过多年的经营，欧盟委员会已成为联合国的一个重要工作伙伴，尤其是在援助发展中地区的工作上。双方的合作范畴广泛，主要包括选举援助、支持儿童入学、卫生部门的能力建设、援助难民和无国籍人士、环境保护、裁军、灾害与危机应对等。另外，自 2011 年获得"被提升了的观察员"地位后，欧洲理事会主席在每年的联合国大会上代表整个欧盟声明立场。

表决权则仍然在成员国手上。欧盟自冷战以后一直致力及对外宣称的是，其成员国在联合国的投票越来越一致。欧盟努力协调成员国在联合国大会的六个主要委员会和其他联合国下属机构中的投票，为此，单在 2018年欧盟驻纽约代表团就举行了近 800 次协调会议，以统一 28 个成员国的立场，并以一个声音说话。[1]《里斯本条约》第 34 条还规定，欧盟成员国在联合国安理会必须行动一致，推广欧盟的共同利益。据联合国西欧区域信息中心提供的数据，欧盟成员国在联合国大会的表决中，由 1991/1992 年第 46 届大会上的 86% 一致，提升至 1998/1999 年第 53 届大会上的 97% 一致，而此一致程度没有因 2004 年及 2007 年的两次欧盟东扩而降低。[2]

五 联络机制

为了加强在联合国的参与、统合成员国的立场及行动，欧盟委员会早在 1964 年就于纽约建立"新闻办事处"（information office）。此办事处于 1974 年升格为欧共体派驻联合国的代表团。现在，该代表团负责欧盟与联

---

[1] European External Action Service, Factsheet: The European Union at the United Nations, published on 21/09/2018, available https://eeas. europa. eu/delegations/un - new - york/9875/european - union - united - nations - fact - sheet_ en, accessed 01/02/2019.

[2] United Nations Regional Information Centre for Western Europe, *How the European Union and the United Nations cooperate*, Berlin: United Nations Regional Information Centre for Western Europe Liaison Office in Germany, 2007.

合国大会、联合国经济和社会理事会、联合国开发计划署、联合国儿童基金会的参与及合作。同时，欧盟在另外 5 个地方设有驻联合国机构的代表团，分别在日内瓦、维也纳、巴黎、罗马、内罗毕（见表 1）。日内瓦的代表团负责对接联合国难民事务处、国际劳工组织、世界卫生组织的事务。维也纳的代表团负责对接国际原子能机构及联合国药物管制与预防犯罪办事厅。巴黎的是欧盟常驻联合国教育、科学及文化组织的代表团。罗马的代表团负责对接联合国粮食及农业组织、联合国世界粮食计划署、国际农业发展基金的事务。内罗毕的是欧盟常驻联合国环境规划署的代表团。2009年《里斯本条约》生效，代表团由欧盟外交事务和安全政策高级代表领导。

　　另外，欧洲理事会秘书处亦有两个驻联合国的联络处（liaison office），以支持欧洲理事会及成员国在联合国的日常工作，包括提供信息、传递文件、协调成员国观点等。纽约的联络处开设于 1991 年。在日内瓦的联络处自 20 世纪 60 年代设立，原来负责欧盟跟关税及贸易总协定（GATT）的事务，其后扩展至支持欧盟跟联合国辖下在日内瓦机构的工作支援。现在这两个理事会秘书处联络处已跟欧盟驻纽约及日内瓦的代表团合并。

表 1　欧盟驻联合国代表团

欧盟驻联合国机构的代表团	负责对应的联合国机构
纽　约	联合国大会、联合国经济和社会理事会、联合国开发计划署、联合国儿童基金会
日内瓦	联合国难民事务处、国际劳工组织、世界卫生组织、联合国人权事务高级专员办事处
维也纳	国际原子能机构、联合国药物管制与预防犯罪办事厅
巴　黎	联合国教育、科学及文化组织
罗　马	联合国粮食及农业组织、联合国世界粮食计划署、国际农业发展基金
内罗毕	联合国环境规划署

　　同样，联合国亦设办事处以加强与欧盟机构的沟通及合作。联合国驻布鲁塞尔办事处就是其在欧盟各机构的总代表处，由办事处主任代表联合国秘书长，领导办事处在欧盟机构和欧洲大众中建立对联合国活动的理解

和支持。① 这个办事处会定期与欧盟委员会交换文件，以帮助彼此的政策制定。

互设代表处之外，欧盟与联合国在过去20年间建立了系统化及多层次的对话机制。欧盟委员会主席及欧盟外交与安全政策高级代表与联合国秘书长有年度的会晤机制，这是两个机构最高级别的定期会晤。根据简军波的研究，欧盟与联合国部长级的会晤机制建立于2000年9月。② 此最高级别的政治互动还包括与联合国副秘书长的。欧盟与联合国及其机构的领导人、高级代表还有不定期的互访。除了双边的会晤外，2017年第五届非盟—欧盟峰会上还建立了非盟—欧盟—联合国三方会谈，最近一届是2018年9月的第三届非盟—欧盟—联合国三方会谈。

除了领导人高层次的对话外，欧盟与联合国也有多个工作组层次的会晤机制。关于政治事务及维和行动的具体沟通，有欧盟委员会及欧洲理事会的相关司部与联合国各相关部门的定期汇报机制。2000年12月，欧盟在尼斯峰会上通过就冲突预防和危机管理事务定期与联合国沟通，双方因此成立了督导委员会，每年举行两次会议，讨论相关国家和特定主题的治理问题。③ 而在发展及人道主义事务合作方面，欧盟委员会与十多个联合国机构签订战略伙伴或其他合作协议，其中包括欧盟人道主义事务办公室及其专员与联合国的定期会晤，以及与联合国紧急救助协调员的定期会晤。除此之外，欧盟委员会和联合国人道主义事务协调办公室，建立了指挥部和营地之间的信息共享。除了欧盟委员会及欧洲理事会外，欧盟—联合国工作组或联合委员会亦会邀请欧洲议会参加会议。

参与联合国多年，欧盟一直引以为傲的要数其成员国为联合国付出的财政支援，是缴纳联合国会费最多的区域。欧盟不同官方文件、多个领导

---

① United Nations, About, available https://www.unbrussels.org/about/, accessed on 01/06/2019.
② 简军波：《欧盟参与联合国全球治理——基于"冲突性依赖"的合作》，《欧洲研究》2013年第2期，第38页。
③ 简军波：《欧盟参与联合国全球治理——基于"冲突性依赖"的合作》，《欧洲研究》2013年第2期，第38页。

人在提到欧盟—联合国关系时，都会强调欧盟是现时联合国的最大财源，亦是联合国援助系统最大的财政来源。例如 2006 年，欧盟成员国缴纳的费用占联合国当年预算的 38%，还支持了 40% 的维和行动。每个欧盟委员会的援助预算方案中，必然会预定一大部分给联合国。2014～2017 年，欧盟给联合国贡献了近 11 亿欧元，其中 24% 落到联合国世界粮食计划署、15% 落到联合国儿童基金会、13% 落到联合国开发计划署。[1] 根据欧盟最新的数据，欧盟 28 个成员国在 2017 年承担了联合国 32% 的维和行动经费。[2] 根据联合国秘书处 2018 年的官方数据，2019 年美国缴纳的费用占联合国正规预算的 22%，中国占 12%，日本占 9%，而欧盟 28 个成员国共占 29%。[3]

另一项欧盟自傲的是其成员国对联合国军事行动的人力和技术支持，尤其是对维和行动做出的贡献。欧盟派往支持联合国行动的人员以士兵、警察、观察员为主。例如，欧盟经常派遣专家参与联合国在不同地方的实况调查任务。又例如欧盟委员会按照《联合国军民协调指南》向联合国提供培训课程，另外与联合国组成联合评估小组，或者由欧盟向联合国小组提供专家成员等，为联合应对灾害与危机的行动提供人员和技术支持。

上文已提到，欧盟及其成员国都非常重视联合国在处理国际争端、跨国问题上的合法性，因而在采取包括制裁、军事干预等任何国际行动之前，欧盟和欧盟成员国都会积极取得联合国的授权，使其行动具有公共和政治合法性。而对一些国家在没有取得联合国授权的情况下进行武力行动，欧盟都予以谴责。

联合国与欧盟对维护国际秩序的手段有共同的看法，都尽力避免采用武力，因此，介于外交谴责和战争之间的制裁成为重要的选择。汤祯滢、金灿荣从联合国和区域组织关系视角，研究两者实施制裁时的行为特点和

---

① European External Action Service, Factsheet: The European Union at the United Nations, 2018.

② European External Action Service, Factsheet: Reinforcing the EU – UN Strategic Partnership on Crisis Management, published on 21/09/2018, available https://eeas.europa.eu/sites/eeas/files/factsheet_ eu_ un_ missions_ october_ 2018_ 0. pdf, accessed on 04/06/2019.

③ United Nations Secretariat, Assessment of Member States'contributions to the United nations regular budget for the year 2019, ST/ADM/SER. B/992（2018）.

相互关系。① 其中欧盟及非盟是十多个区域组织中参与联合国定向制裁最积极的，相反，东盟始终坚持不干涉原则，并拒绝任何来自东盟以外的制裁。作者强调欧盟是唯一在官方文件和制裁实践中承认和履行了联合国配合制裁义务的区域组织。关于制裁实施，欧盟多数先于联合国实施制裁。不过，两者的合作并非完全一致，纵使宏观目标相同，欧盟对外制裁的两个核心目标——推行民主和维护人权——并非联合国安理会的核心目标。作者举联合国与欧盟对伊朗的制裁为一个相互补充的有效的案例。

　　欧盟不希望只做联合国的捐赠者（donor），而要成为被重视的合作伙伴（partner）。但由于侧重点和行动能力上的相同及限制，在合作领域上，欧盟在联合国行动中最突出的是在发展援助、人道主义援助、和平与安全，以及气候变化领域，这也是欧盟驻联合国代表团的官方网站所列出的五个跟联合国合作最紧密的全球问题（可持续发展、人权、气候变化、建设和平与预防冲突、人道主义援助）。②

　　在发展援助领域，欧盟与十多个联合国下属的发展及人道主义有关的机构开展战略伙伴合作，除了提供资金外，还积极参与这些组织的决策。另外，欧盟自 2003 年提高发展援助金额，促进联合国发展目标的早日实现。

　　欧盟委员会负责人道主义援助的 DG ECHO 是欧盟—联合国关系中一个重要的部门。欧盟每年 5 亿多欧元的人道主义援助经费，会有约 1/3 经由 DG ECHO 给予联合国不同的行动计划。除了财政上的支持外，DG ECHO 还会给予食物、药物、能源，以及医疗、净水处理、物流等不同领域的专家以支持联合国发展援助工作。

　　2003 年，欧盟共同安全与防务政策（Common Security and Defence Poli-

① 汤祯滢、金灿荣：《联合国与区域组织在实施定向制裁中相互关系探析》，《国际论坛》2019 年第 2 期，第 41～55 页。

② Delegation of the European Union to the United Nations in New York, The EU at the UN, published on 12/10/2017, available https://eeas.europa.eu/delegations/un - new - york/33807/eu - un_en, accessed on 01/02/2019.

cy，CSDP）出台后，欧盟首次参与联合国系统内的两次维和行动，为欧盟真正参与联合国维和与危机管理行动的开始。第一次是欧盟向波斯尼亚和黑塞哥维纳派驻警察任务团，第二次行动是同年夏天向刚果（金）派出军事任务团。同年，双方发表《联合国—欧盟危机管理合作联合声明》。自此，欧盟派员赴世界各地执行联合国安理会授权的军事以及维和任务，其中以赴非洲的任务最多。Wouters 指出欧盟主导的行动除了缓解了联合国在财政及后勤上的负担之外，还补充了联合国原来在某些地区的弱点。欧盟期望借此建立"国际安全提供者"及"和平建设者"的形象。[1]

行动目标上，简军波指出欧盟避免加入正在进行的冲突或负责阻止危机爆发，而主要参与"后冲突环境"下的和平建设。参加方式上，欧盟很少参与由联合国领导的（UN‑led）维和行动，而主要参与由联合国安理会授权的（UN‑mandated）维和行动。简军波认为这是欧盟保持独立性和自主性的方法。[2] 因此，在统计对联合国维和行动的人员数目时，欧盟的占比偏低。在一份 2016 年 11 月的统计中，没有任何一个欧盟成员国出现在"对联合国维和行动派遣最多人员的二十大国家"名单中。[3] 而欧盟对外行动署发布的文件强调的，亦是其与联合国并联的独立武装任务，并将现有的 11个包括在马里、科索沃、利比亚的此类行动都列出。[4]

从各成员国自行规制环境保护政策发展到统合共同法律行动后，欧盟将环境保护加入其外交和贸易政策的战略中。从 20 世纪 90 年代开始，欧盟在联合国的平台积极扮演全球环境治理的主要推动者。其认为全球气候变化问题，只有在联合国的多边框架下集合全球力量才能得到解决，并视国

---

[1] Wouters, Jan, "The United Nations & the European Union: Partners in Multilateralism," EU Diplomacy Papers, 2007 (4): 16.

[2] 简军波，《欧盟参与联合国全球治理——基于"冲突性依赖"的合作》，《欧洲研究》2013年第 2 期，第 45～46 页。

[3] Center on International Cooperation, "Strategic Summary 2016: UN Peace Operations by the Numbers," available https://peaceoperationsreview.org/strategic‑summary‑2016‑un‑peace‑operations‑by‑the‑numbers/, accessed 04/06/2019.

[4] European External Action Service, Factsheet: Reinforcing the EU‑UN Strategic Partnership on Crisis Management, 2018.

际法为达成全球气候变化治理的核心手段。在《京都议定书》、《联合国气候变化框架公约》、2015 年达成的《巴黎协议》的推进中，都是积极的倡导者，亦因而被视为代替美国扮演全球环境治理领导者的角色。[①]

上文讨论了欧盟在联合国框架内及与联合国间的积极行动，下一部分会分析其在行动中遇到的主要的困难和限制，以及欧盟的应对方法。

六 欧盟参与联合国的困难和限制

对于在参与联合国行动中遇到的问题，欧盟委员会 2003 年的《欧盟与联合国：多边主义的选择》报告尝试分析应对的方法，其中列出的主要问题有三个：欧盟内部欠缺团结、政策被动、欧盟非主权国家的身份。欧盟委员会在 2001 年给欧洲理事会和欧洲议会的另一份关于与联合国合作的报告——《与联合国建立在发展和人道主义事务领域的有效伙伴关系》，指出四个削弱欧盟在参与联合国行动时有效性的因素，分别是：欧盟在大多数联合国机构中并没获得高等地位，所以不能有力地影响行动方案的制订；欧盟成员国在发展和人道主义援助方面的行动缺乏协调；欧盟对联合国系统结构和规划的影响很小；欧盟内部合适的人员不足。

透过分析欧盟在不同联合国活动中的不同身份和地位，龙静指出欧盟在一体化进程中，在各个领域中得到的不同权限直接决定了其参与联合国活动的能力，而欧盟作为非主权国家行为体，其内部的分歧和复杂决策机制始终限制了其在各种联合国机构中的参与。[②]

综合已有的文件及研究结果发现，欧盟在联合国遇到的主要困难有六个。

第一个问题是身份问题。欧盟在联合国框架内最明显的一个问题是身份的问题。《联合国宪章》规定了联合国是一个由主权国家组成的国际组

---

① 柯坚：《可持续发展对外政策视角下的欧盟气候变化国际合作方略》，《上海大学学报》（社会科学版）2016 年第 33 卷第 1 期，第 16 页。
② 龙静：《论欧盟在联合国中的地位和作用》，《当代世界》2007 年第 12 期，第 29～30 页。

织，无论是欧洲煤钢共同体、欧洲经济共同体，还是今天的欧洲联盟都不是主权国家。再者，所有欧盟成员国都是独立的联合国成员，如果欧盟再获得独立的成员身份，其成员国在联合国的权重就会增加，对其他地区的国家造成不公平。同时，对于非欧盟的联合国成员来说，一个像欧盟这样大规模的地区性组织的加入，无疑会打破联合国现有的平衡。联合国至今都没有为接纳非主权国家行为体为正式成员而制定新的规定。虽然有一些声音批评《联合国宪章》跟不上现实世界的发展，[①] 但要修改宪章的程序相当复杂，而且联合国成员的反对意见也很大。

欧盟努力争取在联合国有更大权利时，明白要成为完全的会员目前是不可能的，尤其是欧盟自己的成员国（特别是大国）都不愿意放弃各自的联合国会席以换取欧盟的正式会席。因此，欧盟目前根据自己影响能力的大小和利益相关程度，在联合国不同的机构争取不同的特殊身份。

第二个问题是布鲁塞尔与成员国之间的权力争夺。欧盟成员国不愿放弃本国独立权力，以致在联合国中不能合成统一力量争取更大的影响力。尤其是安全及外交事务仍然在各成员国被视为国家核心利益，大部分成员国不愿削弱自己在联合国这样的国际重要舞台上的独立自主的形象。成员国不给布鲁塞尔让渡更多主权，欧盟的共同外交与安全政策及共同安全和国防政策虽然经过多年的努力，仍然不是欧盟的专属职权（exclusive competence），在联合国中的行为亦如此。英国作为成员国，一直不希望欧盟在联合国增加代表权，担心这样会威胁到其作为安理会成员国在联合国内部的权力和地位。即使英国脱欧，仍然会有其他成员国坚持自身的外交独立。

欧盟的条约包括最新的《里斯本条约》要求成员国在联合国捍卫联盟的立场和利益，但条文又列明成员国在不损害其在《联合国宪章》的权利情况下才执行。现实的情况是，欧盟成员国虽然尝试协调在联合国的行动，但在利益分歧面前，往往选择保护自身国家利益而放弃推进欧盟整体利益。

---

① 例如陈亚芸《论联合国宪章在欧盟法律体系中的地位——由卡迪案引发的思考》，《国际论坛》2013 年第 15 卷第 1 期，第 25 页。

布鲁塞尔的另一项努力是增加发表欧盟共同声明（EU Statement），以对外释放出欧盟在代表成员国以同一个声音发言的印象，也增加欧盟机构在联合国的能见度。据 Wouters 观察，这些共同立场声明首先涉及和平与安全问题，其次是经济和发展问题。①

第三个问题是，欧盟成员国之间存在分歧，甚至是矛盾。原则上，成员国就欧盟专属职权的领域已经达成共识，而不会出现分裂票。在非欧盟专属职权的范畴，成员国往往希望争取本国国家利益最大化，而欧盟的整体利益相对不重要。这样，欧盟不但没统合为一个声音，还不时出现成员国之间的国家利益博弈。结果，欧盟无法统合行动，在国际政治的影响力及地位没能获得其他大国的肯定。当表态或投票出现分歧时，欧盟国际信誉更加被削弱，尤其是在共同外交与安全政策方面，其中一个经典例子是2003 年"老欧洲"与"新欧洲"成员国围绕伊拉克战争出现的严重分歧；成员国在 2008 年 2 月科索沃宣布独立后的不同反应是另一个例子。Wouters指出，分裂票最常出现在涉及政治（例如核裁军、去殖民化或中东）或道德敏感（例如复制人）领域的问题上。②

Jin 和 Hosli 分析了欧盟成员国 1993～2012 年在联合国大会上的投票情况。这项研究探讨欧盟的共同外交与安全政策及《里斯本条约》有否增强欧盟在外交上的团结，而结果是自共同外交与安全政策推出以来，欧盟成员国投票的一致性逐渐增强，但此投票的一致性会随问题的不同领域而改变，具体例子是欧盟成员国对于中东问题的投票高度一致，但对于去殖民化及国际安全等议题的表决则分歧明显。Jin 和 Hosli 的文章亦发现《里斯本条约》并没有显著影响欧盟成员国在联合国大会上的投票一致性，而欧盟与其他区域组织相比，亦不是全球最团结的。

另外，欧盟成员国在改革联合国安理会上存在利益竞争，比较新的事

① Wouters, Jan, "The United Nations & the European Union: Partners in Multilateralism," EU Diplomacy Papers, 2007 (4): 8.
② Wouters, Jan, "The United Nations & the European Union: Partners in Multilateralism," EU Diplomacy Papers, 2007 (4).

例是德国外交部长及财政部长于 2018 年年底，建议法国在英国脱欧后把其联合国安理会的常任成员席位改为一个"欧盟"的席位，以使欧盟真正地在安理会上以一个声音发言。这建议引来法方强烈反对。[①]

龙静提出的一个有趣的观点是，欧盟因为要增强在联合国各个机构中的影响力，而努力争取达成立场统一，从而间接推动欧洲一体化。[②]

欧盟一直努力协调成员国的立场及行动，尤其是投票表决的时候。协调成员国正是其在纽约、日内瓦、维也纳、巴黎、罗马、内罗毕的驻联合国机构代表团的主要日常工作之一。上文提及《欧洲联盟条约》第 19 条规定联合国安理会的欧盟成员必须告知其他欧盟成员国有关安理会的讨论情况，而欧盟驻纽约代表团其中一项任务就是每周所谓的"Article 19 - meetings"，以协调成员国间关于安理会事务的信息交流。每年在协调实现投票一致性上，欧盟及成员国都得花上大量的时间及精力。而事实上，这些投资并不一定有效，协调很多时候只能达成很小的共识，并令一些成员国感到沮丧。

第四个问题是，联合国与欧盟在制度方面协调性不足。二战结束后几十年，两个组织分别发展出复杂的体制及运作模式，加上欧盟不断发展的权限分工，两者制度安排不能相互适应。第一点提及的联合国对非国家行为体的处理是其中一个例子。另外的例子如两个组织在财政与后勤上的不同工作方法。再者，欧盟在军事行动上与北约紧密的关系，使欧盟参与联合国的军事行动更加复杂化。

欧盟积极加强与联合国各机构在不同层次的沟通，以提升两个组织间政策的一致性。其一再强调只有建立长期的相互了解和互信，欧盟和联合国才能够扩大合作的有效性。在与第三方的合作上，两个组织各自加强在当地的工作人员与对方的沟通，建立信息共享机制，务求加强最前线行动

---

① France24, "Germany calls for France to give its UN Security Council seat to the EU," published on 28/11/2018, available at https://www.france24.com/en/20181128 - paris - france - german - proposal - un - eu - macron - merkel - security - council - nations, accessed on 01/02/2019.

② 龙静：《论欧盟在联合国中的地位和作用》，《当代世界》2007 年第 12 期，第 30 页。

的合作。同时，两个组织建立行动时的共同操作标准。除此之外，欧盟委员会积极与负责发展和人道主义事务的联合国机构建立战略伙伴关系。建立战略伙伴关系的主要目标是：让欧盟委员会可以参与更多联合国的政策对话和管理机构中；增加欧盟—联合国共同行动及财政的稳定性；协助所选的战略伙伴强化核心能力。

第五个问题是，欧盟感觉自己在联合国的行动有减弱其自主性的威胁。欧盟对独立主导权表现出越来越大的渴求。虽然在各个对外政策文件、外交场合中，欧盟一直强调自己对以联合国为核心的世界秩序的坚持，但在行动上，欧盟不时表现出对自身独立性以及国际地位的渴求。欧盟偏向参与由联合国安理会授权的维和行动，而非联合国领导的行动，就是一具体的例子。

另一例子是欧盟没有给《联合国宪章》高过欧盟法律的无上地位。对于联合国成员国，《联合国宪章》的地位高于一般国际条约，而安理会决议具法律约束力，成员国有义务履行。陈亚芸的研究指出，虽然欧盟有大量的履行安理会决议的例子，但自 2008 年的卡迪案起，欧盟越来越多地以欧盟法律为最高行为规则来拒绝执行联合国的决议。陈亚芸指出，欧盟并不是联合国的成员，导致争议出现。不过她指出，顾及欧盟作为负责任的国际组织的形象以及欧盟成员国的联合国成员义务，欧盟并没有刻意突出自己的非会员性以否定《联合国宪章》对其的效力。这项研究总结，在不损害欧盟利益的前提下，欧盟一直都尊重《联合国宪章》的宪法地位，但维护欧盟法律体系自治性才是布鲁塞尔最重视的，因此，其会为减少外部法律对欧盟法律体系的约束，而拒绝执行联合国的决议。

简军波指出，欧盟与联合国之间存在冲突性依赖关系，[①] 即双方存在明显的冲突和矛盾，包括欧盟试图在与联合国的合作行动中保持独立性、欧盟有时候会抛开联合国的治理精神与方案去处理全球治理问题、两个组织

---

① 陈亚芸：《论联合国宪章在欧盟法律体系中的地位——由卡迪案引发的思考》，《国际论坛》2013 年第 15 卷第 1 期，第 36~51 页。

在制度安排方面存在错位，但欧盟在国际行动及其目标的实现中严重依赖联合国。

欧盟的一项对策是提高自己对参与联合国议程和政策制定的主动性。

第六个问题是欧盟感到越来越难对联合国中的其他成员国输出自己的规范和价值观。欧盟把向全球推广规范和价值视为外交中的重要目标，并视联合国为其在规范和价值上的同路人，欧盟亦将联合国用作输出自己价值观、行为方式和原则的平台。这引起一些非西方国家的不满，认为欧盟的做法违背联合国尊重本土历史、文化与国家主权的基本原则。欧盟被指责的方面还包括：表面说要帮助落后国家脱贫，实际上一直给欧盟的农产品大量的补助，影响落后国家农产品出口；欧盟所推广的环境保护及劳工权益标准，实则是保护自身企业的手段；在人权等问题上对不同国家采取不同标准；等等。同时，近年来中国在财政及人员上对联合国支持的重要性与日俱增，而中国实行的是一套不同于欧盟的规范和价值，这亦令欧盟受到威胁。

七　结论

经过两次世界大战的欧洲国家成立的欧洲煤钢共同体，在几十年间由一个只有 6 个成员国的地区性组织，成长为现在有 28 个成员国的欧盟。自 2003 年起欧盟积极建立共同外交安全政策，以加强联盟的国际地位及影响力，努力扩展为一个世界性力量。其一直坚持以联合国为中心的多边主义，以法律为本的合作去治理全球问题，并一再强调没有一个国际行为体能独自应对层出不穷的跨国问题。

随着欧盟共同外交安全政策的发展，欧盟与联合国的共同目标增多，不仅包括维系世界和平、促进贸易发展、人道主义援助、环境保护等，还有人权的保护、打击恐怖主义、推广可持续发展等，彼此视为自然而然的合作伙伴。不过，两个机构都了解和表示并非彼此的唯一伙伴。

以上讨论反映出欧盟与联合国在全球治理中的互相依赖。欧盟需要通过联合国来整合及管理世界上不同国家的合作，并且增强欧盟的国际影响力，以及向其他国家输出其规范及价值。联合国需要欧盟的支持，除了财务上及人力资源上的，还有欧盟始终以联合国为世界秩序的核心的坚持，在美国一意孤行地实施单边主义时，欧盟的这项坚持对联合国尤其重要。

多年来，欧盟不但积极参与联合国行动，而且坚持以联合国为处理国际争端、跨国问题的最高国际权威，亦努力推动联合国改革以确保其能与时俱进。欧盟最重视的联合国行动是冲突预防、维和行动、推广人权保护和人道主义事务。其次是气候变化、环境保护、移民，以及推广大规模杀伤性武器的不扩散等方面的全球合作。尤其在环保、劳工权利保护、国际刑事法庭等新国际挑战上，欧盟努力倡导，以争取"带头人"的地位。欧盟大力推广其规范及价值，主要表现在全球气候变化、联合国千年发展目标（Millennium Development Goals）、联合国可持续发展目标（Sustainable Development Goals）以及人权保护上。就地区而言，欧盟视与联合国在非洲的合作为最重要的。

不过，在参与联合国系统时，欧盟在多方面遇到掣肘，因而其推动以联合国为中心的全球治理能力亦受牵连。本文综合了欧盟目前参与联合国的六大困难——非国家行为体的身份问题、欧盟成员国拒绝在外交安全领域给布鲁塞尔更大的权能、欧盟成员国之间的分歧、联合国与欧盟在制度方面协调性不足、参与联合国行动对欧盟自主性的威胁、越来越难以联合国为输出规范和价值观的平台。

《里斯本条约》生效十年，其中的机构改革曾被期许为使欧盟成为一个真正的全球力量的丹药。不过，新的理事会主席、新的欧盟对外行动署、扩大权能的欧洲议会及欧盟安全与外交事务高级代表，似乎还没有将欧盟在联合国等国际舞台上推得更高更远。

展望中、短期的未来，欧盟难以解决这些问题，所以也难以促成联合国的大力改革或帮助联合国走出所陷的行动力、代表性、官僚主义等问题。加上自2008全球金融风暴后爆发的反全球化、美国现任政府鼓吹单边主义、中东地区安全局势不断恶化等负面因素，欧盟推动以联合国为中心的全球治理将停滞不前。而这又将从负面影响欧盟作为全球行为体声誉和其在全球治理中的地位。

参考文献

陈亚芸：《论联合国宪章在欧盟法律体系中的地位——由卡迪案引发的思考》，《国际论坛》2013 年第 15 卷第 1 期，第 23 ~ 28 页。

简军波：《欧盟参与联合国全球治理——基于"冲突性依赖"的合作》，《欧洲研究》2013 年第 2 期，第 36 ~ 51 页。

柯坚：《可持续发展对外政策视角下的欧盟气候变化国际合作方略》，《上海大学学报》（社会科学版）2016 年第 33 卷第 1 期，第 13 ~ 26 页。

龙静：《论欧盟在联合国中的地位和作用》，《当代世界》2007 年第 12 期，第 28 ~ 30 页。

汤祯滢、金灿荣：《联合国与区域组织在实施定向制裁中相互关系探析》，《国际论坛》2019 年第 2 期，第 41 ~ 55 页。

杨娜：《欧盟的全球治理战略》，《南开学报》（哲学社会科学版）2012 年第 3 期，第 17 ~ 38 页。

Center on International Cooperation, "Strategic Summary 2016: UN Peace Operations by the Numbers," availablehttps: //peaceoperationsreview. org/strategic – summary – 2016 – un – peace – operations – by – the – numbers/, accessed 01/06/2019.

Delegation of the European Union to the United Nations in New York, "The European U-nion at the United Nations, fact sheet," 21/09/2018. https: //eeas. europa. eu/delegations/un – new – york/9875/european – union – united – nations – fact – sheet_ en, accessed on 01/02/2019.

Delegation of the European Union to the United Nations in New York, The EU at the UN, published on 12/10/2017, availablehttps: //eeas. europa. eu/delegations/un – new – york/33807/eu – un_ en, accessed on 01/02/2019.

Drieskens, Edith, "EU Actorness at the UN Security Council: A Principal – Agent Com-parison of the Legal Situation before and after Lisbon," *European Journal of Law Reform*, 6, 4 (2008): 599 – 619.

European Commission, *Building an Effective Partnership with the United Nations in the Fields of Development and Humanitarian Affairs*, COM, (2001): 231 final.

European Commission, *The European Union and the United Nations: The Choice for Multilateralism*, COM, (2003): 526 final.

European Council, EU at the UN General Assembly, availablehttps: //www. consilium. europa. eu/en/policies/unga/, accessed 01/06/2019.

European External Action Service, Factsheet: The European Union at the United Nations, published on 21/09/2018, availablehttps: //eeas. europa. eu/delegations/un – new – york/ 9875/european – union – united – nations – fact – sheet_ en, accessed 01/02/2019.

European External Action Service, Factsheet: Reinforcing the EU – UN Strategic Partnership on Crisis Management, published on 21/09/2018, availablehttps: //eeas. europa. eu/ sites/eeas/files/factsheet_ eu _ un _ missions _ october _ 2018 _ 0. pdf, accessed on 01/ 02/2019.

Farrell, Mary, "EU Representation and Coordination within the United Nations," GARNET Working Paper, 06 (June 2006).

France24, "Germany calls for France to give its UN Security Council seat to the EU," published on 28/11/2018, available athttps: //www. france24. com/en/20181128 – paris – france – german – proposal – un – eu – macron – merkel – security – council – nations, accessed on 01/02/2019.

Jakobsson, Ulf, "An International Actor under Pressure: The Impact of the War on Terror and the Fifth Enlargement on EU Voting Cohesion at the UN General Assembly 2000 – 05," *Journal of Common Market Studies*, 2009, 47 (3): 531 – 554.

Jin, Xi and Madeleine O. Hosli, "Pre – and Post – Lisbon: European Union Voting in the United Nations General Assembly," *West European Politics*, 2013, 36 (6): 1274 – 1291.

Johansson – Nogues, Elisabeth, "The Fifteen and the Accession States in the UN General Assembly: What Future for European Foreign Policy in the Coming Together of the 'Old' and 'New' Europe?" *European Foreign Affairs Review*, 2004 (9): 67 – 92.

Juncker, Jean – Claude, Press statement by President Jean – ClaudeJuncker with AntónioGuterres, Secretary – General of the United Nations, 23/09/2018, available http: // europa. eu/rapid/press – release_ SPEECH – 18 – 5871_ fr. htm, accessed 01/02/2019.

Kissack, Robert, "European Union Member State coordination in the United Nations System: Towards a Methodology for Analysis," European Foreign Policy Unit Working Paper, 2007 (1).

Laatikainen Katie Verlin and Smith, Karen E. (ed.), *The European Union at the United Nations: Intersecting Multilateralisms*, London, New York: Palgrave Macmillan, 2006.

Luif, Paul, "EU Cohesion in the UN General Assembly," Chaillot Occasional Papers, 2003 (49).

Mogherini, Federica, Speech by High Representative/Vice – President Federica Mogherini on the EU – UN cooperation, delivered during annual briefing to UN Security Council, 09/05/2017, available https://eeas.europa.eu/headquarters/headquarters – homepage_ en/25815/High%20Representative/Vice – President%20Federica%20Mogherini%20on%20the%20EU – UN%20cooperation, accessed 01/02/2019.

Ojanen, Hanna, "The EU and the UN: A Shared Future," FIIA Report, 2006 (13).

Pirozzi, Nicoletta, "The EU's Contribution to the Effectiveness of the UN Security Council: Representation, Coordination and Outreach," Document IAI, 10, 14 (July 2010).

Rasch, Maximilian, *The European Union at The United Nations: The Functioning and Coherence of EU External Representation in a State – centric Environment*, Leiden, Boston: MartinusNijhoff Publishers, 2008.

Renard, Thomas and Bas Hooijmaaijers, "Assessing the EU's Strategic Partnerships in the UN System," Egmont Royal Institute for International Relations Security Policy Brief, 2011 (24).

Rees, Nicholas, and Helen Young, "EU VotingBehaviour in the UN General Assembly 1990 – 2002: The EU's Europeanizing Tendencies," *Irish Studies in International Affair*, 2005 (16): 193 – 207.

Smith, Karen E., "Speaking With One Voice? European Union Coordination on Human Rights Issues at the United Nations," *Journal of Common Market Studies*, 2006, 44 (1): 97 – 121.

Tusk, Donald, Address by President of the European Council Donald Tusk at the 70th General Assembly General Debate, 29/09/2015, available https://gadebate.un.org/sites/default/files/gastatements/70/70_ EU_ en.pdf, accessed 01/02/2019.

Tusk, Donald, Address by European Council President Donald Tusk at the 71st General Assembly General Debate, 21/09/2016, available https: //gadebate. un. org/sites/default/files/gastatements/71/71_ EU_ en. pdf, accessed 01/02/2019.

Tusk, Donald, Address by European Council President Donald Tusk at the 72nd General Assembly General Debate, 20/09/2017, available https: //gadebate. un. org/sites/default/files/gastatements/72/eu_ en. pdf, accessed 01/02/2019.

Tusk, Donald, Address by European Council President Donald Tusk at the 73rd General Assembly General Debate, 27/09/2018, available https: //gadebate. un. org/sites/default/files/gastatements/73/eu_ en. pdf, accessed 01/02/2019.

United Nations, About, available https: //www. unbrussels. org/about/, accessed on 04/06/2019.

United Nations Secretariat, Assessment of Member States' contributions to the United nations regular budget for the year 2019, ST/ADM/SER. B/992, 2018.

United Nations Regional Information Centre for Western Europe, How the European Union and the United Nations cooperate, Berlin: United Nations Regional Information Centre for Western Europe Liaison Office in Germany, 2007.

WillaRafal, "EU – UN Relations. How much of a Partnership?" *European Review*, 2016, 25 (2): 337 –350.

Wouters, Jan, "The United Nations & the European Union: Partners in Multilateralism," EU Diplomacy Papers, 2007 (4).

Wouters Jan, Frank Hoffmeister and Tom Ruys (eds), *The United Nations and the European Union: An Ever Closer Partnership*, The Hague: T. M. C. Asser Press, 2006.

Yamashita, Hikaru, "Peacekeeping cooperation between the United Nations and regional organisations," *Review of International Studies*, 2012 (38): 165 – 186. .

欧盟与全球金融治理

刘曙光　王祎然[*]

摘　要：2008 年的金融危机暴露了国际金融体系的缺陷，各国意识到应加强国际合作，积极参与全球金融治理。欧盟是其中重要的参与者和执行者，在全球金融治理尤其是全球金融监管中发挥了不可替代的作用，但也面临着缺乏凝聚力、难以形成统一立场的问题。国际金融机构改革是危机后 G20 推动的重点议题之一，欧盟在国际货币基金组织改革中表现得比较被动，整体影响力下滑。在国际储备货币方面，欧元曾被认为是美元有力的竞争者，但制度上的缺陷使之很难取代美元的地位。在全球金融监管机制改革合作中，欧盟长期持积极参与和引导的立场，并发挥了难以替代的作用。

关键词：欧盟　全球　金融治理　金融监管

欧盟作为世界的重要一极，在全球治理中担当了重要角色，在全球金融治理尤其是全球金融监管中发挥了不可替代的作用。但是，欧盟作为一个主权国家联合体，并未在所有国际金融合作机构或平台中占有独立一席，这影响了欧盟在全球金融治理中的地位和影响力。1997 年爆发的亚洲金融危机表明新兴市场国家应对金融危机的财力和能力严重不足；2008 年的全球金融危机进一步暴露出全球金融体系的缺陷，即使是发达国家甚至是发达国家联合体，也依然无法有效防范金融危机爆发和阻止金融危机在全球蔓延传播。既有的全球金融体系已难以满足金融全球化时代的治理需要，其缺陷无法通过任何单一国家力量解决，而需要各国政府与国际金融机构

---

* 刘曙光：外交学院国际经济学院教授，经济外交研究中心主任，主要研究与教学领域是中国对外经济关系与经济外交；王祎然：外交学院国际经济学院研究生。

等国际行为体之间进行协同合作，实施"全球金融治理"。

全球金融治理是"全球治理"概念的延伸。James Rosenau 在 1992 年首次提出"全球治理"的概念，将"政府"与"治理"区分开，强调"非政府组织"在"治理"中发挥不可或缺的作用。[①] 最初，关于"全球治理"的研究主要集中在国际关系领域。亚洲金融危机的爆发引发金融学界对"全球治理"的广泛关注和研究，2008 年金融危机之后，"全球金融治理"成为学界讨论的焦点，也成为各国政府参与国际金融合作的重要理念。目前学界对"全球金融治理"的含义达成了一些共识：全球金融治理是指各国政府、非政府组织、国际组织和金融机构等行为体在缺乏单一超国家权力机构的背景下，通过协调、合作、确立共识等方式参与全球性金融事务的管理，构建具有约束力的国际规则或非正式的制度安排，以建立或维持理想的国际金融秩序的过程。[②] 全球金融治理的对象主要是全球性金融问题，近些年来的讨论主要集中在国际货币储备体系改革、国际金融机构改革、国际监管体系改革等方面。

全球金融治理是一个多学科交叉问题，它既是国际金融学研究中的一个新兴领域，也是国际关系研究领域有关全球治理问题的一个重要方面。

一 全球金融治理发展及其研究综述

（一） 全球金融治理发展

实际上，全球金融治理的实践要早于其概念的提出。二战之后，以美元为核心的布雷顿森林体系的成立确立了美元金本位制和固定汇率制，这是战后全球金融治理的首次成功实践。国际货币基金组织（International Mo-

---

① James N. Rosenau, Ernst – Otto Czempiel, *Governance without Government*: *Order and Change in World Politics*, Cambridge: Cambridge University Press, 1992, pp. 8 – 9.

② 王国兴、成靖：《G20 机制化与全球经济治理改革》，《国际展望》2010 年第 3 期。
James H. Mittelman, "Crisis and Global Governance: Money, Discourses, and Institutions," *Globalizations*, 2010 (7): 157 – 162.

netary Fund，IMF)、世界银行（World Bank，WB）在布雷顿森林体系下相继成立，并成为全球金融治理的主要支柱。直至 20 世纪 70 年代，以美元为核心的体系危机频发，布雷顿森林体系已无力承担全球金融治理的责任，并最终走向瓦解。

布雷顿森林体系坍塌后，全球金融市场动荡不安，急需一套新的体系承担全球金融治理的责任。1975 年，美国、英国、德国、法国、日本、意大利和加拿大成立七国集团（G7)，试图讨论摆脱困境的方法。此后，全球金融治理体系主要以 G7 和 IMF 为中心构建，世界银行和国际清算组织等国际金融机构也参与其中。1998 年亚洲金融危机暴露了 G7 的代表性不足和全球金融治理体系监管不足的问题，于是，吸纳了中国、巴西、印度等 11 个新兴经济体的二十国集团（G20）应运而生，它与后续成立的金融稳定论坛共同加入全球金融治理进程，但核心主导机构依旧是 G7 集团。

2008 年，新一轮全球金融危机彻底暴露了 G7 主导的全球金融治理机制的严重缺陷。首先是全球金融监管主体客体矛盾严重——金融全球化使得金融机构可在世界各地开展业务，然而监管行为只由国家在其领土范围内进行。其次，西方国家逐渐意识到，仅有欧美合作已无法对全球金融事务进行有效治理，非西方的力量必须被囊括其中。以此为背景，金融稳定论坛升级为金融稳定理事会，并担负着改造全球金融监管体系的重任，G20 的重要性也与日俱增，在原有央行行长与财政部长会议的基础上，增加了年度领导人峰会，成为全球金融治理的核心协调机制之一。

2008 年金融危机以后，G20 成为最主要的国际合作平台。作为当前全球金融治理的核心机制，G20 的目标是建立一个具有前瞻性并有效的全球金融治理机制及危机应对机制，并协调各国际金融机构使它们能够合作发挥集体力量，而非单独行动、各自为战。它与金融稳定论坛、IMF、巴塞尔银行委员会等国际金融机构一道，在引领和完善全球金融治理实践中发挥着重要的影响力。

（二）全球金融治理研究综述

1998 年亚洲金融危机发生前，全球金融治理框架基本围绕着七国集团和国际货币基金组织来搭建，也包括一些其他的国际金融机构如世界银行、国际清算银行和 OECD 等。此阶段研究主要集中在国际货币体系和汇率制度方面，较少涉及国际金融机构的改革内容。Ethan Kapstein、Eric Helleiner 等对全球金融治理机制滞后问题做了初步研究，认为对于当下开放的金融体系秩序的建立离不开各国的支持和参与，各国应加强国际合作以应对金融全球化的风险。[①] 1997 年金融危机以后，由西方主导的国际金融机构在金融全球化中的缺陷逐渐显露[②]，既有的制度安排难以适应资本的高度流动性，亚洲发展中国家和 G7 代表的发达国家都开始质疑全球金融体系的有效性和合法性。[③] 危机促进了全球金融治理机制尤其是决策机制方面的长期改革，最突出的变化就是全球治理框架将新兴市场国家包括进来，但全球金融治理机制仍有很多局限性，发展中国家并没有被赋予相应的权利，更多的只是参与而已。[④] Barry Eichengreen、Sol Piccotto、Randal Germain 等学者对全球金融治理机制的改革进行了研究；[⑤] Svein Andresen、Martin Feldstein 等学者对国际金融机构和金融稳定论坛、国际货币基金组织继续改革的问题进行了研究。[⑥] 2008 年危机后，全球金融治理成为学术界讨论的热点，Reis-

---

① Ethan Kapstein, *Governing the Global Economy: International Finance and the State*, Cambridge: Harvard University Press, 1994; Eric Helleiner, *States and the Reemergence of Global Finance: from Bretton Woods to the 1990s, Ithaca, N. Y.*: Corenell University Press, 1994.

② Gregory Noble and John Ravenhill, *The Asian Financial Crisis and the Architecture of Global Finance*, Cambridge: Cambridge University Press, 2000.

③ Sohn, Injoo, "Asian Financial Cooperation: The Problem of Legitimacy in Global Financial Governance," *GlobalGovernance*, 2005 (11): 487 – 504.

④ Sohn, Injoo, "Asian Financial Cooperation: The Problem of Legitimacy in Global Financial Governance," *GlobalGovernance*, 2005 (11): 487 – 504.

⑤ Barry J. Eichengreen, *Toward a New International Financial Architecture: A Practical Post – Asia Agenda*, Washington: Peterson Institute Press, 1999; SolPiccotto and Ruth Mayne, *Regulating International Business: Beyond Liberalization*, London: Palgrave Macmillan, 1999; Randall D. Germain, "Global Financial Governance and the Problem of Inclusion," *Global Governance*, 2001 (7): 411 – 426.

⑥ Svein Andresen, "The Financial Stability Forum: reform of the international architecture," *CESifo Forum*, 2000 (1): 18 – 20; Martin Feldstein, "Refocusing the IMF," *Foreign Affairs*, 1998 (77): 20 – 33.

en、Neuwirth、Barbier 和庞中英等对全球治理的制度化建设、合法性建设进行了研究和阐述。[1]

关于全球金融治理未来的发展方向，目前主要有三种观点。第一类观点认为首先要对国际储备货币体系进行改革。他们将国际储备货币体系的改革看作全球金融治理改革的核心内容，要求建立多元化货币体系和超主权国际储备货币。支持多元储备货币体系的学者有 Mundell、Frankel、Dailami、Masson、黄益平等。[2] 他们认为多元化储备货币体系可以给各个国家选择外汇储备提供多样化的选择，从而避免持有单一外汇储备面对的汇率风险。另外有些学者支持建立超主权储备货币，认为 SDR 就是很好的选择。[3] 在这些学者看来，超主权货币作为储备货币可以解决"特里芬难题"，创造一种与主权国家脱钩并能保持币值长期稳定的国际储备货币，从而避免主权信用货币作为储备货币的内在缺陷，是国际货币体系改革的理想目标[4]。

第二类观点认为要对国际金融机构或组织进行改革。关于全球金融治理框架的整体改革方面，学术界在两个方面达成了一致。一是增加国际金融机构的权利，使其发挥更大的作用，例如向 IMF 增资等。[5] 二是在国际金

[1] Reisen, Helmut, "The multilateral donor non – system: towards accountability and efficient role assignment," *Economics – The Open – Access, Open – Assessment E – Journal*, 2010 (4): 1 – 22; Barbier, Edward B., "Global governance: the G20 and a Global Green New Deal," *Economics – The Open – Access, Open – Assessment E – Journal*, 2010 (4): 1 – 35; 潘德、庞中英：《有效的多边主义与全球治理》，《世界经济与政治》2010 年第 6 期。

[2] Mundell, Robert A., "Currency Areas, Common Currencies, and EMU," *American Economic Review*, 1997 (87): 214 – 216; Frankel, Jeffrey A. 2009. *On Global Currencies*, Working Paper Series rwp09 – 026, Harvard University, John F. Kennedy School of Government, https://dash.harvard.edu/bitstream/handle/1/4448879/Frankel + Global + Currencies.pdf? sequence = 1; Dailami, Mansoor& Masson, Paul. 2009. *The New Multi – polar International Monetary System*, Policy Research Working Paper Series 5147, The World Bank, http://documents.worldbank.org/curated/en/470961468041977091/pdf/WPS5147.pdf; 黄益平：《国际货币体系变迁与人民币国际化》，《国际经济评论》2009 年第 3 期。

[3] 周小川：《关于改革国际货币体系的思考》，《中国金融》2009 年第 7 期。

[4] Ocampo José Antonio, "Why Should the Global Reserve System Be Reformed?" *Finance & Bien Commun*, 2009 (2): 79 – 89.

[5] Mark Weisbrot& Jose Cordero & Luis Sandoval, "Empowering the IMF: Should Reform be a Requirement for Increasing the Fund's Resources?," CEPR Reports and Issue Briefs, 2009 (15).

融机构当中如何增加发展中国家的话语权，使这些国家经济实力的增长和在国际金融机构当中的话语权相匹配。[1] 除此之外，德国总理默克尔建议建立新的经济理事会来统一管理全球经济和金融事务。弗里德曼和美国前国务卿舒尔茨也提出应该取消 IMF，建立新的机构的观点。

第三类观点则认为要对全球监管体系进行改革。在他们看来，目前国际上有国际清算银行、国际证券委员会组织、国际保险监管协会等机构，其功能不实，不能进行跨国监管。未来面临的问题就是不断完善这些组织的功能，强化组织功能，并赋予其跨国监管的职能。2008 年金融危机爆发的重要原因之一就是监管出了问题，未来应该思考如何加强国际金融监管的协作和协调。[2] 监管空白、监管重叠、监管错位和监管力量的失衡等众多因素的存在使国际金融监管框架的改革成为一种必然。[3]

总的来看，在全球金融治理方面，全球化的发展产生了许多要求全球治理变革的内在力量。在改革方面各方的观点基本一致，但在改革的途径上存在差异。Eichengreen 认为既有国际金融体系难以维系，并呼吁全球合作，以集体利益为重。[4] Stiglitz 认为，尽管目前体系中的既得利益方会千方百计地维持现有的制度，仍存在很多要求改变的力量[5]。这些要求改变的力量主要体现在两个方面：一是出于自利的动机需要与别国进行合作；二是民主方面要求变革的力量。

---

① 王自力、张礼卿、贺力平、魏加宁、苑德军、潘文星、温彬、余维彬、张春子、赵庆明、栗志刚、江瑞平、欧明刚：《金融危机后的国际金融体系改革和中国的对策》，《银行家》2009 年第 11 期。

② 王自力、张礼卿、贺力平、魏加宁、苑德军、潘文星、温彬、余维彬、张春子、赵庆明、栗志刚、江瑞平、欧明刚：《金融危机后的国际金融体系改革和中国的对策》，《银行家》2009 年第 11 期。

③ 苗永旺、王亮亮：《金融系统性风险与宏观审慎监管研究》，《国际金融研究》2010 年第 8 期。

④ Barry Eichengreen, *Global Imbalances and the Lessons of Bretton Woods*, Working Paper 10497 for National Bureau of Economic Research, 2004, http://unpan1. un. org/intradoc/groups/public/documents/apcity/unpan022205. pdf.

⑤ Stiglitz, Joseph, Pike, Robert M., "Globalization and its Discontents," *Canadian Journal of Sociology*, 2004 (29): 321 – 324.

二 欧盟在全球金融治理中的角色与挑战

（一） 欧盟参与全球金融治理机构情况

当今全球金融市场体量庞大，流动性强。金融危机一旦产生，蔓延速度快，波及范围广。因此，人们意识到各国应在国际层面上展开合作，提供有效的国际公共品[①]，以共同维护全球金融市场稳定。由多国共同建立并参与的国际金融治理机构成为全球金融治理中的重要行为体，也是各国参与全球金融治理的重要平台。

金融危机之后，G20 成为全球金融治理中的核心机构，在协调各方立场、重塑监管规则等方面发挥着重要作用。虽然近些年来伴随着反全球化、民粹主义等思潮的兴起，以及大国间结构性矛盾的上升，[②] 以 G20 为主导的全球治理机制矛盾频现，但它仍是目前最重要的治理平台。在 G20 的推动下，金融稳定论坛升级为金融稳定理事会，后者成为国际金融体制改革的枢纽。[③] FSB 定期向 G20 汇报工作成果，并在峰会前向 G20 提出政策性建议，这些建议由 G20 领导人（或财政部长）决定是否采纳。IMF 被赋予更多的职能，其中包括每年发布《全球金融稳定报告》，并评估各成员国的金融稳定状况。除此之外，其他国际标准制订机构（international standard-setting bodies）在危机后成为参与全球金融治理的重要机构，它们一般由各成员国的央行、财政部、监管部门等相关机构参与，负责执行 G20 中各国领导人所达成的共识。这些机构包括侧重银行业的巴塞尔银行监管委员会（Basel Committee on Banking Supervision，BCBS）、侧重证券业的国际证监会

---

① Frieden, Jeffry, "The Governance of International Finance," *Annual Review of Political Science*, 2016 (19)：33 – 48.

② 王文、王鹏：《G20 机制 20 年：演进、困境与中国应对》，《现代国际关系》2019 年第 5 期。

③ 廖凡：《国际金融监管的新发展：以 G20 和 FSB 为视角》，《武大国际法评论》2012 年第 1 期。

组织（International Organization of Securities Commissions，IOSCO）、侧重保险业的国际保险监督官协会（International Associationof International Supervisors，IAIS）、侧重会计业的国际会计准则理事会（International Accounting Standards Board，IASB）。

危机后全球金融治理的重点在于金融监管领域，各国参与全球金融治理的流程大致如下：G20 峰会中，各国领导人首先就某议题达成共识，并发布相关承诺或声明。因为 G20 是非正式的协调机构，它缺乏具体的行业经验且无对应的执行机构，所以它必须依赖于其他金融治理机构，才能进一步落实这些承诺和声明。G20 为这些金融治理机构提供政治上的支持，并增强这些机构在全球金融治理中的影响力。而这些机构则为 G20 所达成的承诺提供专业意见，制定相关行业规则，并敦促、监察各国对于这些规则的实行。[1] 值得注意的是，当前大多数全球金融治理机构并不是具有法律约束力的国际组织（International Organization），因此它们没有相应的国际条约作为成立依据和运作规范，其所制定的规则也并非强制性的法律条款，而是"虽不具有法律约束力但在实践中具有某种实际效果"的"软法"（soft law）。[2] 因此，即便有对应的金融机构帮助制定相关规则来逐步履行 G20 达成的承诺，各国的具体落实情况仍主要取决于该国的自觉性。

首先，欧盟与当前全球主要金融治理机构已经建立广泛的联系。欧盟及其成员国在全球主要金融治理机构中的参与情况如表 1 所示。总体而言，欧盟与当前全球主要金融治理机构已经建立广泛的联系。欧盟作为一个整体仅在部分机构中有正式的席位，一般由欧盟委员会或欧洲央行代表。在有些机构欧盟没有独立的席位，其诉求只能通过参与这一机构的成员国发出。从欧盟成员国参与情况来看，德国、法国、英国是参与程度最高的国家，其次是意大利、比利时、荷兰等国。这也表明很多欧盟国家——尤其

---

[1] Vestergaard, Jakob, *The G20 and Beyond: Towards Effective Global Economic Governance*, DISS Report 2011: 04, https://www.econstor.eu/bitstream/10419/59816/1/654351805.pdf.

[2] 廖凡：《论软法在全球金融治理中的地位和作用》，《厦门大学学报》（哲学社会科学版）2016 年第 2 期。

是在经济上或政治上影响力不足的国家——在全球金融治理中话语权较弱。它们的诉求只能通过欧盟发出，但如果欧盟在该机构中没有代表权，那么这些国家将很难有发声的途径。

表 1　欧盟及其成员国参与全球金融治理机构情况

全球金融治理机构	欧盟成员国参与情况	欧盟参与情况
G20	英国、法国、德国、意大利、欧盟有正式席位；西班牙为嘉宾国	欧盟有正式席位，由欧洲委员会和欧洲理事会共同代表
金融稳定理事会（FSB）	法国、德国、意大利、英国各占据 3 个席位，分别由其中央银行、财政部和金融监管部门代表；荷兰、西班牙占据 2 个席位，由其中央银行、财政部代表	欧洲央行和欧盟委员会作为国际组织各自占据 1 个席位
国际货币基金组织（IMF）	德国、法国、英国有固定执董席位，比利时、意大利、瑞典通过选举获得所在选区执董席位	欧盟没有正式席位，欧洲央行获得了"永久观察员"的身份
国际清算银行（BIS）	欧盟 27 国（除塞浦路斯）为 BIS 成员，由各自央行代表	欧洲央行为成员之一
巴塞尔银行监管委员会（BCBS）	比利时、法国、德国、意大利、卢森堡、荷兰、西班牙、瑞典、英国为成员国，由其央行或相关监管部门代表	欧盟也为成员之一，欧洲央行及其欧洲央行的单一监管机制各占据 1 个席位。欧盟委员会和欧洲银行监管局有观察席位
国际保险监督协会（IAIS）	欧盟 28 国均为协会成员	欧盟委员会和欧洲保险与职业年金管理局为协会成员
国际证监会组织（IOSCO）	欧盟 28 国均为该组织成员 其中德国、法国、英国、比利时、意大利、西班牙、瑞典、葡萄牙、爱尔兰为董事会成员，荷兰有观察席位	欧盟有观察席位
国际会计准则理事会（IASB）	IASB 是一个非营利性的基金会，因此没有所谓"成员国"	N/A

资料来源：笔者根据各国际金融治理机构信息整理。

其次，欧盟是各国际金融机构准则制定的积极参与者或主动引领者。无论是在巴塞尔银行委员会对于巴塞尔协定的谈判中，还是在国际证监会组织对国际会计准则的制定中，欧盟都利用其在相关领域的发展经验提出了有参考性的建议。金融危机之后，欧盟建立了三个欧洲监管局（European Supervision Authorities, ESAs），即欧洲银行管理局（European Banking Authority, EBA）、欧洲保险与职业年金管理局（European Insurance and Occupational Pensions Authority, EIOPA）和欧洲证券和市场管理局（European Securities and Markets Authority, ESMA），用于管理欧洲金融市场并维护其稳定性。这些欧洲监管局增加了欧盟在国际标准制定机构中的影响力，成为欧盟增强其全球金融治理能力的重要工具。[1]

再次，欧盟还是国际金融准则的良好执行者。欧盟对于 G20 承诺的落实情况一直位居世界前列。根据多伦多大学的 G20 调研组对于各国（经济体）对 G20 承诺完成情况的报告，欧盟是落实情况最好的经济体，其在绝大部分议题中的遵从性分数（Compliance Score）要超过二十国的平均分，甚至超过美国。[2] 欧盟在 G20 中占据 25% 的席位，并将 G20 看作一个欧盟可以施加国际影响力的重要平台。[3] 欧盟认为对于 G20 承诺的高度遵守可以增强欧盟整体在 G20 中的地位，并增强其在决策过程中的发言权。另外，欧盟还希望可以利用 G20 加速欧盟内部的改革。一旦在 G20 层面上对某议题达成共识，那些反对这一议题的欧盟成员国，尤其是那些在 G20 中没有席位的成员国，将会处于弱势，它们最终将不得不接受决策结果。[4] 欧盟还

[1] Moloney, Niamh, "The European Union in international financial governance," *RSF: Russell Sage Foundation Journal of the Social Sciences*, 2017, 3 (1): 138-152.

[2] G20 Information Centre, http://www.g20.utoronto.ca/analysis/, 最后访问日期：2019 年 6 月 27 日。

[3] Wouters, Jan et al., *The International Financial Crisis, Global Financial Governance and the European Union*, Leuven Centre for Global Governance Studies Working Paper No. 52, https://www.academia.edu/17653901/The_International_Financial_Crisis_Global_Financial_Governance_and_the_European_Union.

[4] Wouters, Jan et al., "The EU at the G20 and the G20's Impact on the EU," in Bart Van Vooren et al., eds., the EU's Role in Global Governance: The Legal Dimension, Oxford: Oxford University Press, 2013, pp. 259-271.

积极将国际标准制定机构所制定的无法律约束力的国际标准引入欧盟的法律中。比如，BCBS 所颁布的巴塞尔协议对银行资本、流动性和杠杆率进行了规范，欧盟则多次修改欧盟法律中的资本要求法令（capital requirements directives），使之与巴塞尔协议中规定的资本要求相契合。[①]

总的来说，欧盟是全球金融治理中重要的参与者，也是国际金融规则中良好的执行者。欧盟不仅积极参与治理进程，还将重点放在对这些国际规则的落实上。

（二） 欧盟在全球金融治理中的地位和面临的挑战

自布雷顿森林体系建立以来，美国一直是全球金融治理体系的主导者，欧盟则是最为重要的参与者和拥护者，二者共同维护着对西方有利的国际金融治理体系。事实上，欧盟不仅具有和美国比肩的经济体量，其在金融市场规模、监管能力方面均可与美国相媲美。欧盟有数量最多的全球系统重要性银行（Global Systematically Important Bank）[②] 和全球系统重要性保险公司（Global Systematically Important Insurers）。[③] 可以说，欧盟在一定程度上具有成为全球金融治理主导者的条件。如果欧盟可以获得主导地位，便可建立对自身发展有利的国际金融体系，这既能承担国际责任，又能进一步增强欧盟的影响力。然而，欧盟所面临的困难和挑战使之难以将自身在金融领域的实力转化为在全球金融治理中的影响力，也使之难以扛起"主导者"的大梁。

欧盟所面临的困难和挑战既有外部的，也有内部的。

---

① Ojo, Marianne, "Implementing Basel III Through the Capital Requirements Directive (CRD) IV: Leverage Ratios and Capital Adequacy Requirements," *Journal of Business Law and Ethics*, 2015 (3).

② Financial Stability Bureau, "2018 List of Global Systemically Important Banks," https://www.fsb.org/2018/11/2018 – list – of – global – systemically – important – banks – g – sibs/, 最后访问日期：2019 年 6 月 23 日。

③ European Banking Authority, "Technical standards for the identification of global systemically important institutions," https://eba.europa.eu/regulation – and – policy/own – funds/global – systemically – important – institutions – g – sii – / – /regulatory – activity/consultation – paper，最后访问日期：2019 年 6 月 23 日。

从内部来看，欧盟面临的最大问题是，欧盟在全球金融治理中难以形成统一的立场，这使得欧盟代表性不足，难以发挥足够的影响力。在英国退出欧盟前，欧盟由 28 个国家组成，虽然欧元区的建立使得大部分欧盟国家间经济和货币联系十分紧密，但这 28 国在治理结构和经济政策上仍十分离散。这种离散导致欧盟在政策协调上的碎片化，内部缺乏凝聚力。在这里，凝聚力被定义为"成员国是否可以在有分歧的情况下形成一个统一立场，并让欧盟代表它们在国际舞台上发出声音"。[①] 欧盟在全球金融治理中的凝聚力还有很大的提高空间。与国际贸易领域不同，金融领域规则更加复杂，且变更迅速，国际金融活动往往有较大的外部性，监管难度大，各国并不愿意为之付出太多成本。国际金融监管也缺乏争端解决机制。对于金融产业相对重要的欧盟国家，如英、法、德等，它们往往有各自的偏好和政策倾向，以使国际金融准则更多地向对本国产业有利的方向倾斜。比如，英国试图维持过去相对自由的市场秩序，而法德则希望可以实施更为严格的监管措施。这导致欧盟从一个整体被打碎成单个的国家或者国家组合，在诸多国际金融治理机构中难有一个统一的声音。

欧盟在国际货币基金组织、世界银行等全球性金融机构中并无独立的代表权，这使得欧盟作为一个整体并不具备充分的对外代表能力。即使在一些有独立代表权的机构中，欧盟也难以获得统一立场。这尤其体现在政治性较强且议题较为多样化的 G20 中。在 2009 年金融危机后的 G20 峰会上，各国及欧盟一致同意向 IMF 增资，以提高其危机救助能力。拥有独立席位的欧盟指出，各成员国已同意自愿向 IMF 增资。然而，这一共识的落实情况并不理想，欧盟各国对增资款项的缴纳各有推迟，总共花了近两年的时间才落实之前达成的协定。[②] 不仅如此，欧债危机的到来使得欧盟立场

---

① Conceição-Heldt, Eugénia & Meunier, Sophie, "Speaking with a Single Voice: Internal Cohesiveness and External Effectiveness of the EU in Global Governance," *Journal of European Public Policy*, 1 (2014).

② International Monetary Fund, "Bolstering the IMF's Lending Capacity," https://www.imf.org/external/np/exr/faq/contribution.htm, 最后访问日期：2019 年 6 月 20 日。

越来越难以统一。法国认为，应该增强 IMF 的金融安全网功能以维护国际货币体系。但英国表示将不会为了欧元区救市而买单。[①] 此外，欧盟在巴塞尔协议中的谈判也体现出了缺乏凝聚力的问题。欧盟内部各政策制定者因为各国政治经济环境不同使之对于新规则的内容及实施手段有着不同的偏好。英国和瑞典、美国、瑞士的立场一致，认为应该实行一个更为严格的资本定义（Definition of Capital）及更高的资本要求（Capital Requirements）。[②] 但德国、法国、意大利等国和日本对此表示反对，认为应该实行更为宽泛的资本定义和更低的资本要求。[③] 最终的结果是两种方案的折中。欧盟成员国对于重要议题的意见不一致使欧盟难以有一个统一的立场，也使之难以有足以与美国抗衡的影响力。

欧盟在全球金融治理中的地位也受到来自外部的种种挑战。2010 年爆发的欧债危机极大地降低了欧盟的经济实力，减弱了其一体化模式的吸引力。与此同时，新兴国家——尤其是中国——经济实力的兴起普遍被认作一个加速西方国家权力转移的因素。在世界经济格局变革之际，美欧虽然不得不顺应时代发展的趋势，越来越多地将新兴国家囊括在国际规则制定的"游戏"中，但又十分警惕非西方国家"另起炉灶"，挑战以西方主导的全球金融治理体系。比如，1997 年亚洲金融危机爆发后，日本提出建立亚洲货币基金组织（Asian Monetary Fund，AMF），这在西方国家眼中被视为对 IMF 的挑战，欧盟国家持强烈反对立场，AMF 最后也不了了之。同样，2012 年由金砖五国提议建立的金砖国家新开发

① Moschella, M. and Quaglia, L, "Speaking with one Voice in International Finance: the EU and the Post – crisis," *Financial Debate*, 2012（1）.

② Independent, "King calls for 'radical' banking reform in UK", https://www. independent. co. uk/ news/business/news/king – calls – for – radical – banking – reform – in – uk – 1879931. html, 最后访问日期：2019 年 6 月 20 日；European Parliament, "The European Union's Role in International Economic Fora Paper 5：The BCBS," http://www. europarl. europa. eu/RegData/etudes/ IDAN/2015/542194/IPOL_ IDA（2015）542194_ EN. pdf, 最后访问日期：2019 年 6 月 27 日。

③ David Howarth and Lucia Quaglia, "The Comparative Political Economy of Basel III in Europe," *Policy and Society*, 2016（35）：205 – 214.

银行（The New Development Bank, NDB）也未能得到欧盟国家的支持。[①] 中国主导成立的亚洲基础设施投资银行（Asia Infrastructure Investment Bank, AIIB）虽然陆续有 18 个欧盟国家参与，但欧盟整体对此仍持怀疑态度。[②] 在这种形势下，面对新兴国家的挑战和自身实力不足的无奈，欧盟被迫选择加强与美国的协调合作，以维持现有对西方国家有利的国际金融治理体系，以减少来自新兴国家的竞争压力。

综上所述，欧盟虽然积极参与全球金融治理，并在全球金融治理格局中有巨大的影响力，但它难以获得如美国一样的主导地位。与此同时，伴随着欧盟经济实力的下降和新兴国家的兴起，欧盟在全球治理中的地位有进一步下滑的趋势。

三　欧盟与国际金融机构改革

针对国际金融机构（International Financial Institutions）的改革成为金融危机后 G20 推动的重点议题之一。2008～2010 年，各国首要治理目标是"共同应对金融危机"[③]，在这个阶段，各国面对金融危机带来的威胁，不得不求同存异、加强合作。在这个危机后的应对期，国际金融机构改革成为 G20 讨论的热点。2008～2010 年，G20 领导人在国际金融改革领域发表约75 条承诺[④]，内容包括：将 G20 升级为年度化、制度化的论坛[⑤]；推动金融

① Ujvari, Balazs, "The BRICS' New Development Bank and the EU's options," *College of Europe Policy Brief*, 2016, http://aei.pitt.edu/93096/.

② European Committee, "EU position on the Asian Infrastructure Investment Bank," http://www.europarl.europa.eu/doceo/document/P-8-2019-001855_EN.html, 最后访问日期：2019 年 6 月 28 日。

③ 费伊楠：《全球治理新格局：G20 的中国贡献与未来展望》，中国人民大学重阳金融研究院译，新世界出版社，2017，第 3 页。

④ G20 research group, "G20 Summit Commitments by Issue: 2008 to 2015," http://www.g20.utoronto.ca/compliance/commitments.html, 最后访问日期：2019 年 6 月 10 日。

⑤ 王文、王鹏：《G20 机制 20 年：演进、困境与中国应对》，《现代国际关系》2019 年第 5 期。

稳定理事会升级为 FSB；扩大 BIS、BCBS 等机构的职能范围，对 IMF 和 WB 等机构的职能和治理结构的改革；等等。

在 G20 的推动下，IMF 成为危机后国际金融机构中最为重要的改革对象之一。IMF 被赋予更多的职能，并被要求在解决全球金融体系结构性缺陷方面发挥更关键作用。[①] IMF 开展了针对其治理结构的一系列改革，这成了本阶段国际金融机构改革的重点。在此次改革中，欧盟表现得较为被动，其在 IMF 中的影响力也整体下滑。

（一）国际货币基金组织改革的背景

国际货币基金组织成立于 1945 年，其最初的职责是维护国际货币系统的稳定。2012 年后，IMF 的职责被扩大到宏观经济领域和其他金融部门，并加强对全球金融稳定的维护，与其他金融机构一道协助维护全球金融系统的稳定。[②]

份额是 IMF 治理的核心。份额以特别提款权（Special Drawing Right，SDR）计值，由 IMF 根据各国在世界经济中的相对地位分配。因为份额的多少不仅决定了该国可以从 IMF 中获得的贷款限额大小，也决定了该国在 IMF 中的投票权，所以份额对于各国来说是十分重要的。成员国认缴的份额越多，相应的投票权越大，对重大事项决策的影响力也就越大。IMF 的执行董事会（以下简称执董会）每五年对份额进行一次审查，该审查将会调整各成员国的份额以反映其在世界经济中的地位。[③] IMF 的执董会由执行董事和总裁构成，执董会负责开展 IMF 的日常业务，是确保 IMF 长期发展目标得以发展的核心治理机构，它可以参与规则制定和政策决策，进而影响该国或所在地区在 IMF 中的话语权。

[①] Fariborz Moshirian, "Global Governance and Financial Stability," *Journal of Banking & Finance*, 2015（55）：273 - 295.

[②] International Monetary Fund, "The IMF at A Glance," https：//www. imf. org/en/About，最后访问日期：2019 年 6 月 24 日。

[③] International Monetary Fund, "International Monetary Fund Quotas," http：//www. imf. org/ex-ternal/np/exr/facts/quotas. htm，最后访问日期：2019 年 6 月 15 日。

事实上，自创立以来，IMF 主要反映的是二战后世界经济格局的权力分配，更多反映美国和欧洲的意志。① 随着近些年来世界经济格局的变化，全球金融问题已不能仅靠美欧来解决，而是需要以金砖国家为代表的新兴经济体的广泛参与。这些新兴经济体在世界经济中比重逐渐加大，但它们在改革前的 IMF 中代表性严重不足，其份额占比远低于其在世界经济格局中的比重。虽然美欧更愿意维持自身在 IMF 中的地位和影响力，但它们也意识到，如果再不推动 IMF 改革，那么将会逐渐失去在 IMF 中代表性不足的成员国的信任。这些国家将不会再使用其在 IMF 制度框架下的权力，甚至可能会试图强化其他区域性或双边的金融制度安排，这最终导致 IMF 在全球金融治理机构中地位的降低，美欧也将会失去在国际规则制定中的重要工具。综上，IMF 的改革势在必行。

2006 年 IMF 新加坡年会前夕，各国就 IMF 份额的重新分配展开了讨论。美国明确表明，欧洲应向在 IMF 中代表性不足的新兴经济体转移一定的份额。欧洲国家还建议合并一些执董席位，并将多出的席位让渡给新兴经济体。② 2006~2008 年，IMF 针对其份额进行了改革，但改革幅度较小，对权力分配影响不大。

IMF 对于 2008 年金融危机处理的乏力进一步暴露了其缺陷，IMF 改革也成为危机后 G20 推动的重点议题。在 2009 年的 G20 峰会上，美欧对未来经济发展的重点产生了分歧。美国认为各国应着手刺激经济回暖，而欧盟则认为应把加强金融监管作为首要目标。双方虽然在这个问题上未能达成一致，但它们一致同意 IMF 应尽快进行更大规模的改革，否则将会失去其存在的必要。份额的分配问题依旧是改革的重点。各国虽然一致同意新兴国家需要在 IMF 份额中占据更多的比重，以获得更多的话语权，但这势必

---

① 崔志楠、邢悦：《从"G7 时代"到"G20 时代"——国际金融治理机制的变迁》，《世界经济与政治》2011 年第 1 期。

② Lauren M. Phillips, Lead, Follow or Get Out of the Way? The Role of the EU in the Reform of the Bretton Woods Institutions, paperprepared at the XXVI G24 Technical Meeting, Paris, 2006, pp. 4 - 5.

意味着另一些国家份额的损失，因此对于份额调整的谈判并非易事。在此过程中，美国与新兴国家站在同一战线，共同指责欧盟在 IMF 中被过度代表的事实。对于美国而言，此举既可制约其强劲的竞争对手——欧盟——在全球治理中的地位，又可获得新兴国家的好感和支持，而且不会动摇美国在 IMF 中一票否决权的地位。除此之外，在 2010 年的 G20 峰会上，美国对 IMF 执行委员会现有 24 个席位的分配模式提出质疑，并提议欧洲经济体应减少或合并部分执董席位，将其让与新兴经济体。欧盟虽然不愿意见证自身在 IMF 中话语权的下降，但也意识到，新兴经济体话语权的增加是时代发展的必然，而自身经济实力的下降也让其难以支撑原有的国际地位。因此，欧盟不得不摆出积极的姿态，配合 IMF 改革。

（二）IMF 改革对欧盟的影响

2010 年 IMF 的改革对份额分配有了较大的调整，欧盟在改革中影响力下滑。在份额方面，本次改革向在 IMF 中代表性不足的国家转移了 6.2% 的份额。欧盟及部分成员国在份额、投票权及 GDP 的比重变化如表 2 所示。本次改革使得欧盟在 IMF 中整体影响力下滑，标志着国际金融治理结构中的权力转移。

表 2　欧盟部分成员国改革前后份额占比 *

单位：%

国家名称	改革前份额占比	改革后份额占比
德　国	6.107	5.583
法　国	4.502	4.225
英　国	4.502	4.225
意大利	3.305	3.159
西班牙	1.687	1.999
荷　兰	2.164	1.831
比利时	1.931	1.344
瑞　典	1.004	0.929

国家名称	改革前份额占比	改革后份额占比
波 兰	0.708	0.859
奥地利	0.886	0.824
爱尔兰	0.527	0.723
丹 麦	0.793	0.721
希 腊	0.462	0.509
芬 兰	0.530	0.505

* 表格中国家顺序按改革后在 IMF 中份额占比由大到小排列

数据来源：IMF，https：//www.imf.org/external/np/fin/quotas/2018/0818.htm。

在最引人关注的份额占比分配方面，欧盟 27 国在改革中份额占比从
31.9% 降至 30.2%。① 一些欧洲发达国家份额占比有了较大程度的下滑。其
中，德国的份额占比下降幅度超过 0.5 个百分点，下降幅度较大。英、法、
荷兰、比利时份额占比下降幅度超过 0.2 个百分点。意大利、瑞典、奥地利
等国均有少量下降。与此同时，还有一些欧盟国家份额占比有所提升。其
中西班牙占比增幅最大，超过 0.3 个百分点。爱尔兰、波兰、希腊等国份额
占比也有所提升。在欧盟 27 国中，份额占比下降的国家和提高的国家数量
基本持平，这也使得欧盟份额占比改革前后仅有 1.7 个百分点的差别。事实
上，尽管改革后欧盟整体的份额占比有所下滑，但其在 IMF 中的份额总和
依旧超过 30%，并超过欧盟在世界经济中的比重。国际社会普遍存在质疑
的声音，认为改革的力度不够大，欧洲还是被"过度"代表了。对此，欧
盟持有不同的看法。欧盟认为其作为一个整体在 IMF 中实际的影响力并不
足够。欧盟在 IMF 理事会及执行董事会中均没有独立的代表权，这意味着
欧盟没有机会参与议题的设置和投票进程，其诉求只能通过欧盟成员国来
传达。而当本国利益与欧盟的诉求存在冲突之时，各成员国往往是以本国

---

① IMF, *IMF Quota and Governance Reform & Elements of an Agreement*, IMF Policy papers, 2010.

利益为重。欧盟成员国中，除了德国、法国拥有单独的选区之外，其他国家分布在 7 个不同的选区。这就导致在决策时，分散在不同选区的欧盟成员国会优先考虑本国利益，再考虑所在选区是否能达成共识，最后才会考虑欧盟整体利益。因此，虽然欧盟整体份额超过 30%，但在参与 IMF 治理时，各成员国还是各自为战，鲜少以整体利益为重。综合来看，欧盟各成员国在 IMF 中缺乏凝聚力和一致性，欧盟作为整体在 IMF 中影响力不足，并在改革中进一步下降。

事实上，因为美国国会迟迟不批准 IMF 新配额方案，改革方案被推迟到 2016 年才正式生效。在此期间，各国意识到：国际金融机构改革涉及多国博弈，改革难度大，效率低，若想取得成效并非易事。与此同时，各国经济纷纷复苏，共同应对危机的紧迫性随之下降，也不再像 2009 年、2010 年那般主张消除分歧、求同存异，各国对金融机构进一步改革的热情逐渐消退。2017 年以来，一些经济体对全球化的认知发生倒退，民粹主义、保护主义思潮兴起，各国参与治理的核心更不放在国际金融机构改革上。从 2016 年 G20 峰会至今，领导人的承诺中不再包括关于国际金融改革的议题。

四　欧盟与全球储备货币体系调整

自 1998 年发行以来，欧元曾被认作美元最有力的竞争者，也被认为是欧盟（欧元区）参与全球金融治理的关键举措。国际储备货币体系改革是危机后 G20 的重点议题之一。下面将简述欧元的发行对于国际储备货币格局的影响，及欧元参与全球储备货币体系调整的难题与困境。

（一）欧元在国际储备货币格局中的地位演变

二战后的布雷顿森林体系形成了以美元为中心的国际储备货币体系。马歇尔计划中，美国向欧洲国家发放大量美元贷款，使欧洲对美元产生路径依赖，这帮助美元树立了其国际流通货币的地位。在此阶段，美元充当最主要的国际储备货币。随着布雷顿森林体系的崩溃，德国马克、法国法郎、英国英镑、瑞士法郎、荷兰盾、日本日元等主权货币先后加入国际储备货币体系，并形成以美元为主导、其他主权币种作为补充的国际储备货币格局。这些币种由于份额小且较为分散，对美元的国际储备货币地位影响甚微。

学界对于国际货币竞争的关注开始于 20 世纪 80 年代末 90 年代初[①]，并在欧元诞生后成为持续讨论的热点。在欧元发行前，Eichengreen Barry 通过计量分析证明欧元最终会超过美元成为最主要的国际储备货币，但这个过程将会比较漫长;[②] 黄梅波指出，欧元虽然在某种程度上具有挑战美元的潜力，但也存在一定的不稳定性。[③] 欧元区各成员国之间的经济状况差异较为明显，欧洲中央银行以价格稳定为目标的货币政策也值得商榷。Posen 认为，长期来看，欧元难以成为与美元地位相当的国际储备货币，这是因为欧元区的财政力量还不足以抵消欧盟的结构性弱点。[④]

在 1998 年欧元建立前夕，各货币在国际储备货币中的格局如表 3 所示。其中，美元资产占据近 70% 的份额，德国马克作为第二大储备货币，份额仅占 13.8%，不到美元的 1/5。其他欧盟主权国家的货币，如英镑、法郎、荷兰盾，占比不到 5%。欧洲货币单位[⑤]仅占 1.3%。欧盟各国货币在国际储备货币格局中势力分散，难以与美元竞争。

---

① 石巧荣：《国际货币竞争格局演进中的人民币国际化前景》，《国际金融研究》2011 年第 7 期。

② Eichengreen Barry, "The Euro as a Reserve Currency," *Journal of the Japanese and International Economics*, 1998 (12): 483 – 506.

③ 黄梅波：《货币国际化及其决定因素——欧元与美元的比较》，《厦门大学学报》2001 年第 2 期。

④ Adam S. Posen, "Why the Euro will Not Rival the Dollar," *International Finance*, 2008 (11): 75 – 100.

⑤ 欧洲货币单位（European Currency Unit ECUs）是欧洲共同体国家共同用于内部计价结算的一种货币单位，由德国马克、法国法郎、英国英镑、意大利里拉等 12 种货币组成。欧洲货币单位仅以电子形式存在，直至 1999 年被欧元取代。

表 3　1998 年全球主要外汇储备资产占比

单位：%

货币种类	所占比例
美元	69.3
德国马克	13.8
日元	6.2
英镑	2.7
法国法郎	1.6
欧洲货币单位	1.3
瑞士法郎	0.3
荷兰盾	0.3
其他货币	4.5

数据来源：笔者根据 IMF 数据整理。

　　从欧元发行至今，欧元储备资产总体呈扩张趋势，如图 1 所示。在欧元发行以来的前十年，欧元储备资产增速明显，从 1999 年的 2469 万美元增长到 2009 年近 1.3 万亿美元，占全球外汇储备资产的比重从 17.9% 上升到 27.7%。[①] 欧元作为外汇储备资产的地位不断提高。2009 年，欧元储备资产占比达到美元储备资产的一半。在此期间，美元储备资产则呈下降趋势，其占比的走势与欧元的占比走势基本呈现反向对称，这表明欧元与美元呈竞争关系。[②]

　　自 2009 年以来，欧元作为外汇储备的吸引力有较大程度的降低。尤其在 2009~2015 年，金融危机、欧债危机不仅给欧元区的经济带来沉重打击，也极大地降低了欧元的吸引力。欧元储备资产增速明显放缓，占外汇储备资产的比重也从 2009 年的 27.7% 降至 2015 年的 19.1%，下降约 8.6

[①]　王珍、刘建慧：《欧元对国际货币体系的影响》，《中国金融》2004 年第 1 期。

[②]　石巧荣：《国际货币竞争格局演进中的人民币国际化前景》，《国际金融研究》2011 年第 7 期。

个百分点。2015 年，欧元资产占全球外汇总资产的比重几乎与欧元发行时持平。

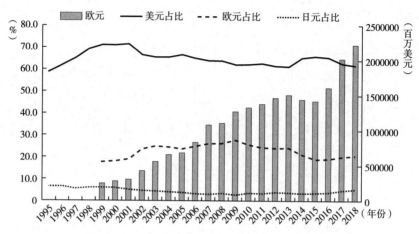

图 1　1995～2018 年美元、欧元、日元储备占比及 1999～2018 年
欧元外汇储备规模

资料来源：笔者根据国际货币基金组织数据整理。

2015 年至今，伴随着欧洲经济复苏，从数据上看欧元外汇储备规模及其在全球外汇储备中占比皆有复苏趋势，美元储备资产占比则有所减少。事实上，欧元作为储备货币的吸引力并没有显著提升。2017 年，欧元对美元有较大幅度的升值，这也造成名义上欧元储备资产的增加。根据欧洲央行的数据，2017 年欧元对美元平均汇率为 1.1297，较 2016 年升值 2.06%。① 欧元对美元的汇率在 2017 年期末较之期初上升 14.6%。若以 2017 年第四季度不变汇率计算，2017 年欧元资产储备份额较 2016 年下降近 1%。② 欧元作为储备资产的吸引力并没有明显增加。

---

① European Central Bank，https：//www. ecb. europa. eu/stats/policy ＿ and ＿ exchange ＿ rates/euro＿ reference＿ exchange＿ rates/html/eurofxref－graph－usd. en. html，最后访问日期：2019 年 6 月 2 日。

② European Central Bank，" The International Role of the Euro，June 2018 "，https：// www. ecb. europa. eu/pub/ire/html/ecb. ire201806. en. html#toc5，最后访问日期：2019 年 6 月 2 日。

（二）欧元在国际储备货币中的挑战与困境

欧盟曾希望欧元可以取代美元作为国际储备货币。欧元区经济体量与美国旗鼓相当，经济开放程度高，其金融市场不仅庞大且流动性强。欧元在发行的前 10 年发展迅速，在国际储备货币领域成为美元最有力的竞争对手。虽然欧元曾被寄予厚望，但从目前的情况来看，欧元很难在短期内成为可以与美元比肩的国际储备货币。

从外部原因来看，欧元首先需要应对来自美国的挑战。欧元发行后，美国目睹了欧元的发展速度，采取了一系列手段打压欧元，以维护美元的国际地位。2002～2003 年，美国利用对冲基金大量做空欧元，使欧元的汇率在短期内产生超过 20% 的贬值，但这并没有打垮欧元，欧元的国际地位持续升高。欧债危机爆发后，美国信用评级机构下调希腊主权债务评级，使欧元持续贬值，这使得储备国部分减持欧元储备。事实上，欧元区是由多个主权国家组成的复杂经济体，欧元在机制上存在先天性缺陷，使得美国信用评级机构比较容易找出其薄弱点。如果美国对各州进行主权债务审查的话，某些州的债务问题要比欧元区国家严重得多。

从内部原因来看，欧元还需解决制度上的缺陷。欧元区仅是一个货币联盟，其背后并无政治性联盟予以支持，这使得欧元区成员国虽然共用一种货币——欧元，但在财政政策方面的协调相对松散。此种体制框架的弊端不仅在欧债危机中表现得淋漓尽致，而且会持续存在。另外，欧洲央行的宗旨是维持价格稳定，[1] 而促进经济增长、降低失业率则并不在欧洲央行的职责范围之内。这使得欧洲央行为了控制通货膨胀率，不惜以牺牲经济增长和恶化失业为代价。比如，欧洲央行在 2011 年曾两次提高利率，这恶化了本就糟糕的失业率。[2] 欧洲央行也无法像美联储那样放手采取量化宽松

---

[1] European Central Bank, "The Monetary Policy of The ECB (Third Edition, May 2011)," https://www.ecb.europa.eu/ecb/tasks/html/index.en.html, 最后访问日期: 2019 年 6 月 27 日。

[2] Ewing, J. and Werdigier, J, "European Central Bank Raises Rates as Expected," *New York Times*, B8, 7 July 2010.

政策以刺激经济。在危机期间，央行曾要求接受贷款的成员国政府采取紧缩的财政政策，此种政策使得需求下跌，GDP 增长乏力；下行的经济降低了投资者对于政府偿付能力的信任，使得主权债券利率上升，进一步加重了政府债务负担并恶化了负债率。负债率的升高会给币值的稳定性带来负面影响，而币值的稳定对于储备货币而言是至关重要的。[①] 这进一步降低了欧元作为储备货币的吸引力。

2017 年美元多次贬值，引发了各国对美元币值稳定性的担忧，各国虽然意识到美元的风险，但目前尚未有良好的替代币种出现。美欧虽然同在金融危机后受到打击，但美国的经济复苏速度明显要快于欧洲。此外，欧洲一体化的前景也并不明朗，欧元并不被寄予很大的期望。人民币在国际结算中使用比例仍然很低，国际化的道路任重而道远；特别提款权是一次值得肯定的尝试，但其弊端很明显；英镑受英国脱欧影响，较强的不确定性和脱欧后影响力的下降使得人们对其信心大打折扣；日元虽是国际外汇储备第三大货币，但由于日本经济对外依存度高，受全球影响大，币值缺乏稳定性，也难以替代美元。

综上，在当下储备货币体系格局中，美元的"一家独大"虽然带来了一定风险，但目前尚未有能与之匹敌的货币出现。欧元曾被寄以厚望，但实际证明此路任重而道远。

五　欧盟与全球金融监管体系治理

国际金融监管是全球金融治理的重要内容之一。2008 年全球金融危机源于监管者未能有效控制系统性风险，未能够对以衍生品为代表的复杂金融工具进行合理有效监管。因此，危机爆发后，世界主要国家便亡羊补牢，着手进行制度规则和监管机构的调整改革，加强全球金融监管成为国际共识。下文将从欧盟（欧洲）内部、欧盟与全球、欧盟与中国三个方面阐述

---

① Mihn Ly, "The future of the dollar", in Manuela Moschella and Catherine Weaver, eds., *The Handbook of Economic Governance*, pp. 218 – 230.

欧盟主导或参与全球金融监管改革与发展。

（一） 欧盟（欧洲）内部金融监管改革

欧盟在金融危机和主权债务危机之后，在欧洲层面通过增设金融监管机构和修订立法规则，积极推动欧盟金融监管一体化进程，加强对欧盟金融监管的力度。

金融危机爆发后，欧盟很快就采取了一系列金融体制改革措施，以摆脱金融危机的负面影响，2009 年 6 月通过的《欧盟金融监管体系改革》是危机后欧盟最重大的改革举措，欧盟据此成立了欧洲系统风险委员会和欧洲金融监管系统，分别负责宏观和微观审慎监管。

（1）成立欧洲系统风险委员会（European Systemic Risk Board，ESRB）。如表 4 和图 2 所示，作为宏观监管部门，ESRB 的职能是在监管第一级——欧盟层面负责宏观性审慎监管，评估在宏观经济发展及金融体系整体中出现的有损金融稳定的各种潜在风险；向各监管机构和政策制定者发布早期警告和行动建议，以便预防和减少系统风险；并执行预警后的相关监控；与 IMF、FSB 以及新兴国家进行有关合作。由此可见，ESRB 实际上成为欧盟金融监管新体系中的核心。

表 4　欧洲系统风险委员会和欧洲金融监管系统的职责与功能

机构	组成	职责	功能	定位
欧盟系统风险委员会（ESRB）	欧洲央行行长、副行长；欧盟成员国央行行长；三个监管局主席	负责系统风险预警；执行预警后的监控；评估经济与金融中的风险，对成员国提出建议	宏观审慎监控	独立，无法人资格
欧洲金融监管系统（ES-FS）	工作机构为指导委员会，下设欧洲银行监管局（EBA）、欧洲证券和市场监管局（ESMA）、欧洲保险与职业养老金监管局（EIOPA）	确保欧盟统一法律得到遵守；为各国金融监管当局制定规则；必要时直接采取监管行动；协调不同国家监管部门的争议	微观审慎监管	独立，有法人资格

资料来源：Commission of the European Communities，The Impact Assessment Report，SEC（2009）1234；尹继志：《欧盟银行一体化与单一监管机制的创建》，《西南金融》2015 年第 1 期。

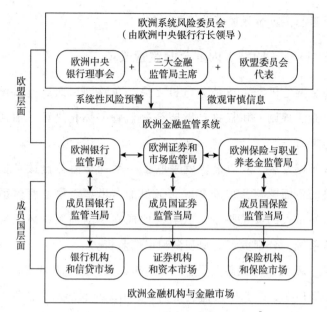

图 2 改革后的欧盟金融监管框架

资料来源：尹继志：《欧盟银行一体化与单一监管机制的创建》，《西南金融》2015 年第 1 期。

（2）建立欧洲金融监管系统（European System of Finance Supervisors，ESFS）。该系统通过实施一致性更高的趋同规则来强化欧盟微观金融合作与协调，提高各国的微观监管能力，加强对跨国金融机构的有效监管。ESFS 由指导委员会、三家欧洲监管局以及成员国监管当局三个层次构成。原有的欧洲银监会、证监会、保险与养老金委员会分别改组为银行监管局（EBA，总部位于伦敦）、证券和市场监管局（ESMA，总部位于法兰克福）、保险与职业养老金监管局（EIOPA，总部位于巴黎），成为欧盟金融监管系统的三个直属部门。它们在统一框架内进行监管合作，实际上成为新的欧洲监管局（ESAs）。ESAs 是 ESFS 的核心组成部分。ESFS 的主要职责是建立一系列趋同规则和监管操作，制定约束性技术标准；确保共同的监管文化，防止监管套利；与 ESRB 紧密合作，为其行使早期风险预警职能提供必要的信息支持；等等。与危机前相比，改组后的机构职责更为广泛，增强了在危机管理中的作用，而且，它从过去的欧盟外围机构上升为核心机构，可统一发布对成员国有约束力的政策及文件。①

（3）加强技术型金融监管机构的建设。除了 ESRB 和 ESFS，金融危机后，欧盟还建立了多家技术型新监管机构：欧洲金融稳定机制（The European Financial Stability Facility，EFSF）、银行问题专家小组（Group of Experts in Banking Issues，GEBI）、破产法专家小组（Insolvency Law Group of Experts，ILGE）等，这些机构的职能分别是救助困境中的欧元区国家，促进欧元区乃至整个欧盟的金融稳定；为欧委会提供银行制度和银行政策方面的建议与分析；为欧盟出台跨国银行（集团）危机管理制度提出意见和建议。

（4）修订多项立法规则。首先，修订银行资本金要求指令：加强对跨境银行集团的监管，规范证券化操作框架，制定流动性风险管理规则等，对银行资本金的要求更加严格。其次，加强信用评级公司的公正性和权威性，制定了新的信用评级机构条例。最后，修改《存款保险计划指令》，提高最低存款保障金标准，缩短支付时限，扩大储蓄金额补偿度，等等。此外，还对私募股权投资集团和对冲基金的经理人进行监管，提出流动性风险管理的原则性建议。

（二）　欧盟参与全球金融监管合作

金融危机之后，欧盟不仅大力推动内部金融监管机构和规则的调整改革，加强金融监管一体化，同时，加强与美国、新兴市场国家在全球层面的金融监管协调与合作。巴塞尔委员会（Basel Committee on Banking Supervision，BCBS）和金融稳定理事会（Financial Stability Board，FSB）② 是两个最主要的全球性金融监管合作机构。

欧盟积极参与全球金融监管协调主要基于三方面考虑。首先，欧洲金

---

① 尹继志：《欧盟银行一体化与单一监管机制的创建》，《西南金融》2015 年第 1 期。

② 金融稳定理事会（FSB）的前身是金融稳定论坛（FSF）。2009 年 4 月 2 日在伦敦举行的二十国集团金融峰会决定，将 FSB 成员扩展至包括中国在内的所有 G20 成员国，并将其更名为 FSB。其主要职能是：维护全球金融市场稳定，完善金融市场运作和减少系统性风险。

融企业的活动范围普遍超越母国和欧盟边界，仅在母国和欧盟法域内实施监管是远远不够的。其次，全球金融监管协调有助于跨国、跨法域经营的欧盟金融企业更好地适应东道国的监管规定，从而降低其运营成本。最后，与美国争夺制定国际监管标准的主导权以维护欧盟金融机构的竞争力。

目前，美欧是两大主要金融监管法域，在很多年里，国际金融监管体系和监管规则主要是由美欧在主导。新兴经济体尤其是金砖国家全面参与全球金融监管磋商，是 2008 年全球金融危机之后的事情。G20 峰会的开启大大提高了新兴经济体在全球金融监管中的地位，但新兴经济体在金融监管方面的能力和作用与美欧相比，至今依然存在不小的差距。美欧在制定国际金融监管标准领域一直存在分歧，如在会计标准、上市公司审计等标准方面。[①] 总体来看，美国曾经长期在重要议题谈判中占优势地位，但 2002 年之后，情况有所变化，双方开始更多考虑彼此的需求并相互妥协。欧盟在 2001 年开始的保险监管议题谈判中占了主导地位，在 2014 年达成的《国际会计准则 9》（IFRS 9）中，欧洲会计标准与美国标准进行了折中。

金融监管与标准制定类的全球金融组织主要包括国际清算银行（BIS）、金融稳定论坛（FSF）和 IMF。BIS 主要负责微观审慎监管，IMF 和 FSF 主要负责宏观审慎监管。

BIS 现今致力于扩大成员货币当局和金融监管机构的合作，维护各经济体的货币和金融稳定。同时，它与 FSB 共同负有对全球金融问题进行评估、制定统一的金融监管标准的责任。如图 3 所示，它设有巴塞尔银行监管委员会、全球金融体系委员会、市场委员会、支付和市场基础设施委员会、欧文·费舍中央银行统计委员会和中央银行治理论坛六个常设委员会，分别

---

① 分歧主要存在于以下六个方面：金融集团（financial conglomerates）、公司董事会构成、会计标准、上市公司审计、外国发行人注销（deregistration of foreign issuer）和证券市场等议题领域。Daniel W. Drezner, *All Politics Is Global*: *Explaining International Regulatory Regimes*, Princeton: Princeton University Press, 2008, pp. 35 – 39; Elliot Posner, "Making Rules for Global Finance: Transatlantic Regulatory Cooperation at the Turn of the Millennium," *International Organization*, 2009（63）：665 – 699。转引自刘宏松、徐悦《金融危机下跨大西洋金融监管协调的政治逻辑》,《世界经济与政治》2018 年第 6 期。

负责制定全球银行监管标准、监测金融市场稳定、检查金融市场运行与制定外汇市场行为准则、监测支付和市场基础设施的建设和发展、应对货币和金融稳定、改善货币当局治理水平。截至 2017 年年初,巴塞尔银行监管委员会已涵盖 28 个经济体的 45 个机构。欧盟及其成员国在历次巴塞尔委员会的协议磋商和达成过程中起了举足轻重的作用。

FSF 是亚洲金融危机后,七国集团为了维护全球金融稳定、完善市场运作、减少系统性风险而创设的新机构,2009 年 4 月更名为金融稳定理事会(FSB),成为落实 G20 峰会有关金融稳定与监管各项重大决定的具体实施机构。其主要职能是评估全球金融体系的问题与缺陷,确定为解决这些问题而采用的必要行动,促进成员国主要金融稳定管理部门合作与信息交换。它通过高杠杆机构、离岸金融中心、资本流动、存款保险和标准实施小组五个非常设性工作组开展工作。

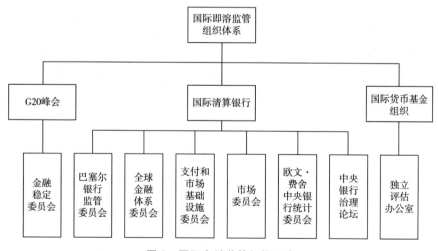

图 3　国际金融监管机构组成

资料来源:笔者整理。

2008 年全球金融危机之后,欧盟与 G20 合作制定了一项雄心勃勃的改革议程,以恢复金融稳定和公众对金融体系的信心。欧洲已完成的改革议程包括:

- 更新监管框架,以加强资本和流动性要求和强化银行监管;

- 为银行提供一个新的危机管理框架，为处置机构提供恢复和处置工具；
- 更有效的存款保护，加快变现速度；
- 为欧元区建立具有单一监管机制和单一解决机制的银行联盟。

这些改革使欧洲金融体系更加稳定，更有弹性，同时为符合国际标准的欧盟银行提供更加协调的单一规则手册。然而，国际金融服务政策的制定仍然是一个持续不断的过程，需要不断审查时时变化的风险，以使监管框架跟上技术和经济发展的步伐。[①]

与此同时，许多已实施或仍在实施中的改革举措需要加以监控，以防产生意想不到的后果以及与其他司法管辖区的潜在分歧，从而导致欧洲银行的竞争环境不平等。如有必要，需要重新调整现有规则，以减轻欧洲银行的负担，使它们能够继续为经济增长和就业提供资金，并在全球金融市场保持竞争力。[②]

《巴塞尔协议Ⅲ》是全球银行业监管的标杆，它引发了国际金融监管准则的调整和重组，影响了各国银行的经营模式和发展战略。其主要内容包括最低资本要求、各国反周期缓冲资本要求、针对特定银行的反周期缓冲资本、符合监管定义的零售资产组合中的债权、信用风险缓释技术相关的其他问题的处理、监管部门确定的违约损失率和违约风险暴露等。该协议是各国在对全球金融危机进行深入反思并经过反复磋商，经过三年的多次修改之后才达成的。银行金融业高度发达的欧盟及其成员国，为协议提供了大量的经验素材和合理规则。

（三） 欧盟与中国金融监管体制合作

中欧金融监管体制合作方面，主要有中国保监会同欧盟保险和职业养老金管理局的合作、中国银监会与欧盟银行监管局的合作、中国证监会同

---

① 欧洲银行业联合会，https：//www.ebf.eu/priorities/banking – supervision/，最后访问日期：2019 年 4 月 30 日。
② 欧洲银行业联合会，https：//www.ebf.eu/priorities/banking – supervision/，最后访问日期：2019 年 4 月 30 日。

欧盟成员国证券（期货）监管机构的合作。

2009 年，中国保监会与英国金融服务局签署了保险资金运用监管合作协议，为加强与重点地区和公司保险监管信息交流与监管合作确立了有效途径；2016 年 6 月 15 日，欧盟保险和职业养老金管理局（EIOPA）和中国保监会签订了谅解备忘录，该备忘录旨在促进双方进行监管信息交流、增进双方在监管事务上的理解。根据双方签订的备忘录，双方每年将设立对话交流机制，加深双方在保险监管方面的合作。欧盟保险和职业养老金管理局主席 Gabriel Bernardino 认为，"这是双方的监管人员增进彼此之间理解的重要一步，也是将来增进全球金融监管协同重要的一步"。①

欧盟银行监管局（EBA）为了防范危机发生，成立一个银行之间协同监管的下属机构，该机构成立目的是增加各个国家协同监管的效率，建立更加具有一致性和系统性的跨国合作监管框架。中国银监会于 2015 年 4 月 1 日通过了 EBA 的评估审核。EBA 对中国银监会审核通过有利于中欧双方加强银行间监管信息交流，促进双方在金融监管体制上的合作。除此之外，中国银监会积极同欧盟成员国的银行监管机构展开合作，根据中国银监会的统计数据，截至 2017 年 1 月，中国银监会一共签署了 63 份双边监管合作谅解备忘录和监管合作协议，其中共有 15 个欧盟成员国同中国银监会签署了相关协议，具体签署情况如表 5 所示。中欧领导人对双方在金融监管体制方面加强合作表示赞同，欧洲银行管理局主席 Andrea Enria 在 2012 年中国金融峰会上曾说："欧洲银行管理局（EBA）应同中国等国的银行监管者建立密切联系，建立长效对话机制，从而促进全球银行业稳定健康发展。"②

① 欧盟保险和职业养老金管理局，"EIOPA and the China Insurance Regulatory Commission sign a Memorandum of Understanding," https://eiopa.europa.eu/Pages/News/EIOPA – and – the – China – Insurance – Regulatory – Commission – sign – a – Memorandum – of – Understanding. aspx，最后访问日期：2017 年 4 月 17 日。
② 欧盟银行管理局，"Financial integration and stability in Europe: the role of the European Banking Authority," http://www.eba.europa.eu/documents/10180/27014/Andrea/Enria/Speech/China/Financial/Summit.pdf，最后访问日期：2017 年 4 月 17 日。

表 5　中国银监会与欧盟成员国签署的双边监管合作谅解备忘录和监管合作协议

国　家	机构名称	生效时间
德　国	德国联邦金融监理署	2004 年 12 月 6 日
波　兰	波兰共和国银行监督委员会	2005 年 2 月 27 日
法　国	法兰西共和国银行委员会	2005 年 3 月 24 日
意大利	意大利中央银行	2005 年 10 月 17 日
西班牙	西班牙中央银行	2006 年 4 月 10 日
荷　兰	荷兰中央银行	2007 年 12 月 25 日
卢森堡	卢森堡金融监管委员会	2008 年 2 月 1 日
比利时	比利时金融监管委员会	2008 年 9 月 25 日
爱尔兰	爱尔兰金融服务监管局	2008 年 10 月 23 日
捷　克	捷克中央银行	2010 年 1 月 5 日
马耳他	马耳他金融服务局	2010 年 2 月 2 日
塞浦路斯	塞浦路斯中央银行	2011 年 7 月 15 日
瑞　典	瑞典金融监管局	2014 年 6 月 25 日
匈牙利	匈牙利中央银行	2016 年 3 月 31 日
英　国	英国审慎监管局	2015 年 10 月 21 日

数据来源：中国银监会网站，http：//www.cbrc.gov.cn/index.html，最后访问日期：2017 年 4 月 17 日。

　　截至 2015 年 6 月，中国证券监督管理委员会已与英国、法国、德国、意大利、荷兰等 14 个欧盟成员国签署了双边监管合作谅解备忘录，中国证监会与境外证券（期货）监管机构签署的备忘录如表 6 所示。根据备忘录，中欧双方证券监管机构可相互交换监管信息，开展人员培训，举办金融合作等活动，以加深中欧证券监管机构的相互了解。证券监管机构将着重在资产管理、金融产品营销、上市规则、市场监管和中介机构商业行为准则等方面加强技术交流。同时，根据中欧金融服务合作项目（EU – China Financial Services Cooperation Project）协议，中欧双方在证券领域就"股票发行的实务""中国衍生产品市场的战略发展""金融中介机构的发证管理和控制"等 25 个专题开展政策咨询、研讨、考察与实习等形式的合作活动。

表 6　中国证监会与欧盟成员国证券（期货）监管机构签署备忘录

国　　家	机构名称	签署时间
英　　国	英国财政部、证券与投资委员会	1996 年 10 月 7 日
法　　国	法国证券委员会	1998 年 3 月 4 日
德　　国	德国联邦证券监管委员会	1998 年 10 月 8 日
意 大 利	意大利国家证券监管委员会	1999 年 11 月 3 日
荷　　兰	荷兰金融市场委员会	2002 年 11 月 1 日
比 利 时	比利时银行及金融委员会	2002 年 11 月 26 日
葡 萄 牙	葡萄牙证券市场委员会	2004 年 10 月 26 日
爱 尔 兰	爱尔兰金融服务监管局	2008 年 10 月 23 日
西 班 牙	西班牙国家证券市场委员会	2009 年 10 月 6 日
马 耳 他	马耳他金融服务局	2010 年 1 月 26 日
瑞　　典	瑞典金融监管局	2012 年 4 月 24 日
卢 森 堡	卢森堡金融监管委员会	2012 年 5 月 17 日
塞浦路斯	塞浦路斯证券交易委员会	2012 年 5 月 17 日
波　　兰	波兰金融监督管理局	2015 年 3 月 23 日

数据来源：中国证监会网站，http：//www.csrc.gov.cn/pub/newsite/gjb/jghz/201508/t20150807_282485.html，最后访问日期：2017 年 4 月 17 日。

综上所述，欧盟在全球金融监管机制改革合作中，长期持积极参与和引导的立场。在欧洲层面通过增设金融监管机构和修订立法规则，推动欧盟金融监管一体化进程，加强盟内金融监管力度。在全球层面，通过参与 BIS、IMF 和 FSB 的机构建设、立法建设和各项改革，加强与美国、新兴市场国家的金融监管协调与合作。与此同时，欧盟与中国在银行监管、证券监管和保险监管等领域也较前大大加强了合作力度。

六　有关欧盟与全球金融治理未来发展的几点展望

（一）逆全球化浪潮将阻碍全球金融治理发展

逆全球化诉求会在多个方面表现出来，不仅仅在贸易、国际直接投资、资本流动、技术交流与合作等领域设置障碍，也在全球金融治理领域弱化合作意愿。民族主义和民粹主义盛行，更加强调民族国家利益，在需要让渡一定程度主权的国际金融合作与全球金融治理领域持消极态度，为未来全球金融监管和国际金融机构加强能力治理建设的前景蒙上了阴影。欧盟内部的逆全球化力量呈现逐渐强化的趋势，这无疑会对欧盟金融一体化和货币政策趋同产生负面影响，同时会弱化欧盟参与全球金融治理的意愿。

（二） 英国脱欧会削弱欧盟的金融实力和欧盟对全球金融治理的影响力

英国是欧盟中的经济大国，也是欧盟金融最发达的国家。伦敦拥有欧盟成员中最大的金融市场，对欧盟金融业发展有举足轻重的作用。英国脱欧将会使得欧盟原有金融市场规模显著缩小，总体金融实力下降。伦敦与其他欧盟国家金融中心的业务往来发展趋缓，伦敦金融市场的地位和作用也会受到削弱。

随着欧盟总体金融实力的下降，欧盟在参与全球金融治理，尤其是全球金融监管和国际金融机构改革中的话语权难以避免出现下降趋势，欧盟在 G20 中的地位下滑，欧元的国际储备货币地位将再次受到重挫，更加难以与美元相抗衡。欧盟在全球金融治理中的影响力也会今不如昔，原本就偏于分散的政策决策和代表性问题将持续存在并加重。欧盟对全球金融治理的影响力将全面下降。

（三） 金融监管仍将是欧盟参与全球金融治理的优势领域

全球金融危机以来，欧盟在国际标准制定中发挥了独特的作用。从可能性来说，基于欧盟主要国家金融业发展历史较长，金融市场高度发达，金融监管技术先进，欧盟在未来的全球金融监管合作领域仍将保持重要地位，做出重要贡献。从必要性来说，加强金融监管，规范金融业运营，降低银行业、证券业、保险业等金融行业的潜在经营风险，消除债务危机隐患，也有利于欧盟及其成员国本身的利益。因此，未来欧盟仍将会积极参与全球金融监管治理，继续发挥其优势，起到主导作用。

参考文献

崔志楠、邢悦：《从"G7 时代"到"G20 时代"——国际金融治理机制的变迁》，《世界经济与政治》2011 年第 1 期。

费伊楠：《全球治理新格局：G20 的中国贡献与未来展望》，中国人民大学重阳金融研究院译，新世界出版社，2017，第 3 页。

黄梅波：《货币国际化及其决定因素——欧元与美元的比较》，《厦门大学学报》2001 年第 2 期。

黄益平：《国际货币体系变迁与人民币国际化》，《国际经济评论》2009 年第 3 期。

廖凡：《国际金融监管的新发展：以 G20 和 FSB 为视角》，《武大国际法评论》2012 年第 1 期。

廖凡：《论软法在全球金融治理中的地位和作用》，《厦门大学学报》（哲学社会科学版）2016 年第 2 期。

苗永旺、王亮亮：《金融系统性风险与宏观审慎监管研究》，《国际金融研究》2010 年第 8 期。

潘德、庞中英：《有效的多边主义与全球治理》，《世界经济与政治》2010 年第 6 期。

石巧荣：《国际货币竞争格局演进中的人民币国际化前景》，《国际金融研究》2011 年第 7 期。

王国兴、成靖：《G20 机制化与全球经济治理改革》，《国际展望》2010 年第 3 期。

王文、王鹏：《G20 机制 20 年：演进、困境与中国应对》，《现代国际关系》2019 年第 5 期。

王珍、刘建慧：《欧元对国际货币体系的影响》，《中国金融》2004 年第 1 期。

王自力、张礼卿、贺力平、魏加宁、苑德军、潘文星、温彬、余维彬、张春子、赵庆明、栗志刚、江瑞平、欧明刚：《金融危机后的国际金融体系改革和中国的对策》，《银行家》2009 年第 11 期。

周小川：《关于改革国际货币体系的思考》，《中国金融》2009 年第 7 期。

张发林:《全球金融治理体系的演进:美国霸权与中国方案》,《国际政治研究》2018 年第 4 期。

Adam S. Posen, "Why the Euro will Not Rival the Dollar," *International Finance*, 11 (2008): 75 - 100.

Barry J. Eichengreen, *Toward a New International Financial Architecture: A Practical Post - Asia Agenda*, Washington: Peterson Institute Press, 1999.

Barry Eichengreen. 2004, *Global Imbalances and the Lessons of Bretton Woods*, Working Paper 10497 for National Bureau of Economic Research, http: //unpan1. un. org/intradoc/groups/public/documents/apcity/unpan022205. pdf.

Barbier, Edward B. , "Global governance: the G20 and a Global Green New Deal," *Economics - The Open - Access, Open - Assessment E - Journal*, 2010 (4): 1 - 35.

Conceição - Heldt, Eugénia&Meunier, Sophie, "Speaking with a Single Voice: Internal Cohesiveness and External Effectiveness of the EU in Global Governance," *Journal of European Public Policy*, 2014.

Daniel W. Drezner, *All Politics Is Global: Explaining International Regulatory Regimes*, Princeton: Princeton University Press, 2008, pp. 35 - 39.

David Howarth and Lucia Quaglia, "The Comparative Political Economy of Basel Ⅲ in Europe," *Policy and Society*, 2016 (35): 205 - 214.

Dailami, Mansoor& Masson, Paul, *The New Multi - polar International Monetary System*, Policy Research Working Paper Series 5147, The World Bank, 2009, http: //documents. worldbank. org/curated/en/470961468041977091/pdf/WPS5147. pdf.

Eric Helleiner, *States and the Reemergence of Global Finance: from Bretton Woods to the 1990s*, Ithaca, N. Y. : Corenell University Press, 1994.

EthanKapstein, *Governing the Global Economy: International Finance and the State*, Cambridge: Harvard University Press, 1994.

Eichengreen, Barry, "The Euro as a Reserve Currency," *Journal of the Japanese and International Economics*, 1998 (12): 483 - 506.

Elliot Posner, "Making Rules for Global Finance: Transatlantic Regulatory Cooperation at the Turn of the Millennium," *International Organization*, 2009 (63): 665 - 699.

Ewing J. and Werdigier J. , "European Central Bank Raises Rates as Expected," *New*

York Times, B8, 7 July 2010.

Frankel, Jeffrey A. , *On Global Currencies*, Working Paper Series rwp09 – 026, Harvard University, John F. Kennedy School of Government, 2009, https：//dash. harvard. edu/bitstream/handle/1/4448879/Frankel + Global + Currencies. pdf? sequence = 1.

Fariborz Moshirian, "Global Governance and Financial Stability", *Journal of Banking & Finance*, 2015 (55)：273 – 295.

Frieden, Jeffry, "The Governance of International Finance," *Annual Review of Political Science*, 2016 (19)：33 – 48.

Gregory Noble, John Ravenhill, *The Asian Financial Crisis and the Architecture of Global Finance*, Cambridge：Cambridge University Press, 2000.

James H. Mittelman, "Crisis and Global Governance：Money, Discourses, and Institutions," *Globalizations*, 2010 (7)：157 – 162.

James N. Rosenau, and Ernst – Otto Czempiel, *Governance without Government：Order and Change in World Politics*, Cambridge：Cambridge University Press, 1992, pp. 8 – 9.

Lauren M. Phillips：Lead, Follow or Get Out of the Way? The Role of the EU in the Reform of the Bretton Woods Institutions, paper prepared at the XXVI G24 Technical Meeting, Paris, 2006, pp. 4 – 5.

Mundell, Robert A. , 1997. "Currency Areas, Common Currencies, and EMU," *American Economic Review*, 1997 (87)：214 – 216.

Martin Feldstein, "Refocusing the IMF," *Foreign Affairs*, 1998 (77)：20 – 33.

Mark Weisbrot& Jose Cordero & Luis Sandoval, "Empowering the IMF：Should Reform be a Requirement for Increasing the Fund's Resources?" CEPR Reports and Issue Briefs, 2009 (15) .

Moschella M. and Quaglia L, "Speaking with one Voice in International Finance：the EU and the Post – crisis," *Financial Debate*, 2012.

Mihn Ly, "The future of the dollar," in Manuela Moschella and Catherine Weaver, eds. , *The Handbook of Economic Governance*, 2014, pp. 218 – 230.

Ojo, Marianne, "Implementing Basel Ⅲ Through the Capital Requirements Directive (CRD) Ⅳ：Leverage Ratios and Capital Adequacy Requirements," *Journal of Business Law and Ethics*, 2015 (3) .

Moloney, Niamh, "The European Union in international financial governance," *RSF*: *Russell Sage Foundation Journal of the Social Sciences*, 2017, 3 (1): 138 – 152.

Ocampo José Antonio, "Why Should the Global Reserve System Be Reformed? " *Finance & Bien Commun*, 2009 (2): 79 – 89.

Randall D. Germain, "Global Financial Governance and the Problem of Inclusion," *Global Governance*, 2001 (7): 411 – 426.

Reisen, Helmut, "The multilateral donor non – system: towards accountability and efficient role assignment," *Economics – The Open – Access*, *Open – Assessment E – Journal*, 2010 (4): 1 – 22.

Sol Picciotto and Ruth Mayne, *Regulating International Business: Beyond Liberalization*, London: Palgrave Macmillan, 1999.

Svein Andresen, "The Financial Stability Forum ; reform of the international architecture," *CESifo Forum*, 2000 (1): 18 – 20.

Stiglitz, Joseph, Pike, Robert M. , "Globalization and its Discontents," *Canadian Journal of Sociology*, 2004 (29): 321 – 324.

Sohn, Injoo, "Asian Financial Cooperation: The Problem of Legitimacy in Global Financial Governance," *Global Governance*, 2005 (11): 487 – 504.

Ujvari, Balazs, "The BRICS' New Development Bank and the EU's options," *College of Europe Policy Brief*, 16, April 2016.

Vestergaard, Jakob, *The G20 and Beyond: Towards Effective Global Economic Governance*, DISS Report 2011: 04, https: //www. econstor. eu/bitstream/10419/59816/1/654351805. pdf.

Wouters, Jan, Sterkx、Steven and Corthaut, Tim, *The International Financial Crisis*, *Global Financial Governance and the European Union*, Leuven Centre for Global Governance Studies Working Paper No. 52, 2013, https: //www. academia. edu/17653901/The_ International_ Financial_ Crisis_ Global_ Financial_ Governance_ and_ the_ European_ Union.

Wouters Kerckhoven、Sven Odermatt Jed, "The EU at the G20 and the G20's Impact on the EU," in Bart Van Vooren, Steven Blockmans, Jan Wouters eds. , *the EU's Role in Global Governance: The Legal Dimension*, Oxford: Oxford University Press, 2013, pp. 259 – 271.

全球治理视角下中国和欧盟在非洲的发展合作分析

王 瑞*

摘 要：随着全球问题日益严峻，作为公共产品的发展合作在全球治理中的作用愈加明显。基于全球治理的现实需要和中国与欧盟在全球发展治理中的地位，本文首先在比较中国和欧盟对非发展合作模式的基础上，详细分析了中欧在非洲发展合作的起源、现状及特点。其次，根据参与方的不同期望、国际公共产品供给、2030 年可持续发展议程、非洲 2063 年议程以及提高援助有效性等目标，阐述了中欧在非洲发展合作的必要性。再次，从共同历史身份与经验、优势互补和国际影响力结构化三个维度论述中欧在非洲发展合作的可行性。最后，分析指出聚焦全球性问题、以非洲国家为主导、深化既有双多边合作机制是今后的调整方向。

关键词：全球治理 中国 欧盟 非洲 发展合作

一 引言

随着各种要素在全球范围内的流动，全球性问题日益突出。经济危机、恐怖主义、环境污染和传染性疾病等带来的跨国性危机，使全球治理成为国际社会共同面临的现实课题。在当今威斯特伐利亚主权原则依然是国际关系体系基石的前提下，面对解决全球问题的跨国界需求，国际发展合作的资金、物资、人员和技术跨国流动成为弥补现状与需求之间差距的重要途径。① 一方

---

* 王瑞，中国农业大学人文与发展学院博士研究生，研究方向：国际发展合作。

① 周弘、张浚等：《外援与发展：以中国的受援经验为例》，《欧洲研究》2007 年第 2 期。

面，国际发展合作帮助受援国提高自主发展能力，从国家内部源头上解决具有潜在溢出性的全球性问题。另一方面，为实现发展合作而建立起来的以经济合作与发展组织—发展援助委员会为核心、以世界银行和国际货币基金组织为支柱的发展合作全球协调机制，不仅是全球治理的主要行为体，而且是全球治理规范与准则的制定者与实践者。因此，有些发展合作组织和国内外学者将发展合作视为全球治理的关键。①

全球治理是为解决全球问题的各行为体在具有自我实施性质的国际制度、规则和机制中努力调和相互冲突或不同利益以采取共同行动的持续过程。② 首先，这一定义强调的是对全球问题带来挑战的应对，注重灵活务实的政策解决方案；其次，强调的是为合作解决问题的制度安排，比如联合国、国际货币基金组织等政府间机构或非政府机构。③ 国际发展合作是一国或国际组织从事公益或促进发展的理由或形式，在实际上不排除各自利益的情况下，向另一国或组织（含国际组织和非政府组织）所做的优惠或自愿性资金或资源转移。④ 可见，国际发展合作的"从事公益和促进发展的理由"与全球治理的"解决全球问题"具有价值相通之处。最后，由于发展兼具公共与私有的双重特征，在不同角色分工的全球治理中，发展合作成为全球治理中典型的国际公共产品。⑤

中国和欧盟不仅是全球治理的重要行为体，而且是新兴援助国与传统援助国的典型代表。作为世界上最大的发展中国家，随着经济实力和国际地位的上升，中国将继续发挥负责任大国的作用，积极参与全球治理体系的改革与建设，不断贡献中国智慧和力量。⑥ 作为国际社会新兴援助国代表，

---

① 周弘、张浚等：《外援在中国》，社会科学文献出版社，2007，第53~58页。
② 张宇燕、任琳：《全球治理：一个理论分析框架》，《国际政治科学》2014年第3期。
③ 潘忠岐：《概念分歧与中欧关系》，上海人民出版社，2013，第245~246页。
④ 张永蓬：《国际发展合作与非洲——中国与西方援助非洲比较研究》，社会科学文献出版社，2012，第3页。
⑤ 庞珣：《全球治理中的金砖国家外援合作》，世界知识出版社，2016，第193页。
⑥ 《决胜全面建成小康社会夺取新时代中国特色社会主义伟大胜利——在中国共产党第十九次全国代表大会上的报告》，中华人民共和国中央人民政府网站，http://www.gov.cn/zhuanti/2017-10/27/content_5234876.htm，最后访问日期：2018年3月23日。

中国独具特色的援助模式不仅为国际发展做出了重要贡献，而且成为广大发展中国家的替代性选择。作为传统发展援助提供方的欧盟是经济高度联合的国家联盟，具有共同体的性质，在部分经济、政治、外交政策上具有统一的意志，包括全球治理和发展合作。欧盟及其主导性成员国都是 OECD－DAC 成员，欧盟与 OECD 之间相互交叉表现出的独立性与统一性，使得欧盟的发展合作成为比较典型的研究对象。① 而作为国际社会规范性力量，欧盟在全球治理中表现出对议程设置的偏好，在不具有排他性的基础上使得议程设置制度化，进而对全球治理发挥一定的规范与导向作用。② 综上所述，中欧是正在形成中的多极世界的重要力量，肩负着全球治理、促进共同繁荣与可持续发展的责任，中欧有必要在全球治理的发展合作领域展开切实可行的合作。③

无论是在全球治理还是发展合作中，非洲都是中欧共同关注的重点。首先，非洲作为人类命运共同体的重要组成部分，存在着经济发展水平较低、贫困问题严重、传染性疾病肆虐等一系列问题，对世界和平、安全与稳定构成极大的挑战，解决非洲发展问题是解决全球性问题的关键，这符合世界人民的共同利益，更是国际社会的共同责任。其次，中欧都与非洲保持着密切的关系。欧盟借助历史的惯性，通过对非发展合作延续并扩大在政治、经济和发展等领域的影响力，欧非关系具有典型的南北关系特征。而中国始终坚持与非洲国家的友好合作，独具特色的对非援助模式树立了南南合作的典范。④ 最后，非洲是中欧关系发展的重要因素。中非关系与欧非关系彼此互为参考，围绕相关议题展开的辩论不可避免地对中欧全面战略伙伴关系的建设产生影响。⑤ 因此，中欧在非洲的发展合作是以"南—北

---

① 张永蓬：《国际发展合作与非洲——中国与西方援助非洲比较研究》，社会科学文献出版社，2012，第 13 页。

② 〔美〕西蒙·赖克、〔美〕理查德·内德·勒博：《告别霸权——全球体系中的权力与影响力》，陈楷译，上海人民出版社，2017，第 64～65 页。

③ 江时学：《全球治理中的中国与欧盟：观念、行动与合作领域》，中国社会科学出版社，2016，第 2 页。

④ 谢铿：《中欧对非援助——在分歧中寻求合作》，复旦大学硕士学位论文，2012，第 4 页。

⑤ 〔英〕本杰明·巴顿：《中国、欧盟在非洲——欧中关系中的非洲因素》，李靖堃译，社会科学文献出版社，2011，第 23 页。

"一南"模式为特征的三方发展合作,① 对非洲的发展、中欧关系建设和全球治理具有重要的意义。

二 文献综述

关于中国和欧盟在非洲的发展合作研究,是在双方对非发展合作的比较基础上形成的新兴研究方向。目前关于中国的对非发展合作主要关注经验总结与效果评估。陈默结合中国自身发展历史和对非发展援助,认为"安哥拉模式"是中国援非的主要特征,并指出这种模式将与传统国际援助体系相互融合。② 张海冰从国际发展援助模式的研究视角,剖析了中国对非援助本质,并将富有中国特色的对非援助模式界定为"发展引导型援助"。③ 李小云等认为中国对非援助是一种"发展经验的平行转移",中国作为发展的先行者将其经验平行分享给非洲国家,推动了其启发式学习过程,并在双方平行互动中进一步生产出适合当地的发展新知识。④ 此外,随着国际发展援助表现出关注援助有效性的新趋势⑤和对中国援非模式的质疑,⑥ 关于中国对非援助效果的研究逐渐成为热门。唐晓阳认为中国对非援助的演变历史与中国自身市场化改革过程密切相关,援助项目应当成为协助受援国向现代化转变的助推器和润滑剂,所以对中

---

① 李小云、王伊欢、唐丽霞:《国际发展援助——中国的对外援助》,世界知识出版社,2015,第173~176页。

② 陈默:《中国援助的非洲模式及其对非发展影响的研究》,上海外国语大学博士学位论文,2014。

③ 张海冰:《发展引导型援助:中国对非洲的援助模式研究》,上海人民出版社,2013。

④ 参见李小云、徐秀丽等有关"发展经验的平行转移:中国对非援助的理论构建"的学术观点。

⑤ 李小云、王妍蕾等:《国际发展援助——援助有效性和全球发展框架》,世界知识出版社,2015,第56页。

⑥ Lum, T., Fischer, H., Gomez-Granger, J., Leland A., "China's Foreign Aid Activities in Africa, Latin America, and Southeast Asia," *Congressional Research Service Report R40361*, February 25, 2009; Manning R. Will, "'Emerging' Donors Challenge the Face of International Cooperation?" *Development Policy Review*, 2006, 24 (4): 371-383.

国援非的评价应该从受援国长期整体的发展角度出发。① 张汉林等通过实证研究表明，中国对非援助与投资在规模上具有互补性，同时可以极大地促进中国对非出口，对非输入中国设备和机电产品可以带动当地经济发展。② 陈玮冰等研究发现，中国对非洲的基础设施援助很大程度上满足了受援国的需求。③ 总之，有关中国对非发展合作的研究，注重经验总结与理论抽象，并强调援助效果的评价以回应西方的质疑，但对援助模式的创新与探索研究相对不足，需要进一步加强。

相比之下，欧盟的对非发展合作则更加开放。刘继业对欧盟的全球援助体系进行了系统的梳理，发现欧盟已经成为世界发展和对外援助领域的领导者。④ 张海冰对欧盟 21 世纪以来对外援助调整的研究发现，欧盟重点突出一致性（Coherence）、互补性（Complementarity）和协调性（Coordination）的"3C 原则"。⑤ 张鹏则将欧盟的对外援助模式定义为"欧洲模式"。⑥ 在此基础上，王新影对中国与欧盟的对非援助政策做了进一步的比较研究，认为中国应当借鉴欧盟成功的经验。⑦ 金玲则从经验共享的角度对中欧不同对非援助模式之间的合作进行了探讨，认为双方应当转换视角，从非洲发展的需要出发，积极建构中欧对非发展合作，营造优势互补，实现互利共赢。⑧ 谢铿也认为在对非援助问题上，"南南合作"框架下的"中国模式"与"南北合作"框架下的"欧洲模式"虽然存在分歧，但也存在广泛的利益交汇点，完全可以寻找一种共同的方式和理

---

① 唐晓阳：《中国对非洲农业援助形式的演变及其效果》，《世界经济与政治》2013 年第 5 期。
② 张汉林、袁佳等：《中国对非洲 ODA 与 FDI 关联度研究》，《世界经济研究》2010 年第 11 期。
③ 陈玮冰、武晋：《对非基础设施援助与直接投资的传导机制研究——基于非洲 39 国的面板数据》，《上海对外经贸大学学报》2019 年第 7 期。
④ 刘继业：《欧盟的全球援助体系概况》，《国际资料信息》2010 年第 9 期。
⑤ 张海冰：《欧盟对外援助政策调整的背景与趋势》，《德国研究》2011 年第 2 期。
⑥ 张鹏：《对外援助的"欧洲模式"——以欧盟援助西巴尔干为例（1991－2012）》，经济科学出版社，2015。
⑦ 王新影：《欧盟与中国对非援助政策比较研究》，《亚非纵横》2011 年第 1 期。
⑧ 金玲：《对非援助：中国与欧盟能否经验共享》，《国际问题研究》2010 年第 1 期。

念，营造三方互补优势，实现三方合作共赢。① 可见，欧盟的对非援助是其全球战略的重要组成部分，其灵活务实的特征为中欧非三方发展合作奠定了基础。

关于中国和欧盟在非洲的发展合作最早可以追溯到 2008 年欧盟委员会发布的《欧盟、非洲和中国：三方对话与合作》② 政策咨询文件，一个倡议性的三方合作框架由此提出。此后，关于中国参与中欧非三方发展合作成为欧洲学者研究的重点议题。伯杰（Bernt Berger）指出，中国在非洲的成功迫使欧洲开始反思其对非关系，欧非关系开始从传统的援助者—受援者关系向新兴伙伴关系转变，即更重视发展合作，共同应对全球和地区性挑战。③ 卡尔伯内（Maurizio Carbone）认为，欧盟是全球发展议题的重要引领者，塑造非洲发展议程、影响国际对非发展合作的规范和原则、推动国际对非合作的协调，对欧盟来说有重要意义。欧盟推动中欧非三方发展合作主要是希望在非洲发展议题上影响和规制中非关系，进而成为有影响力的国际行为体。④ 安娜·卡特斯特尔（Anna Katharina Stahl）认为，中欧在非洲的三方合作是在国际体系传统主导国与新兴崛起国的互动博弈背景下展开的，欧盟内部的欧盟委员会、欧盟理事会和欧洲议会对与中国在非洲发展合作的态度差异较大，而且中国态度正在经历由保守向开放的转变。⑤ 并指出南非是中欧非三方合作的最佳非洲合作伙伴，需要更多的项目实践来推动解决非洲国家参与不足的问题。⑥ 总

① 谢铿：《中欧对非援助——在分歧中求合作》，复旦大学硕士学位论文，2012。

② EU Commission, "The EU, Africa and China: Towards Trilateral Dialogue and Cooperation," Communication from the Commission to the European Parliament. The Council, the European Economic and Social Committee and the Committee of the Regions. Brussels, 2008.

③ Bernt Berger, Uwe Wissenbach, "EU – China – Africa Trilateral Development Cooperation: Common Challenges and New Directions," German Development Institute, Discussion Paper, 2008, 21 (4).

④ Maurizio Carbone, "The European Union and China's Rise in Africa: Competing Visions, External Coherence and Trilateral Cooperation," *Journal of Contemporary African Studies*, 2011 (2).

⑤ Anna Katharina Stahl, *EU – China – Africa Trilateral Relations in a Multipolar World*, Palgrave Macmillan, 2018.

⑥ Anna Katharina Stahl, "Trilateral Development Cooperation Between the European Union, China and Africa: What Prospects for South Africa?" *Centre for Chinese Studies*, 2012 (8).

之，关于中欧在非洲的发展合作或中欧非三方合作的研究，是欧洲学者研究的热门课题，但其欧洲中心主义的色彩浓重。中非曾经由于一定程度的战略考量和技术性问题对中欧非三方合作态度较为保守，甚至是质疑与反对[①]，随着中国近年来更加积极地参与全球治理有关事务，中国对有关涉非三方发展合作的事务态度日益积极。张春分析了中国从"被动应对"到"主动塑造"的态度转变过程；[②] 唐丽霞认为中欧非三方发展合作丰富了中国对非援助形式，为中国长期以来的对非援助实践增添了新的活力。[③] 在此背景下，中国参与三方发展合作的方向日益明确，但在认知、目标和方式等方面仍存在一定的困惑。因此，本文拟在全球治理的问题导向视角下，探讨中国和欧盟在非洲发展合作的必要性和可行性，并结合实践提出适当的建议。

三　中国和欧盟对非发展合作的模式比较

中国的对非发展合作是典型的南南合作，是发展中国家之间的互帮互助。而欧盟的对非发展合作是发达国家与发展中国家之间的南北合作。中欧不同的对非发展合作模式源于中非关系和欧非关系的历史发展与演化，两种模式之间虽然差异性大于相似性，但仍存在相互影响的趋势。

（一）　中欧对非发展合作模式比较

非洲作为第三世界的发展中国家的聚集地和欧洲的前殖民地，长期受到中欧不同程度的关注。中欧对非的发展合作奠定了中非关系和欧非关系的基调，随着国际格局的演变以及中欧不同时期的战略调整，逐渐形成了

---

① 详细参见 Anna Katharina Stahl, *EU – China – Africa Trilateral Relations in a Multipolar World*, Palgrave Macmillan, 2018, pp. 142 – 151。

② 张春:《涉非三方合作：中国何以作为?》,《西亚非洲》2017 年第 3 期。

③ 唐丽霞:《三方合作，中国大有可为》,光明网理论频道网站,http://share.gmw.cn/theory/2019 – 03/28/content_ 32693349. htm? from = timeline&isappinstalled = 0,最后访问日期：2019 年 6 月 28 日。

不同的对非发展合作模式。① 需要指出的是，对非发展合作帮助非洲提高自主发展能力、解决贫困问题是双方共同的目标导向，也是双方实现自身战略与目标的前提。尤其是在全球化的各国相互依存的背景下，非洲的和平、发展、稳定和繁荣关乎中欧共同的利益。中欧不同的对非发展合作模式彼此互为参考，在彼此有效性和合法性竞争的同时，存在为实现非洲发展的相互理解与合作。

表 1　中国—欧盟对非发展合作比较

	中　国	欧　盟
历史	1. 准备阶段：1949～1956 年 2. 快速发展阶段：1956～1983 年 3. 调整过渡阶段：1983～2000 年 4. 机制化阶段：2000 年～	1. 后殖民时期：1957～1975 年 2. 平等援助时期：1975～1990 年 3. 附加经济条件时期：1990～2000 年 4. 附加政治条件时期：2000 年～
定义	1. 包括无偿援助、无息贷款和优惠贷款的"大援助"概念 2. 包括为援助合资企业和合作项目提供的贷款 3. 优惠贷款援助只计算其对中国进出口银行的利息补贴	1. ODA 指以提高发展中国家经济发展水平和福利水平为目的的赠款或赠予成分不低于25%的优惠贷款 2. 不包括以促进出口为目的的出口信贷、以促进私人企业在受援国投资的政府补贴和军事援助
目标	互利共赢、共同发展；提高受援国自主发展能力	维护安全、政治、经济和文化利益等战略目标；促进受援国经济发展解决非洲贫困问题
机构	国家国际发展合作署	欧盟委员会和对外行动署
模式	不附加条件、以民生为导向、发展引导型的"安哥拉模式"	附加条件、以民主为导向、支配型的"捐助—受援"模式
形式内容	以建设经济基础设施、提供物资与资金的"硬"援助向全方位领域转型；侧重社会、经济、生产和减债四大领域；八种方式：成套项目、一般物资、技术合作、人力资源开发合作、医疗队、紧急人道主义援助、志愿者、债务减免	以技术、人员培训、制度建设、文化和意识形态、价值观等为主要内容的"软"援助；资金援助、技术援助、粮食援助和债务减免等援助形式通过特定的项目援助、方案援助和预算支持等实施完成

注：笔者根据相关资料整理。

---

① 欧盟的对外援助有两种不同的理解：一是将欧盟委员会的对外援助与成员国的援助额相加，得出的数据占到全世界外援总额的 55%；二是只计算欧盟委员会的援助。在共同体援助在 OECD 中具有代表性的基础上为便于分析研究本文只关注欧盟委员会层面上的对外援助。详细参见周弘《外援书札》，中国社会科学出版社，2015，第 125 页。

（二） 中欧对非发展合作模式之间的相互影响

中国和欧盟的对非发展合作模式在新兴—传统的不同范式下依然表现出一些共同特征。首先，聚焦全球问题，促进非洲繁荣与发展是双方共同诉求。不论是中国提高自主发展能力目标，还是欧盟对减贫问题的关注，共同目标都是促进非洲发展现代化。其次，共同的发展合作形式。赠款、人道主义援助、不同优惠程度资金和物资转移带动的是资本、技术、经验和人员不同发展元素在国家之间的流动。最后，双方都重视对社会建设领域的"软"援助。中国注重人力资源开发和奖学金等不同形式的社会能力建设，欧盟则强调制度建设、文化和意识形态、价值观等内容。

中欧互为参考的两种不同模式在发展演变中相互影响。从中国角度讲，对非发展合作模式受到西方援助非洲的失败教训和中国自身20世纪80年代接受外援成功经验的双重影响。欧盟对非洲发展援助的40年经验教训影响和规范着中国对非发展合作模式。中非之间由援助带动经济贸易与投资交往模式在很大程度上建立在与西方自由主义模式非常相似的商业与资本主义逻辑基础之上，这与中国20世纪80年代自身作为西方援助和援助相关的商业活动接受国的经历密切相关。① 从欧盟角度讲，中国对非发展合作模式影响着欧盟对非发展合作模式的演变。中非合作论坛成立后，欧盟对中国与非洲关系十分关注。2007年12月里斯本召开第二届"欧盟—非洲峰会"，确立了一种新型战略合作伙伴关系，将双方到当时为止被忽略的后殖民主义时期援助国—受援国关系转变为一种新型的、面向未来的外交和发展伙伴关系。对传统援非模式的反思和中国特色援非模式的影响，使欧盟逐渐将其援助目标具体化为减贫，通过技术化和结果取向的指标展示其援助政策有效性，同时改革政策手段，并对附加条件标准进行弱政治化处理，隐蔽地在非洲推行其模式。"隐蔽化"表现为：寻求条件性和受援国需求之间的平衡、运用政

---

① 〔美〕黛博拉·布罗蒂加姆：《龙的礼物——中国在非洲的真实故事》，沈晓雷等译，社会科学文献出版社，2012，第49页。

治对话和财政激励手段取代制裁手段推动非洲国家进行治理改革、强调外部促进与内部驱动相结合的重要性，重视受援国政府在推动改革中的核心作用。① 总之，中国和欧盟的对非发展合作模式之间相互影响，互为参考。

四　全球治理视角下中欧在非洲的发展合作起源与现状

中国和欧盟在非洲的发展合作是典型的三方发展合作模式，具体指传统发展合作伙伴、新兴援助国和受援国之间的发展合作。三方发展合作融合了不同发展伙伴的优势，是在传统南北合作和南南合作基础上衍生出的"南—北—南"模式。虽然中欧在非洲的发展合作起源于欧盟对中非关系的制约与平衡，但逐渐形成的三方发展合作对全球治理有重要的价值。

（一）　中欧在非洲的发展合作起源

中欧非三方发展合作起源于欧盟对中非关系的战略平衡。21 世纪初，中非关系快速发展促使西方国家重新与非洲大陆接触。欧盟国家在人权、腐败、自然资源等多个领域对中国进行批评，同时积极寻求微妙的平衡方式以改善现状。一方面，欧盟本身是个新型多边合作体，是多边协调与合作的产物，强调利用多边机制处理国际事务，对异质的国际行为体抱有更多包容心态；另一方面，负面消极的批评指责不仅无法改变中非关系的发展现实，还会造成中欧关系不断恶化。所以，欧盟积极呼吁中国在非洲开展三方发展合作。2006 年非洲问题首次出现在中欧峰会的联合声明中，2008 年欧盟委员会出台了《中欧非三方合作沟通文件》，提出双方要在非洲事务的多个领域内合作。② 欧盟试图通过三方发展合作方式保持在非洲的影响力，借助中国角色推动欧非关系转型，并规范和约束中国对非发展合作。③

---

① 金玲：《欧盟对外政策转型——务实应对挑战》，世界知识出版社，2015，第 167～169 页。
② 金玲：《对非援助：中国与欧盟能否经验共享》，《国际问题研究》2010 年第 1 期。
③ 周玉渊：《非洲世纪的到来？——非洲自主权与中非合作研究》，社会科学文献出版社，2016，第 205 页。

虽然欧盟提出中欧在非洲合作的原因更多是消极意义上对中国的战略平衡，是欧洲的战略焦虑促成的向中国施压方式之一。但是从全球治理角度来讲，中欧在非洲的发展合作具有积极的意义。非洲国家普遍存在的发展问题在一定程度上是全球性问题的根源，比如落后的医疗卫生水平，导致非洲国家对流行性传染病的应对能力不足，这些传染病则有可能通过人员与物资的跨国流动实现全球性的扩散与传播，进而成为全球治理的重要问题。中欧通过合作促进非洲国家的现代化发展，可以部分地从源头抑制全球问题的滋生与扩散。因此，中国在一段时间内经历了"是否"展开中欧涉非三方合作的怀疑后逐渐转向"如何"推进中欧在非洲的三方合作，实现了从"被动"到"主动"的转身。①

（二）中欧在非洲的发展合作历史演变

首先，中欧在非洲的发展合作随着中欧峰会在不断地深化和演变。自1998 年中欧领导人首次会晤以来，双方在此后的历年联合声明中都重申致力于联合国"千年发展目标"，以应对全球性的威胁与挑战，促进世界和平、安全与可持续发展。2006 年第九次中欧领导人峰会上非洲问题首次出现在联合声明中。2008 年欧盟出台了《欧盟、非洲和中国：走向三边对话合作》(*The EU, Africa and China: Towards Trilateral Dialogue and Cooperation*)，指出双方在非洲应本着务实合作、共同措施和有效援助的原则，在欧非、中非和联合国框架下就和平安全、基础设施建设、环境与自然资源的可持续、农业食品安全方面展开务实合作，以有效多边主义的方式共同承担全球治理与发展的责任。② 此后，关于非洲事务的对话与磋商以及中欧非三方合作的探索多次出现在中欧峰会上，有关议题和合作方式的讨论日益成熟。具体内容如表 2 所示。

---

① 张春：《涉非三方合作：中国何以作为?》，《西亚非洲》2017 年第 3 期。

② Commission of the European Communities, "The EU, Africa and China: Towards Trilateral Dia-Logue and Cooperation," Brussels, 2008.

表 2　2006 年以来中欧联合声明有关非洲事务的相关内容

	时间	内容
第九次	2006 年 9 月	强调各自与非洲关系的重要性，承诺一起为非洲的和平、稳定和可持续发展做出努力；双方同意建立非洲问题对话机制，并探索与非洲伙伴开展务实合作渠道；双方将继续促进《巴黎宣言》包含的有效性原则
第十次	2007 年 11 月	欢迎中欧通过各自现有机制如中非合作论坛、欧非峰会与非洲开展务实合作；同意继续进行中欧非问题对话，积极探索在适当领域展开中欧非三方合作的有效方式和途径，欧盟邀请中国作为观察员出席欧非会议
第十二次	2009 年 11 月	欢迎中欧非三边对话，支持非洲可持续发展和经济早日复苏
第十三次	2010 年 10 月	双方同意在亚丁湾就打击海盗开展合作，在发展问题上加强合作
第十六次	2013 年 11 月	加强中欧就重大国际发展问题和各自发展政策的对话与合作，包括推动制定和落实 2015 年后发展议程；加强在非洲等地区事务的磋商
第十七次	2015 年 6 月	加强防务安全领域合作支持非洲和平；致力于在气候变化、卫生和基础设施等领域的最佳实践交流；与非洲当地伙伴对接，探讨可操作性合作
第十八次	2016 年 7 月	李克强表示：愿与欧方共同努力探讨在非洲等地区进行三方合作图斯克和容克表示：欧中建立良好稳定的合作关系，共同应对全球挑战
第二十次	2018 年 7 月	在国际发展合作领域的相互理解和经验分享，推动落实 2030 年议程；探索在非洲国家就推广获取可持续能源、提高能效和推动温室气体低排放开展三方合作的可能性，协助其提高应对气候变化能力

注：笔者根据相关资料整理。

其次，中欧对非洲事务对话机制的发展。到目前为止，中国外交部非洲司和欧盟对外行动署非洲事务总司之间的非洲事务磋商会议已经成功举行 10 轮。2005 年 12 月首轮会议指出，促进非洲发展，实现联合国千年发展目标，不仅是非洲本身的问题，也是多边世界中重要国家的义务。中欧双方在强调对非发展合作重要性基础上，相互理解对方的非洲政策及重点关注领域，涉及对非的整体政策和具体国别政策。此后每轮非洲事务磋商会议就双方共同关注的非洲热点问题和如何展开对非三方发展合作进行不同程度的沟通与协调。2014 年 10 月第九轮非洲事务磋商会议上，双方进一步就对非合作和三方发展合作关系进行了深入探讨，最终就非洲当时埃博拉疫情和部分非洲国家内部危机，在联合国框架下开展合作应对取得成果。2018 年 2 月第十轮会议进一步就非洲形势、非洲之角和中部非洲的热点问题进行了深入的意见交换和合作方式的探讨。① 可见，在非洲的热点问题、各自对非政策方面，中欧双方一直保持对话沟通，在相互理解的基础上，积极探索对非发展合作路径。

最后，中欧积极参与有关对非三方合作的国际多边活动，表现出各自就相关议题合作的意愿。2009 年 2 月在突尼斯举行的 G8 + 5（G8 国家与中国、巴西、印度、墨西哥和南非）海利根达姆进程发展工作组会议上，各方认为在援助主体和援助模式日益多样化的背景下，援助国加强相互间的合作特别是开展三方合作，有助于集中各自优势，加强互补，从而提高援助有效性。G8 希望"南北合作"与"南南合作"相互融合，积极促进传统援助国和新兴援助国之间互相学习和借鉴成功经验，共同提高援助水平。各方认同南南合作及南北合作各自优势和存在的差异，一致认为开展三方合作应以受援方的需求为前提，充分尊重受援国的意愿。各方支持非盟峰会通过的《非洲基础设施发展计划》（PIDA）、《非洲综合性农业发展计划》（CAADP）的实施。② 2013 年，商务部副部长李金早在日内瓦会见 OECD - DAC 主席索海姆（Soheim）时表示，中方响应 OECD 在非洲开展发展援助合作的倡议，建议先选择一个有意愿开展三方合作的国家作为试点，以后可逐步扩大。中方愿继续与 OECD 保持沟通，在"促贸援助"和国际发展援助等领域加强合作。③

---

① 根据外交部司局新闻动态及新华网、人民网相关资料整理。

② 《关于发展的对话——G8 + 5 海利根达姆进程发展工作组对话情况》，商务部对外援助司网站，http：//yws. mofcom. gov. cn/article/u/200907/20090706405679. shtml，最后访问日期：2018 年 8 月 13 日。

③ 《中国将本着尽力而为的原则逐步加大"促贸援助"力度》，商务部对外援助司网站，http：//yws. mofcom. gov. cn/article/u/201309/20130900285748. shtml，最后访问日期：2018 年 8 月 13 日。

2018 年国家国际发展合作署邓波清副署长在中欧发展合作论坛上表示，中方对在国际发展领域开展同发达国家和国际组织的三方合作持开放态度，习近平主席宣布设立的南南合作援助基金，是中国开展国际发展领域三方合作的重要政策工具，是向世界贡献的重要公共产品。中国愿同欧方一道，在"受援国提出、受援国同意、受援国主导"的原则下加强交流与合作，为推进国际发展合作事业，早日实现 2030 年可持续发展目标，为构建人类命运共同体共同努力。① 可见，中国有意在尊重受援国意愿的前提下，与其他双多边援助方开展优势互补的三方合作试点，借鉴国际经验，提升援助效果，丰富援助方式。②

（三） 中欧在非洲发展合作的实践与特点

虽然中欧就非洲发展合作事务进行了多年的对话与磋商，但实践中落实的项目案例相对不足。其中原因，一方面是中欧不同的对非发展合作模式导致双方谈判复杂，成本较大。另一方面，由于欧盟最初试图通过"欧盟—中国—非盟"机制规制中非关系的色彩明显，以及非盟领导相对不足等原因，中欧在非洲发展合作的机制化进程迟迟难以推动。在多年的探索与试验后，中国逐渐与欧盟成员国、非洲国家之间形成了以"过程为导向"的合作路径，表现出功能性和复合性的三方合作特征。功能性三方合作指，从具体领域内的合作出发，向更加综合的合作议程扩展，而不是最初欧盟倡导的先构建制度和规范框架后展开合作，比如中英非三方农业发展合作。复合性三方合作是指，中国、欧洲国家、非洲国家组成的多元三方合作网络，旨在充分利用不同国家各自比较优势并保持相互尊重的灵活性合作，而不是欧盟倡议的"欧盟—中国—非盟"单一的合作框架。③ 这种新的合作

① 《邓波清副署长出席中欧发展合作论坛》，国家国际发展合作署网站，http：//www. cidca. gov. cn/2018 - 11/20/c_ 129998536. htm，最后访问日期：2018 年 11 月 20 日。

② 《中国对外援助 （2014）》白皮书，商务部对外援助司网站，http：//yws. mofcom. gov. cn/article/m/policies/201412/20141200822172. shtml，最后访问日期：2018 年 8 月 10 日。

③ 详细参见周玉渊《非洲世纪的到来？——非洲自主权与中非合作研究》，社会科学文献出版社，2016。

模式打破了最初欧盟主导的对非南北合作与中国引领南南合作之间并行的局面，汇流、协调和再构建的趋势逐步出现。

参考功能性和复合性的三方合作特征，以及欧盟在其成员国发展合作中政策方面的主导作用，中国与欧盟成员国在非洲发展合作的实践可以纳入中欧非三方发展合作的分析框架。这样既突出欧盟在发展合作方面的领导作用，又兼顾全球发展治理和欧盟内部共同的价值规范。同时有助于进一步分析中欧在非洲发展合作的现状与特点，如表3所示。

表3　中国—欧盟及成员国在非洲的三方发展合作实践

时间	参与国	内　容
2005～2010 年	中、英、法	加纳布维水电站项目：法国咨询公司提供可行性研究工作，英国咨询公司 ERM 提供环境评估工作，中水电承担项目执行工作
2007 年	中、欧盟	主张政治解决达尔富尔问题，为此部署维和部队并提供人道主义援助；向非盟的和平安全机构提供资金支持打击非法武器的扩散[1]
2008～2017 年	中、英	2008 年启动中英非三方农业合作项目；英国提供 1000 万英镑，中国派遣专家支持乌干达木薯发展和马拉维水产养殖等首批试点项目
2009 年	中、欧盟	在亚丁湾联合护航等安全合作
2009～2015 年	中、法	在安哥拉和尼日利亚共同开发大陆架石油勘探项目。在莫桑比克合资新建电站。中法等相关公司签署三方合作，进军非洲清洁能源领域
2013 年	中、法、德欧盟	非洲国家领导的马里国际支持行动（AFISMA）由中国与欧盟、法国、德国等提供资金，乍得、尼日利亚等非洲国家提供 8000 多兵力
2014 年	中、法	中法新生疾病合作研究框架中的武汉 P4 实验室项目对埃博拉病毒等烈性传染病的测试剂合作研究
2015 年	中、英	签署《关于促进非洲投资和出口合作备忘录》并确定埃塞俄比亚、肯尼亚、莫桑比克和赞比亚四国为首批三方合作试点国家
2016 年	中、法	"中法非第三方市场合作——聚焦非洲"的政策与学术研讨会分别在巴黎和北京召开，中法有关企业协会和贸易促进会等参加
2015～2016 年	中、法	通过发展合作为非洲清洁能源和早期灾害预警机制提供支持，成立第三方市场合作指导委员会，签署第三方市场合作基金协议框架

① 张春：《中国与欧盟在达尔富尔问题上的合作探析》，《西亚非洲》2008 年第 9 期。

续表

时 间	参与国	内　容
2015～2016 年	中、英	共同支持非洲疾控中心建设，努力加强后埃博拉时期卫生体系建设。支持世界卫生组织非洲办公室和其他国际伙伴建设非洲疾控中心

资料来源：笔者根据外交部、商务部、新华网等相关材料整理。

中欧在非洲发展合作的特征主要表现在以下几个方面：第一，坚持在联合国框架下合作治理全球性问题。历年中欧领导人联合声明都重申和确认在联合国框架中促进世界和平、安全、稳定、繁荣和可持续发展，并试图在这一前提下探讨双方共同的合作方式与途径。双方表现出在联合国框架下参与全球治理的共同认知与姿态，对非洲发展合作的三个条件：共同或互补利益、全球性问题挑战和合作观念认同得以实现。[①] 第二，非洲国家参与不足。解决非洲问题，满足非洲发展需求和推动非洲进步是实现三方共赢的中欧非发展合作的前提。非洲国家应该始终发挥对三方发展合作的主导作用，才能保证对非发展合作的有效性。第三，自上而下的行政主导色彩明显。中欧非三方发展合作推动过程中，政府的主导作用明显，国内次级行为体参与的主动性相对不足。在政策设计与规划过程中，对次级行为体的利益诉求等难以充分评估与把握，不同国家对国内其他行为体的实际引导或管控能力也存在差异，这些都使得三方发展合作项目难以充分发挥其催化剂作用。这在某种程度上会导致相关企业或机构处于被动完成任务的状态，缺乏动力与合作主动性。[②] 这可能是造成三方合作实践难以落地的重要原因。

五　全球治理视角下中欧在非洲发展合作的必要性

全球治理的内涵主要体现在两个层面：对全球性问题的应对以及为解

[①] 关于中欧发展援助合作形成的条件和动因详细参见谢铿《中欧对非援助——在分歧中寻求合作》，复旦大学硕士学位论文，2012。

[②] Bas Hooijmaaijers, "China's rise in Africa and Response of the EU: A Theoretical Analysis of the EU - China - Africa Trilateral Cooperation Policy Initiative," *Journal of European Integration*, 2018.

决问题而设立的制度安排，但其核心是对全球问题的回应与治理。在此背景下，中欧在非洲的发展合作对全球治理的必要性主要体现在满足各方不同的发展预期、提供国际公共产品、实现可持续发展议程目标、提高援助质量和有效性四个方面。

（一） 满足各方不同发展预期

三方发展合作的南—北—南模式融合了不同发展伙伴的优势，是传统南北合作与南南合作的延伸与连接。中欧在非洲的三方发展合作除了有欧洲试图平衡中国在非洲影响力的消极动因外，其积极动因是各方对参与三方合作的各种预期，不同预期的实现是三方共赢的基础。如表4所示。

表4 中欧非三方发展合作不同预期①

	预 期
欧 盟	1. 让中国承担部分捐款的责任以缓解欧洲内部经济压力 2. 将中国纳入国际援助体系，以展开合作，运用有效援助的原则和程序。建立解决全球问题的关系网络，维护全球治理中的主导权 3. 利用中国对非发展合作的比较优势
中 国	1. 通过与欧盟的合作扩大南南合作的影响力 2. 通过三方合作提升国际影响力和知名度，以扮演负责任的利益相关者，改变在国际发展援助体系中权力地位 3. 熟悉既有的国际援助体系，培训专业的援助工作人员，进而在将来影响国际援助的条例与规则
非洲国家	1. 获得更多的援助资金与技术等发展要素支持本国的发展 2. 从中欧的不同优势中获益 3. 拥有更多的领导力和所有权，提升本国能力建设

（二） 有助于实现全球治理中国际公共产品供给

对外发展援助是一种国际公共产品。托德·桑德勒（Todd Sandler）等

---

① 李小云、王伊欢、唐丽霞：《国际发展援助——中国的对外援助》，世界知识出版社，2015，第173~176页。

将对外援助归类为公共产品的连带产品，即可以同时产出两种或两种以上公共性程度不同的产品。① 马克·费罗尼（Macro Ferroni）等指出，对外援助的作用之一是促进市场或受援国政府无力提供的公共产品供给，可以起到为区域性公共产品融资充当催化剂、来源和渠道的作用。② 进入 21 世纪后，OECD - DAC、联合国开发计划署（UN - UNDP）和世界银行等多边援助机构在对援助有效性关注的过程中，对外援助的国际公共产品属性得到了广泛的认同。③ 从全球发展治理角度看，发展援助以促进发展为目的，在国家边界内部解决由发展问题导致的潜在溢出性全球问题。基于此，诸多国家和国际组织将发展合作视为国家安全的战略支柱之一以及参与全球治理手段。因此，对非发展合作是提供国际公共产品的重要方式。

但在双边发展合作中，国家理性地追求最大化利益的个体行为，尤其是援助国追逐其自身政治经济文化利益的目的不可避免地带来了奥尔森集体行动的难题。④ 三方发展合作是相对折中的选择，通过将私有产品与公共产品捆绑的方式实现公共产品在有效水平上的供给。有效设置产权界限得以保证中欧非三方不同动机与期望的实现，同时推动非洲可持续发展表现出收益外部性，保证了公共产品的有效供给。⑤ 在既有双边机制的基础上，辅之以三方合作以保持协调性合作，保证中欧充分促进非洲发展，并从全球发展治理的实现中受益。可见，中欧在非洲的发展合作有助于全球治理中的国际公共产品供给。

（三） 有助于可持续发展议程的实现

可持续发展作为当前全人类的奋斗目标，中欧联合声明也多次重申关

① Ravi Kanbur, Todd Sandler, *The Future of Development Assistance：Common Pools and International Public Goods*, Washington, D. C.：Overseas Development Council, 1999.
② Marco Ferroni, Ashoka Mody, *International Public Goods：Incentive, Measurement, and Financing*, Boston：Kluwer Academic Publisher, 2002.
③ 王微：《国际援助协调的多中心治理研究》，《中山大学学报》2017 年第 6 期。
④ 张宇燕、任琳：《全球治理：一个理论分析框架》，《国际政治科学》2014 年第 3 期。
⑤ 参见庞珣《国际公共产品中集体行动困境的克服》，《世界经济与政治》2012 年第 7 期。

于促进全球可持续发展的目标。短期地看，实现联合国 2030 年可持续发展议程（以下简称 2030 年议程）需要中欧非三方发展合作。2015 年第 70 届联合国大会制定了新的可持续发展目标，通过了《变革我们的世界：2030 可持续发展议程》文件。议程旨在 2016 ～ 2030 年期间实现涉及人类、地球、繁荣、和平和伙伴关系的 17 个可持续发展目标和 169 个具体目标。① 这一目标是国际社会共同的责任，而国际发展合作是主要渠道之一。虽然过去多年的发展援助没有从真正意义上解决发展中国家的发展问题，但是并不能否定国际发展援助目标的意义与价值。只有在吸取经验教训的基础上调整援助方式才能实现 2030 年议程。

长期地看，非洲国家更加着眼于《2063 年议程》的目标。这是以非洲统一组织在 2063 年成立 100 年之际的各种发展规划或议程为基础，为未来 50 年社会—经济发展的战略做出的重要的共识性框架，旨在推动实现非洲国家、地区和大陆层次的包容性增长和可持续发展。这一议程于 2015 年通过，是为所有非洲人的战略福祉而谋划非洲资源使用的全球战略。考虑到这一愿景的长期性，非盟将其目标转化为 5 个具体的政策行动（10 年为一个），目前正处于第一个十年规划期间。② 非洲国家宏大的 2063 年议程目标需要中国和欧盟的帮助，更加需要三方共同的发展合作。

从全球治理的角度来讲，2030 年议程目标的实现对全球治理有重要意义；从非洲发展的角度来讲，2063 年议程更加符合非洲的现实需要。因此，结合国际发展援助体系的变革调整和中欧非三方不同的战略目标，将 2030 年议程和 2063 年议程对比分析，识别交叉重叠的领域就是中欧在非洲发展合作需要实现的优先目标。这样有选择性和有所侧重的发展合作，使得中欧在非洲的发展合作既可以帮助非洲国家实现 2063 年议程的目标，又可以推动全人类向 2030 年可持续发展议程的目标迈进。

---

① 联合国文件《变革我们的世界：2030 年可持续发展议程》15 - 16301（C），2015 年 10 月 21 日。

② The African Union Commission, "Agenda 2063, The Africa We Want: First Ten - Year Implementation Plan 2014 - 2023," Addis Ababa: The African Union, September 2015, pp. 15 - 16.

（四） 有助于提高援助质量与有效性

21 世纪以来，援助有效性成为国际发展援助重要的衡量指标。研究表明，援助目标和实践出现偏差的一个重要原因是诸多援助国之间各有侧重地援助以实现各自特定的目标，相互之间缺乏协调甚至形成竞争态势，援助无法形成合力造成资源重复与浪费。[①] 2006 年，每个受援国平均受到 28 个机构的援助。[②] 2007 年在 54 个受援国的援助使团达到 1.5 万个。2008 年加纳阿克拉援助有效性会议的统计数据显示，双边的 ODA 项目数量从 10 年前的 1 万个猛增至 8 万个。可见在受援国的援助方数量不断上升，援助项目更是呈现爆炸式增长趋势。不同的援助主体通过不同的路径和策略塑造着受援国的发展进程，势必会造成一定的竞争态势。一方面，数量太多的援助项目和使团使得受援国忙于接待众多援助机构代表团和商讨各种项目，不同的援助方对发展援助的报告、咨询和评估都有不同要求，造成本来政策执行能力较弱的受援国疲于应付。另一方面，数量众多的机构之间缺乏沟通与协调机制，在地区和领域上分布不均，资源分散，无法形成促进发展的合力，导致援助工作重复，给受援国带来沉重的资金、人力、物力等方面的负担。[③]

为提高援助有效性，OECD - DAC 国家先后四次召开援助有效性高层论坛会议，其中 2005 年达成《巴黎宣言》，其主要目的是加强发展合作，配合援助数量增加，提高发展援助质量和有效性。"巴黎原则"指所有权、和谐、合作以及成果与共同责任要求。[④] 2011 年《釜山宣言》把关注点从"援助有效性"扩大到"发展有效性"，希望这些原则成为传统和新兴援助国共同指导原则。为落实会议成果，援助者需遵循受援国政府的计划优先权，在项目执行过程中与受援国国家体系进行协调。另外，不同援助方之

---

① 郑宇：《援助有效性与新型发展合作模式构想》，《世界经济与政治》2017 年第 8 期。
② Stephen Knack and Lodewijk Smets, "Aid Tying and Donor Fragmentation," *World Development*, 2013 (44): 63 - 76.
③ 唐丽霞、武晋等：《国际社会对非洲的农业发展援助》，《世界农业》2011 年第 7 期。
④ 李小云、王妍蕾等：《国际发展援助——援助有效性和全球发展框架》，世界知识出版社，2015 第 5 页。

间的沟通与合作也是不可或缺的。其中三方发展合作是相对成熟的可控合作模式之一，基于中欧不同优势与定位，中欧非三方合作模式作为南南合作与南北合作复合体，是探索多方协调、提高有效性的可行模式。

六 全球治理视角下中欧在非洲发展合作的可行性

中欧不同的对非发展合作能否通过三方合作的方式实现效益最大化，达到全球发展治理的效果，关键基础主要包括：将共同的发展经验融入其对非发展合作模式，不同比较优势之间的互补态势以及中欧在国际体系中所具有的结构化影响力。这些良好的合作基础使得中欧在非洲的发展合作更具可行性。

（一） 中欧共同的历史身份与经验

国际关系建构主义理论强调，认同是利益的基础，重视共有知识在构建行为体的身份和利益中的作用。[①] 尤其是行为体之间的"集体认同"，即自我与他者建立的认同关系，在认知上把他者看作自我的延伸，行为体之间存在移情联系是集体认同建立的基础。[②] 遵循建构主义"认同—身份—利益—行为"的理论逻辑，中欧在非洲的发展合作，在不同的目标、模式和内容的表象之后，都遵循自身发展历史与现代化经验外化的共同路径选择。从发展史的角度分析，发展是起源并根植于西方的，是试图借助科技进步与商品和服务的无限增长来保障一切人幸福生活的一种全球性信仰。[③] 复杂和差异化的全球政治经济演化过程沿着现代化的进化论叙事不断地线性发展，从贫穷到中产再到富裕，从欧洲到亚洲再到非洲。现代化的符号如全

---

① Alexander Wendt, *Social Theory of International Politics*，北京大学出版社，2005，第 270 ~ 378 页。

② 倪世雄：《当代西方国际关系理论》，复旦大学出版社，2012，第 227 页。

③ 〔瑞士〕贝尔吉·李斯特：《发展史：从西方的起源到全球的信仰》，陆象淦译，社会科学文献出版社，2017，第 3 页。

球化、民主化、公民社会和经济增长逐渐被非西方世界接受并认同。① 东亚国家以及中国在改革开放后的现代化发展就是成功嵌入这一全球信仰体系的过程，也是欧洲将其发展信仰向外传播的过程。显然，在全球化不断发展的过程中，非洲作为国际社会的一部分，在全球信仰的发展现代化过程中依然借鉴和遵循欧洲和中国所走过的道路。虽然实现的路径与方式存在诸多差异，但是其基本的路径都是从贫穷到富裕、从传统到现代的过程。尤其是在全球治理和可持续发展议程的目标共识下，中欧与非洲的发展合作项目始终体现着中欧自身接受发展援助的现代化历史经验。简单地说，就是中国和欧洲都是通过同样的方式发展到今天的，双方在非洲的发展合作反映了其现代化发展进程中的经验与教训。

中国与欧盟成员国都有接受援助的历史，并且实现了由受援国向援助国的转变，是国际发展援助实践的典型成功案例，曾经作为受援国的经历使其与受援国有相同的身份认同。二战结束后，欧洲国家接受美国"马歇尔计划"并成功实现了战后恢复与重建，并在20世纪60年代相继加入援助国行列，即成为DAC成员国。中华人民共和国成立后接受大量的苏联经济技术援助为社会主义建设奠定了基础，在改革开放后接受联合国多边援助和西方发达国家的援助，成功实现社会主义现代化，并在2005年前后实现了由受援国到援助国的身份转变。中欧共同的经历对目前在非洲的发展合作具有重要的影响，表现为中欧都在发展合作中融入自身发展的理念、模式、内容和经验等要素。因为发展合作不仅是硬件设备、资金、技术的转移支付过程，而且是外部管理方法、思想观念、行为方式，甚至体制和机制嵌入其发展的过程。② 由于受援国相对复杂的社会环境，对援助的需求可能是援助国时空错位性的发展经验，③ 而不一定是援助国自身最成功的发展经验，相似发展阶段的平行经验可能更适用于非洲国家现阶段的发展。因

---

① 〔美〕詹姆斯·弗格森：《现代性的前景——赞比亚铜带省城市生活的神话与意义》，杨芳等译，社会科学文献出版社，2017，第16页。

② 周弘：《外援书札》，中国社会科学出版社，2015，第17页。

③ 李小云：《大援助体制：新型大国需要新型对外援助》，《国际援助》2017年第1期。

此，中欧共有的历史身份和自我发展经验是发展合作的前提，但不是全部。

（二） 中欧对非发展合作的不同优势互补

根据发展援助有效性系列会议成果，援助方之间协调分工和优势互补是提高援助质量和有效性的重要条件。虽然中国作为国际发展的后来者受到传统援助国共同体的批评与质疑，但是从对受援国发展贡献的角度来讲，中国的发展合作不仅具有实践可行性，而且具有广泛的社会基础，得到了广大受援国的积极欢迎和部分欧洲学者的肯定与认同。

与美国相比，欧盟及其成员国对中非发展合作的态度相对温和。欧盟本身是多边协调合作的产物，作为一个新型的多边合作体，对异质的国际行为体抱有更多包容的心态，也乐见更为均衡的国际权力分配。欧盟在国际发展援助体系中更多地把中国视为合作伙伴，对中国的援助模式给予了相对温和而积极的评价。欧洲研究者在评价中国发展合作时表现出立足点的差异，普遍强调与中国等新兴援助体进行接触、协调并进行多边合作的必要性和可能性，能够开放性地接受中国在非洲等发展中国家的存在对欧盟政治经济利益的影响。[①]面对部分学者从西方话语体系角度对中国的误解与非议，有理性客观的欧洲学者在统计数据分析和实地调查采访的基础上进行了回应和辩护。[②]

中欧不同的对非发展合作模式表现出彼此互补的比较优势，是推进三方发展合作的重要资源。具体来说，中国对非发展合作模式的优势表现在：持续增长的经济基础、广泛友好的全球伙伴关系、成功的中国发展经验和丰富的援外实践经验。欧盟对非发展合作模式的优势表现在：先进完备的产业体系和技术基础、与受援国共同语言文化价值观相联系、丰富的发展援助理论、成熟的非政府组织、先进的发展智库、人才培养体系以及覆盖广泛的大众传媒。[③] 各自不同的优势，在不同层面和角度为非洲发展注入了血液。

[①] 丁韶彬：《欧美对中国对外援助的认知及其启示》，《东北亚论坛》2016年第3期。

[②] 廖兰、刘靖：《西方视野中的中国对外援助研究》，《中国农业大学学报》2012年第12期。

[③] 详细参见张永蓬《国际发展合作与非洲——中国与西方援助非洲比较研究》，社会科学文献出版社，2012，第51~88页。

中欧对非发展合作的互补性具体表现在：中国聚焦非洲基础设施"硬投资"是对欧盟聚焦社会制度建设"软投资"的平衡与补充；中国在南南合作框架下谋求双赢的平等合作关系，是对欧盟"援助—受援"不平等关系的矫正；中国用援助、投资和贸易相结合的"大援助"概念模糊了商业与援助之间的界限，扩大了传统援助定义，拓展了受援国通过援助实现发展的思路，改变了欧盟赠予援助模式下非洲作为弱者被施舍的心理定位；[①] 中国通过进出口银行执行的双边援助条件宽松、周期短而不受政治限制，是对多边援助烦琐程序的精简。[②] 中欧对非发展合作的互补性特点决定了双方在非洲发展合作的可行性。"南—北—南"的合作模式是融合中欧不同的发展优势，超越中非或欧非关系矛盾与缺陷的最佳路径选择，具有双边发展合作不可企及的优越性。

（三） 中欧结构化的国际影响力

中国和欧盟分别在经济监管和议程设定领域拥有一定的国际影响力优势，是推进中欧非三方发展合作的重要权力资源。基于托马斯·霍布斯（Thomas Hobbes）对"比希莫斯"（Behemoth）这一巨兽的解读，即"如果没有民众的意见与信仰，强者的权力便会失去根基"。[③] 与权力相比，影响力是一种指挥与协调他人行为的榜样或感召的力量，行为方式表现为一种劝说他人做想做的事情，或者劝说他人不要去做不想做的事情。国际影响力是物质性权力和社会性权力不同程度的组合。随着国际权力结构的分化与演变，在美国的后霸权时代，现代霸权职能已经逐渐扩散到各个国家之间，扩散为影响力存在的三种形式。具体表现为：（1）议程设定；（2）经济管理；（3）赞助（履行全球性的倡议）。其中欧洲在议程设定中通过倡导一系列全球改革，逐步形成了规范影响力；中国作为全球经济体系主要受益者，

---

① 国内学者有关于"大援助"的提法，具体指援助与贸易、投资相结合的方式，参见周宝根《西方对非援助的教训及借鉴意义》，《亚非纵横》2009 年第 4 期。

② Abdoulaye Wade, Senegal's President, "Time for the West to Practice What it Preaches," *Financial Times*, February 29, 2008.

③ Steven Weber, Bruce W. Jentleson, *The End of Arrogance*: *American in the Global Competition of Ideas*, Cambridge, MA: Harvard University Press, 2010.

侧重维护由美国建构的全球经济体系，表现出对国际自由贸易体系的影响力；而赞助影响力通常由美国承担，因为更多涉及物质化和军事化。[①] 可见，随着权力概念和方式的不断演化与重构，不同行为体扮演的角色不同，使得国际影响力逐渐形成结构化趋势。

中国和欧盟作为国际社会的经济性权力和社会性权力的典型代表，影响着国际规范演化并间接推动国际体系的转型与变革。[②] 在三方合作过程中，将中欧经济与社会影响力的优势融合，是促进非洲现代化发展、融入国际体系、解决根源性全球问题的重要国际资源。

七 全球治理视角下中欧在非洲的发展合作调整方向

当前，关于中欧在非洲发展合作的实践与讨论，更多从中欧对非政策角度展开。虽然其探索与试验形成相对稳定的合作方式，但从全球治理的视角分析，中欧在非洲的发展合作仍需更加聚焦全球性问题、突出非洲国家的主导作用和深化既有双多边合作机制。

（一） 聚焦全球性问题

全球治理的核心是解决全球性问题。在这个相互依赖的世界，中欧合作应对非洲内部可能溢出的全球性问题兼具利己和利他的双重意义。中欧与非洲的经济发展、政治稳定密切相关，一个动荡贫困的非洲必然会带来中欧的不安全感和不安全现实。为了避免相互依赖的世界成为危险的世界，中欧在非洲的发展合作应该密切关注和聚焦非洲的全球性发展问题。

由于经济发展落后，非洲国家多数社会基础设施严重不足，人民普遍贫穷，国家治理水平较低，这使其成为各种全球性问题滋生的温床，比如流行性传染病、极端恐怖主义、跨境环境污染和非法难民等。这些问题逐渐向外

---

① 〔美〕西蒙·赖克、〔美〕理查德·内德·勒博：《告别霸权——全球体系中的权力与影响力》，陈楷译，上海人民出版社，2017，第8~9页。

② 阎学通：《权力中心转移与国际体系转变》，《当代亚太》2012年第6期。

扩散给其他国家和地区，带来一定的负外部性，最终演变为全球性问题。基于问题意识的探索与溯源，目前全球治理正在调整方向，国家治理成为全球治理的基础与前提。全球治理的对象首先是国家内部的失序、弱治理和强治理所带来的负外部性特征，其次才是国家不负责外交政策导致的冲突和全球公域性问题。① 而在国家治理中，发展治理是基础性领域，对国家治理的各个方面具有深远的影响，理应成为关注的重点。因此，中欧非三方发展合作是非洲借助外力推动国家治理的重要途径，也是中欧参与全球发展治理的间接方式。

目前，中欧对非发展合作存在共识的领域包括：对自然灾害与流行性传染病的人道主义救援、维护和平与安全、气候变化问题和"软"社会治理领域的开发建设。2012 年中欧成立应急管理学院，旨在加强对自然灾害、突发疫情和粮食短缺等方面的援助，加强对非洲国家的人道主义救援合作。在气候变化领域，2018 年 7 月中欧签署了《中欧领导人气候变化和清洁能源联合声明》，表示将探索在非洲等其他发展中国家推广获取可持续能源、提高能效和推动温室气体低排放等三方合作的可能性，并协助其提高应对气候变化能力。在社会治理的"软"领域，欧盟强调"良治"的社会制度建设，而中国坚持不附加政治条件的人力资源开发。这种理念的分歧需要共同的发展经验来弥合，其中改革开放之后欧盟对华援助的经验在非洲再次运用是比较现实的选择。欧盟曾经通过非政府组织等渠道向中国边远贫困农村地区提供社会领域和农村综合扶贫开发的发展援助。② 这些援助方式在中国实践成功后内化为中国社会发展经验的一部分。以欧盟援华的经验再分享为核心，中欧有可能协力推动非洲社会发展与治理。

（二） 突出非洲国家的主导作用

非洲国家主导是中欧非三方发展合作的必然前提。2009 年 G8 + 5 海利根达姆进程发展工作组会议各方一致表示，三方合作应以受援方的需求为

---

① 陈志敏：《国家治理、全球治理和世界秩序构建》，《中国社会科学》2016 年第 6 期。
② 周弘、张浚等：《外援在中国》，社会科学文献出版社，2007，第 354 页。

前提，充分尊重受援国的意愿，受援方在合作中应发挥主导作用。① 理论上，非洲国家实现现代化和参与全球治理，都应在借助外部力量的基础上自主发展，努力实现可持续发展；非洲应和中欧一起平等参与全球性问题的治理，为全球治理公共产品供给提供必要的努力，成为重要的责任相关方。有针对部分非洲国家的实证分析表明，外生性援助作用相当有限。也就是说，非洲的发展从根本上要依靠本国自身发展和经济环境的改善，以实现可持续发展和减贫目标。② 但在发展实践中，由于多种原因，非洲的主导性远远不足，甚至成为被动发展的客体。

在社会交换理论视角下，对外援助本质是以权力资源交换为基础的相互利益交换行为，本质是一种互惠关系。在其问题领域权力结构模型中，受援国在援助关系中往往拥有多种权力资源。③ 将这种理论运用在中欧非三方发展合作中，非洲在获取中欧发展援助资源时，具备相当丰富的权力资源。自然性权力方面，非洲国家丰富的自然资源和潜在的市场对中欧强大的吸引力，使其在获得发展资源中具备谈判优势；地理上距离欧洲较近，使得欧洲为其战略安全利益不得不对非洲积极提供发展援助资源。制度性权力方面，非洲数量众多的发展中国家是联合国等国际组织的"票仓"，一致的政治支持对中欧获取国际影响力具有重要的战略意义。④ 派生性权力方面，⑤ 全球性问题在相互依赖的世界传播，使得中欧不得不加强对非洲这块"治理洼

---

① 《关于发展的对话——G8 + 5 海利根达姆进程发展工作组对话情况》，对外援助司网站，ht-tp：//yws. mofcom. gov. cn/article/u/200907/20090706405679. shtm，最后访问日期：2018 年 8 月 17 日。

② 朱丹、黄梅波：《中国对外援助的贸易成本削减效应研究》，《世界经济研究》2015 年第 7 期。

③ 详细参见丁韶彬《大国对外援助——社会交换论的视角》，社会科学文献出版社，2010。

④ 关于制度性权力相关论述参见 Michael Barnett, Raymond Duvall, "Power in International Politics," *International Organization*, 2005, 39（1）: 42 – 66。

⑤ 关于派生性权力相关论述参见 Michael Handel, *Weak States in the International System*, London and New York, Frank Cass and Company Limited, 1981, p. 257；David A. Lake, "Review Essay: Power and the Third World: Toward a Realist Political Economy of North – South Relations," *International Studies Quarterly*, 1987, 31（2）: 223；Jeanne A. K. Hey, eds, *Small States in World Politics: Explaining Foreign Policy Behavior*, Boulder: Lynne Rienner Publishers, 2003, p. 4。

地”的关注与投入，以实现有效全球治理。而其他大国如美国、印度、日本、巴西和俄罗斯等，与中欧在非洲的竞争，使非洲国家在众多援助者之间的相互竞争中拥有更多平衡性权力。可见，非洲国家虽然在总体权力结构中处于弱势地位，但在具体问题领域，拥有比较灵活的权力优势。历史与现实也正在表明非洲国家的权力优势，所以在三方合作中非洲处于主导地位在理论与实践中是可能的。

与此同时，中国和欧盟需要调整思路和身份。将过去中欧非发展合作的主导者调整为参与者；将过去"中欧在非洲的发展合作"调整为"中欧非三方发展合作"，以突出非洲的主导地位。这既可以消除非洲国家的疑虑，又有助于非洲国家的能力建设。首先，中欧应积极邀请非洲国家和非盟代表主导相关发展战略规划会议、拟定合作计划、指定合作项目和地点等。其次，中欧应提高非洲国家对三方合作事务的主导能力，将培训深入非洲国家各个层面和具体实践项目中。以咨询顾问的方式实行现场培训，结合实际问题探索切实可行的方案；还可以避免有关人员远赴中国或欧洲进修学习而产生能力不足的自卑心态。最后，在外交表达上，将中欧联合声明中非洲事务相关内容淡化，或转移到欧非或中非合作论坛中，尤其强调非盟地位、发展合作等话语表达，逐渐摒弃发展援助等概念。在可能的情况下成立由非盟主导、在非洲国家举办的"非中欧三方发展合作论坛"，从低级领域和项目开始，逐渐升级到官方部长级、领导人会议。总之，自下而上的实践探索才能提高非洲国家的主导意愿和能力，使其更加有效地参与全球治理。

（三） 深化既有双多边合作机制

借助既有的双多边机制是中欧在非洲进行发展合作的现实路径选择。由于全球问题的复杂性和国际权力结构的扁平化，新生的"南—北—南"合作须借助联合国、中非合作论坛、中非合作论坛来推动落实，使其更具可操作性。联合国发展系统是中欧非三方合作的主要背驮机制。① 分析历年

---

① 背驮（piggyback）：以现有事物为依托。有关背驮机制的论述详细参见庞珣《全球治理中的金砖国家外援合作》，世界知识出版社，2016，第230～270页。

中欧联合声明文本发现，联合国是双方一致认可的合作机制，双方多次重申确认联合国在全球治理和实现可持续发展目标中的重要作用，并强调在联合国框架下开展务实的交流与合作。联合国是解决国际政治、经济、社会、文化及人类福利性质国际问题的重要机制，《联合国宪章》确定的国际关系准则是至关重要的。联合国的国际合法性在实践中更容易取得非洲国家信任。目前已经成熟并可以借鉴的经验有：中欧共同为联合国发展系统提供设备、技术、资金以支持其非洲的发展活动，或派遣人员执行有关项目。

欧非合作论坛和中非合作论坛是重要的南北合作与南南合作平台，在此基础上开展三方合作更加具有可操作性。2005 年欧盟通过《欧盟对非战略：走向战略伙伴关系》，首次将非洲视为平等的政治伙伴，为未来对非政策提供了全面和长期的指导框架。中非合作论坛自 2000 年成立以来，双边关系进入全方位、机制化的新型战略伙伴关系时期。每次峰会上，中国都会宣布一揽子三年期的援助措施，并通过行动计划加以落实。如前文所述，这两种合作模式存在共同特征和相互作用，适当调整后在具体国家、领域和项目中开展三方合作更具实操性。

2014 年《关于中国非盟友好合作声明》指出，中方欢迎非洲合作伙伴多元化，呼吁国际社会加大对非投入，愿在"非洲需要、非洲同意、非洲参与"原则上与第三方开展对非合作，共同促进非洲和平与发展。《中国和非盟加强减贫合作纲要》指出，双方愿在减贫领域与各国加强交流合作，欢迎第三方在平等协商基础上共同参与中非减贫事业，推动实现消除贫困的伟大目标。① 可见，通过南南合作与南北合作相互组合，在中欧各自对非合作论坛的双边背驰机制下展开"南—北—南"三方发展合作是切实可行的方向。

综上，中欧在非洲的发展合作应坚持以联合国为主要平台，尤其是积

---

① 《关于中国非盟友好合作声明》，外交部网站，http：//www. fmprc. gov. cn/web/ziliao_ 674904/1179_ 674909/t1152908. shtml，最后访问日期：2018 年 9 月 21 日。

极参与联合国发展系统相关机构的对非发展合作；在深化中欧全面战略伙
伴关系的同时，积极在中非合作论坛和欧非合作论坛的框架中寻求推进对
非发展合作的切实可行路径。在全球治理的现实需要中，借助联合国、中
欧领导人峰会、中非合作论坛和欧非合作论坛这些双多边的背驮，落实中
欧对非发展合作事务磋商的共识与成果，通过提供公共产品的形式促进参
与全球治理。

八 结论

已有研究表明，由于欧盟自身基于条约与强调法治的决策与运作模式，
目前对全球治理的讨论本质上与欧盟相契合。[1] 关于全球治理的讨论，正如
《欧洲安全战略》所指出的，"没有一个国家能够单独解决当今世界的复杂
问题"[2]。有关《欧洲安全战略》执行情况的研究表明，在政治和经济日益
相互交织的今天，各国必须采取合作的战略路径，同时欧盟需要参与"基
于利益的谈判和多边合作"。欧盟在全球治理中更强调多边机制，即"一个
通过合作解决问题的制度安排"。[3] 在对非发展合作方面，欧盟最初提出的
中欧非三方合作也是基于"欧盟—非盟—中国"的制度化框架。[4] 相比之
下，中国在全球治理中更强调对全球问题与挑战的应对，以问题导向的灵
活务实策略为核心，即"国家和其他国际行为体通过协调努力对全球问题
的管理"[5]。在中欧非三方发展合作方面，中国也更侧重在具体发展实践项
目中合作探索与试验，比如中—法—安哥拉的共同大陆架石油开发，中

---

① 潘忠岐：《概念分歧与中欧关系》，上海人民出版社，2013，第 245～246 页。
② Council of the European Union, A Secure Europe in a Better World: The European Security Strategy, Brussels, 12 December, 2003.
③ R. Thakur and T. Weiss, *The UN and Global Governance: An Idea and its Prospects*, Bloomington: Indiana University Press, 2004.
④ 周玉渊：《非洲世纪的到来？——非洲自主权与中非合作研究》，社会科学文献出版社，2016，第 205～229 页。
⑤ M. Ortega, "Building the Future: The EU's Contribution to Global Governance," 2007, p. 46.

国—欧盟在亚丁湾的联合国护航打击海盗，中—英—乌干达的木薯种植技术转移项目，等等。可见，中国在坚持"受援国提出、受援国同意、受援国主导"的基础上，逐渐形成了针对具体问题和项目的中国、欧盟国家与非洲国家之间的多元复合三方合作网络，以问题为导向的合作路径超越了欧盟机制化的合作构想。① 总之，中国与欧盟在全球治理的路径方面存在一定的分歧，导致在非洲的发展合作表现出"制度导向"和"问题导向"的差异。但从中欧非三方发展合作的历史分析，两种路径相互促进，彼此形成互补态势，共同推动三方发展合作项目的落地与运行。

随着中国"一带一路"倡议的推进与落实，中国对解决全球性问题的参与逐渐增加，特别是在管理直接影响中国国家利益的挑战方面。可以肯定的是，在考虑以国际集体路径应对共同挑战时，中国对主权的强调仍然会继续占上风。② 在非洲的发展治理方面，中非之间的南南合作与欧非之间的南北合作仍将占据主导地位。一方面，既有的合作模式形成更加成熟的问题应对机制，南北合作与南南合作仍是全球发展治理的主要方式；另一方面，中欧非三边关系在多极化的世界当中更为复杂化，其中的权力分配与利益诉求错综复杂，非洲短期内难以成为全球治理的重要参与者，中欧依然是主要的博弈者。然而，以"南—北—南"合作模式为特征的中欧非三方发展合作趋势日益明显，将成为弥合各方分歧、探索有效全球发展治理的主要途径。中欧在非洲的发展合作有助于全球治理中公共产品的供给，有助于实现2030年可持续发展议程和非洲2063年议程，有助于提高发展援助质量和有效性。但欧盟仍然以传统思维参与全球治理，在非洲的发展合作问题上，重视与中国的沟通与合作，一定程度上对非洲的声音给予忽视。③ 这种双重标准无疑导致中欧非三方发展合作的结构性失调，中国成为

---

① 周玉渊：《非洲世纪的到来？——非洲自主权与中非合作研究》，社会科学文献出版社，2016，第205~229页。

② 潘忠岐：《概念分歧与中欧关系》，上海人民出版社，2013，第245~246页。

③ Anna Katharina Stahl, *EU - China - Africa Trilateral Relations in a Multipolar World*, Palgrave Macmillan, 2018, p.159.

三方发展合作的重要枢纽。从全球治理的角度出发，中国更加突出对具体问题的应对与解决，并对欧盟"制度导向"型的全球治理路径予以平衡；从对非发展合作的逻辑出发，更加强调在特定领域的功能性合作，与特定欧盟成员国和非洲国家之间的多元复合网络合作；从非洲国家发展治理的需求出发，更加强调"受援国提出、受援国同意、受援国主导"的务实合作路径。总之，欧盟对中欧非三方发展合作虽然态度积极，但仍然以传统的思维逻辑行事，试图以制度规制中国，以援助控制非洲。中国的参与使得三方发展合作权力结构逐渐合理化，向更加有效与务实的方向发展，尤其是推动非洲发展治理的努力成为中欧非三方参与全球治理的重要路径之一。

参考文献

〔瑞士〕贝尔吉·李斯特：《发展史：从西方的起源到全球的信仰》，陆象淦译，社会科学文献出版社，2017。

〔英〕本杰明·巴顿：《中国、欧盟在非洲——欧中关系中的非洲因素》，李靖堃译，社会科学文献出版社，2011。

陈默：《中国援助的非洲模式及其对非洲发展影响的研究》，上海外国语大学博士学位论文，2014。

陈玮冰、武晋：《对非基础设施援助与直接投资的传导机制研究——基于非洲 39 国的面板数据》，《上海对外经贸大学学报》2019 年第 7 期。

陈志敏：《国家治理、全球治理和世界秩序构建》，《中国社会科学》2016 年第 6 期。

〔美〕黛博拉·布罗蒂加姆：《龙的礼物——中国在非洲的真实故事》，沈晓雷等译，社会科学文献出版社，2012。

丁韶彬：《大国对外援助——社会交换论的视角》，社会科学文献出版社，2010。

丁韶彬：《欧美对中国对外援助的认知及其启示》，《东北亚论坛》2016 年第 3 期。

江时学：《全球治理中的中国与欧盟：观念、行动与合作领域》，中国社会科学出版社，2016。

金玲：《对非援助：中国与欧盟能否经验共享》，《国际问题研究》2010 年第 1 期。

金玲：《欧盟对外政策转型——务实应对挑战》，世界知识出版社，2015。

李小云：《大援助体制：新型大国需要新型对外援助》，《国际援助》2017 年第 1 期。

李小云、王妍蕾等：《国际发展援助——援助有效性和全球发展框架》，世界知识出版社，2015。

李小云、王伊欢、唐丽霞：《国际发展援助——中国的对外援助》，世界知识出版社，2015。

廖兰、刘靖：《西方视野中的中国对外援助研究》，《中国农业大学学报》2012 年第 12 期。

刘继业：《欧盟的全球援助体系概况》，《国际资料信息》2010 年第 9 期。

倪世雄：《当代西方国际关系理论》，复旦大学出版社，2012。

潘忠岐：《概念分歧与中欧关系》，上海人民出版社，2013。

庞珣：《国际公共产品中集体行动困境的克服》，《世界经济与政治》2012 年第 7 期。

庞珣：《全球治理中的金砖国家外援合作》，世界知识出版社，2016。

唐丽霞、武晋等：《国际社会对非洲的农业发展援助》，《世界农业》2011 年第 7 期。

唐晓阳：《中国对非洲农业援助形式的演变及其效果》，《世界经济与政治》2013 年第 5 期。

王微：《国际援助协调的多中心治理研究》，《中山大学学报》2017 年第 6 期。

王新影：《欧盟与中国对非援助政策比较研究》，《亚非纵横》2011 年第 1 期。

〔美〕西蒙·赖克、〔美〕理查德·内德·勒博：《告别霸权——全球体系中的权力与影响力》，陈楷译，上海人民出版社，2017。

谢铿：《中欧对非援助——在分歧中寻求合作》，复旦大学硕士学位论文，2012。

阎学通：《权力中心转移与国际体系转变》，《当代亚太》2012 年第 6 期。

〔美〕詹姆斯·弗格森：《现代性的前景——赞比亚铜带省城市生活的神话与意义》，杨芳等译，社会科学文献出版社，2017。

张春：《涉非三方合作：中国何以作为?》，《西亚非洲》2017 年第 3 期。

张春：《中国与欧盟在达尔富尔问题上的合作探析》，《西亚非洲》2008 年第 9 期。

张海冰：《发展引导型援助：中国对非洲的援助模式研究》，上海人民出版社，2013。

张海冰：《欧盟对外援助政策调整的背景与趋势》，《德国研究》2011 年第 2 期。

张汉林、袁佳等：《中国对非洲 ODA 与 FDI 关联度研究》，《世界经济研究》2010 年第 11 期。

张鹏：《对外援助的"欧洲模式"——以欧盟援助西巴尔干为例（1991－2012）》，经济科学出版社，2015。

张永蓬：《国际发展合作与非洲——中国与西方援助非洲比较研究》，社会科学文献出版社，2012。

张宇燕、任琳：《全球治理：一个理论分析框架》，《国际政治科学》2014 年第 3 期。

郑宇：《援助有效性与新型发展合作模式构想》，《世界经济与政治》2017 年第 8 期。

周宝根：《西方对非援助的教训及借鉴意义》，《亚非纵横》2009 年第 4 期。

周弘：《外援书札》，中国社会科学出版社，2015。

周弘、张浚等：《外援与发展：以中国的受援经验为例》，《欧洲研究》2007 年第 2 期。

周弘、张浚等：《外援在中国》，社会科学文献出版社，2007。

周玉渊：《非洲世纪的到来？——非洲自主权与中非合作研究》，社会科学文献出版社，2016。

A. Vasconcelos, ed. The European Security Strategy 2003－2009：Building Common Interests, Paris：EU Institute for Security Studies, 2009.

Abdoulaye Wade、Senegal's President, "Time for the West to Practice What it Preaches," *Financial Times*, February 29, 2008.

Anna Katharina Stahl, *EU－China－Africa Trilateral Relations in a Multipolar World*, Palgrave Macmillan, 2018.

Anna Katharina Stahl, "Trilateral Development Cooperation Between the European Union, China and Africa：What Prospects for South Africa?" *Centre for Chinese Studies*, 2012（8）.

Bas Hooijmaaijers, "China's rise in Africa and response of the EU：a theoretical analysis of the EU－China－Africa trilateral cooperation policy initiative," *Journal of European Integration*, 2018（1）.

Bernt Berger, Uwe Wissenbach, "EU－China－Africa Trilateral Development Cooperation：Common Challenges and New Directions," German Development Institute, Discussion Paper 7, 2008, p. 4.

David A. Lake, "Review Essay: Power and the Third World: Toward a Realist Political Economy of North – South Relations," *International Studies Quarterly*, 1987, 31 (2).

Jeanne A. K. Hey, eds, *Small States in World Politics: Explaining Foreign Policy Behavior*, Boulder: Lynne Rienner Publishers, 2003.

Lum T, Fischer H, Gomez – Granger J, Leland A, "China's Foreign Aid Activities in Africa, Latin America, and Southeast Asia," *Congressional Research Service Report R40361*, February 25, 2009.

M. Ortega, "Building the Future," *The EU's Contribution to Global Governance*, 2007 (1).

Manning R. Will, " 'Emerging' Donors Challenge the Face of International Cooperation?" *Development Policy Review*, 2006 (24).

Marco Ferroni, Ashoka Mody, *International Public Goods: Incentive, Measurement, and Financing*, Boston: Kluwer Academic Publisher, 2002.

Maurizio Carbone, "The European Union and China's Rise in Africa: Competing Visions, External Coherence and Trilateral Cooperation," *Journal of Contemporary African Studies*, 2011 (1).

Michael Barnett, Raymond Duvall, "Power in International Politics," *International Organization*, 2005, 59 (1).

Michael Handel, *Weak States in the International System*, London and New York, Frank Cass and Company Limited, 1981.

R. Thakur and T. Weiss, *The UN and Global Governance: An Idea and its Prospects.* Bloomington: Indiana University Press, 2004.

RaviKanbur, Todd Sandler, *The Future of Development Assistance: Common Pools and International Public Goods*, Washington, D. C. : Overseas Development Council, 1999.

Stephen Knack and Lodewijk Smets: "Aid Tying and Donor Fragmentation," *World Development*, 2013 (44).

Steven Weber, Bruce W. Jentleson, *The End of Arrogance: American in the Global Competition of Ideas*, Cambridge, MA: Harvard University Press, 2010.

欧盟与全球环境治理

傅 聪 *

　　摘　要： 欧盟是全球环境治理最为重要的参与者、决策者和引领者之一。欧盟的全球环境治理之路经历了从萌芽到积极跟随，直至成为全球领导者的过程。欧盟环境治理具有依靠规制发挥影响力、以一体化为驱动力的特征。作为一个"自成一体"的国际组织，欧盟的一体化发展经验让其更加青睐多边主义的方式，相信国际规范的力量。近年来，欧盟的环境治理面临诸多困难和挑战。多重危机、民粹主义、英国退欧、成员国政治等因素的影响使欧盟在全球环境治理中的引领势头趋于减弱。但是，欧盟在环境治理中积累的软实力在一定时期内仍会支持其在全球发挥规范性的引领作用。

　　关键词： 欧盟　环境　治理

　　欧盟是全球环境治理最为重要的参与者、决策者和引领者之一。伴随着全球环境治理的发展，自《罗马条约》签署以来的 60 多年中，欧盟的全球环境治理之路经历了从萌芽到积极跟随，直至成为全球引领者，特别是在全球气候治理中，欧盟被视为全球不可或缺的领导者之一。但是，全球金融危机以来，欧盟遭遇了欧元区债务危机、经济疲弱、恐怖主义威胁、欧俄关系紧张、难民危机、民粹主义泛滥以及英国脱欧等种种困难和挑战。在这种大环境下，近十年来欧盟的环境治理面对了更多困难，出现了领导力的"滑坡"。本文从欧盟自身环境治理的发展演化、欧盟的环境治理模

　　* 　傅聪，中国社会科学院欧洲研究所，副研究员，主要从事欧盟政治、欧盟环境与气候变化政策研究。

式、欧盟参与全球环境治理的历程和欧盟近十年来全球环境治理领导地位的弱化几个方面，剖析欧盟与全球环境治理的关系，以及欧盟在全球环境治理中发挥的作用。本文还将分析当前形势下，欧盟全球环境治理遇到的困境和形成的原因，并展望其未来的发展。

一 欧盟环境治理的演化

欧盟是一个由主权国家结成的超国家联盟，分析其环境治理需要考虑欧盟特殊法律地位的影响。首先，欧盟环境政策的发展是随着一体化的深入，从最初只是共同市场建设的副产品，逐步演变成为以可持续发展为宗旨的一个独立的政策领域。其次，欧盟作为单一行为体参与全球环境治理的合法性亦是在欧洲一体化和欧盟环境政策一体化的过程中逐步形成的。最后，欧盟环境领域的内外行动适用不同的决策模式。这也与欧盟"自成一体"的特殊政治体制有着莫大的关系。

在欧洲一体化之初，环境问题并没有进入立法者的视野。1957年的《罗马条约》强调共同市场、共同农业政策；除核能政策稍有提及外，尚无专门关于环境治理的条款。20世纪60年代以后，环境问题日益突出，环境运动在欧洲不断发展壮大。各国政府开始接受保护自然环境不仅是为其国民提供良好的生存条件，也是在保护国家的经济和战略利益的观点。

建设欧洲单一市场也需要一个共同的环境保护政策框架。1972年秋，欧共体6个成员国在巴黎召开首脑峰会，强调"对于无形的价值和环境保护应给予特别的关注，以便进一步真正服务于人类"。[①] 6国首次提出在欧共体内建立一个共同的环境保护政策框架。通过对《罗马条约》第2条"经济发展"进行扩大解释，环境保护被纳入欧共体的权能范围。《罗马条约》第100条和第235条也成为欧共体环境立法的间接依据。《罗马条约》

[①] 柯坚：《欧洲联盟环境与发展综合决策的政策演变与立法发展》，《世界环境》2001年第1期。

第 100 条规定:"理事会应在委员会提议的基础上,以全体一致决议发布指令,使各成员国国内影响共同市场建立或运行的法律、法规或行政规定趋于一致。"这意味着当成员国环境法律差异对共同市场产生不利影响时,理事会可以援引第 100 条对这些国家的法律进行协调。理事会一般还会援引第235 条的规定,即:"如果共同体的行为在共同市场的运作过程中是为达到共同体的宗旨所必要的,而共同体条约尚未赋予必要的权力,理事会应就委员会的提议一致决议,并经征询欧洲议会的意见后,采取适当措施。"如此,理事会就可在使各国环境法律趋于一致的同时,创设更广泛的法规以配合这种法律趋同的趋势,实现共同体的环境保护目标。

1973 年欧共体实现了第一次扩大,成员国增加到 9 个。扩大了的共同体建设者们很快就意识到,如果没有一项共同的环境政策,经济一体化的发展目标将会因为众多不同的环境标准和保护措施而难以实现。1972 年斯德哥尔摩世界环境大会后,在共同体条约尚无明确环境规范的情况下,欧委会推出了《第一个环境行动规划(1973 - 1976)》,成为当时指导欧共体环境行动的重要法律文件。《第一个环境行动规划(1973 - 1976)》提出了欧盟环境政策的四项基本原则:预防优先原则、污染者付费原则、辅从原则、高水平保护原则。这四项原则成为欧盟参与全球环境治理的基本指导思想。

1981 年,欧委会成立环境总司(第XI总司),单独负责"环境与消费者保护"事务(此前这项职能归口第 III 总司),以及核能安全和民防事务。1986 年欧共休成员国增加到 12 个,欧共休需要协调、统一更多不同的环境保护规范和标准。这时,环境条款开始出现于欧共体条约之中,对欧共体的环境权能范围、实施目标、决策程序做出了明确的规定。《单一欧洲法令》中的环境专章,由第 130R、130S、130T 条组成。《单一欧洲法令》规定环境立法的目标为保持、保护、提高环境质量;致力于保护人类健康;确保对自然资源进行谨慎、合理的利用。根据《单一欧洲法令》,欧盟(部长)理事会在接受欧委会的立法建议时要采取一致通过的方式。同时,第130S 条第二款在环境领域做了例外规定,即理事会可以一致通过决定对某些类型的环境措施采取特定多数通过的表决方式。这就使共同体在协调各国法律政策方面的活动能力进一步得到加强。《单一欧洲法令》还赋予欧洲议会与部长理事会一同参与立法决策的权力。欧洲议会在欧共体决策中地位的提高，对欧共体形成高标准的环境政策十分有益，因为欧洲议会是欧共体中在环境领域一向要求较高的机构。另外，《单一欧洲法令》第130T条规定，欧共体环境保护措施不得阻止任何成员国采取更为严厉且符合欧共体章程的保护措施。这个条款是为缓解环境标准较高的老成员国的担忧而设立的。当时的新成员西班牙和葡萄牙环境保护机制较弱，德国和丹麦担心其加入会拉低共同体的整体环境要求水平，因而坚持新条约应允许成员国继续保持或采取比共同体更加严格的环境措施。

1992年签署的《马斯特里赫特条约》（以下简称《马约》）对欧盟的环境治理提出了对内统筹兼顾、对外发挥影响力的更高要求。首先，环境治理成为欧盟的基本目标之一。《马约》第2条规定，欧盟的基本目标之一是促进经济活动的协调、均衡发展，以及可持续的、没有通货膨胀的、尊重（重视）环境的增长。第3K条指出，实现这一目标的措施之一就是制定环境领域的政策。《马约》要求"环境保护要求必须纳入（integrated）共同体其他政策的制定和执行之中"，形成了"环境政策统筹兼顾"原则。① 其次，《马约》还规定，欧盟环境政策的主要目标之一是促进国际合作，采取有效措施应对区域性和全球性环境问题。

另外，《马约》在环境决策机制方面做出了重大改革。首先，环境措施被视为共同体事务的组成部分，在《马约》生效后采用特定多数通过的表决方式。第130S（1）条规定在共同体事务决策上采用特定多数通过的投票方式，有关财政的条款、城乡计划和土地利用的措施、水资源管理以及对成员国选择其能源结构或其能源供应的总体结构有重大影响的措施被排除在外。其次，在环境治理决策过程中引入"共同决策"程序，让欧洲议会可以行使否决权，加强了欧洲议会中环境主义者在立法方面的影响力。

---

① 蔡守秋主编《欧盟环境政策法律研究》，武汉大学出版社，2002，第81页。

此外,《马约》还设立了"融合基金",对国民生产总值未达到欧盟平均水平90%的成员国提供在交通以及环境基础设施发展方面的资金支持。基金使欧洲一些地区落后的环境基础设施水平得以朝着高标准逐步升级,为欧盟实现环境治理趋同奠定了物质基础。

1997年签署的《阿姆斯特丹条约》(以下简称为《阿约》)在欧盟环境政策方面的贡献是简化了有关环境事务的决策程序,进一步促进了成员国环境法律的趋同。《马约》修订后的环境决策程序有三种:针对一般行动计划的共同决策程序,针对环境政策的合作程序,以及有关税收、城乡规划、土地利用、能源供应的简单咨询程序。由于"环境措施"的规定(第130s条)与"单一市场法律趋同"的规定(第100a条)之间存在灰色地带,造成适用环境决策程序时容易发生冲突。《阿约》对此进行了简化,用共同决定程序取代了合作程序。

《阿约》在促进各国环境法律趋同方面的另一项贡献是,打破了"环境保障"条款。"环境保障"条款是指,在欧盟(部长)理事会通过了一项协调各国法律的措施后,成员国仍可以本国环境保护有重大需要为由,坚持本国的规定。但是,成员国需要向欧委会证明,其规定未对其他成员国构成武断的歧视(arbitrary discrimination),亦未对贸易构成隐性的限制。《阿约》将成员国违反法律趋同的情况区分为两种:一是成员国坚持本国的环境保护措施;二是成员国制定新的环境保护措施。在第一种情况下,成员国必须通知欧盟委员会并向其解释坚持本国法律的原因。在第二种情况下,成员国也必须将新的措施通报给欧盟委员会,并提供其合理的依据。这些新措施还必须是建立在新的科学技术发展基础之上且为专门针对成员国特定状况而采纳的。欧委会对这两种违反趋同要求的做法都要进行查证,以确定它们是否构成武断的歧视,是否对成员国贸易造成隐性限制,甚至成为单一市场的功能性障碍。

2009年12月生效的《里斯本条约》对欧盟机制进行改革,进一步规定欧盟在各行动领域中的权能及决策适用的程序。其中的《欧洲联盟运行条约》第2~6条将欧盟的权能划分为四类:专属权能、共享权能、政策协调权能和采取支持、协调和补充行动的权能。环境和能源事务属于欧盟和成员国共享权能的领域。环境和能源事务立法则适用"普通立法程序"。其中的《欧洲联盟条约》第24条规定，联盟在共同外交与安全政策事务方面的权能应该覆盖外交政策的所有领域以及与联盟安全有关的所有问题，包括逐渐构建一项可能导致共同防务的共同防务政策。这一条款为欧盟在全球环境外交中逐步以"一个声音说话"提供了条约依据。

二 欧盟环境治理的模式及主要行为体

不论是在全球经济一体化还是在欧洲区域一体化发展中，环境因素都是决策者必须考虑的影响因子，因为地球生态系统是一个整体，环境因子可以跨越国境影响人类社会。更为重要的是，在全球经济相互依赖和产业分工协作的大环境下，环保规范成为影响国际竞争的重要因素。

建设欧盟内部大市场的过程中，环保因素可以成为阻碍欧洲内商品流转的障碍。因而，欧盟和成员国在环境规制领域共享权能，决策适用普通立法程序（《里斯本条约》生效前为共同决策程序）。当商品走出欧盟进入全球市场时，如不对世界各国的政策和法律加以协调和规制，环保因素同样会成为影响全球贸易的隐性壁垒。与贸易相连的环保法律问题成为全球多边贸易谈判中的一个重要组成部分。《罗马条约》将国际贸易谈判中的货物贸易谈判与缔约权让渡给欧共体，作为欧委会的专属权能。欧委会代表成员国参与WTO等贸易谈判，以保护欧盟在高水平环保标准下产出的商品能够在国际市场上得到公平的对待。

从20世纪70年代开始，欧共体涉足国际环境合作，缔结了众多国际环境条约。20世纪90年代以来，气候变化成为全球环境治理中最为重要的议题之一，也成为欧盟参与全球环境治理中最具代表性的部分。欧盟气候变化行动的对内和对外政策用了不同的决策模式。欧盟内部气候治理决策采用超国家程序，即普通立法程序。欧盟对外气候决策则采用政府间决策的模式。这与在涉及环保标准的国际货物贸易谈判中，欧共体作为一个整体代表成员国进行谈判有所不同。

不同于普通立法程序中欧委会是立法提案的发起人和起草人，在政府间决策模式中，部长理事会中的轮值主席国是贯穿于欧盟全球气候治理决策各环节的核心机构。欧盟对外气候决策过程中的政策酝酿、议案提出、辩论通过等环节都在部长理事会中完成。

在政策酝酿阶段，各成员国官员组成环境委员会，各国专家组成环境工作小组，负责为欧盟环境理事会准备参加国际环境条约谈判的方案。这两个机构代表成员国的利益。它们负责提出谈判方案中的技术性部分，协调成员国之间、成员国与欧委会之间对于谈判方案的不同诉求和主张，并给出妥协方案；将政治敏感度高、利益冲突严重的部分剥离出来留待欧盟（部长）理事会处理。为了便于欧盟参与全球气候治理，欧盟（部长）理事会于1995年在柏林设立了"国际环境问题工作组—气候变化小组"（Working Party on International Environmental Issue – Climate Change，WPIEI – CC），负责拟定欧盟对外气候政策的基础性工作部分。WPIEI – CC 由各国环境部中主管气候事务的官员组成。在 WPIEI – CC 内部，决策采取协商一致的方式，成员间保持着一种积极合作和建设性的伙伴关系。[①] WPIEI – CC 的工作具有很强的技术性，它还是维护成员国利益、弥合分歧的首要阵地。另外，由于长期追踪、参与国际气候治理的各项议程，WPIEI – CC 还具有促使欧盟成为国际气候谈判领导者的意愿。

WPIEI – CC 和各成员国驻布鲁塞尔大使组成的"常驻代表委员会"（Coreper）共同完成谈判方案蓝本。WPIEI CC 和 Coreper 之间不存在上下级的关系。在为欧盟（部长）理事会会议进行前期准备的工作中，Coreper 的角色主要是协调人。WPIEI – CC 无法达成一致的议案会交给 Coreper 继续进行协商。对于议案，WPIEI – CC 多是从技术和专业的角度考虑问题，而 Coreper

---

① Oriol Costa, "Who Decides EU Foreign Policy on Climate Change? Actors, Alliances and Institutions," in Paul G. Harris eds., *Climate Change and Foreign Policy: Case Studies from East to West*, Routledge, 2009, pp. 135 – 137.

则会更多地从政治和全局角度出发。①

对外气候政策的设定过程基本上有三个步骤。首先，Coreper 就 WPIEI –
CC 无法达成一致的问题进行讨论和协商。其次，方案达成一致的部分将直接
进入批准程序，未达成一致的部分则提交环境部长理事会再次辩论。最后，
环境部长们在协商讨论后提出原则性的解决方案，并将方案返回 Coreper 再
次进行磋商和细化，争取在 Coreper 层面达成一致以便进入批准程序。如果
最后无法协商一致则会以特定多数表决程序形成议案。

轮值主席国在对外气候行动决策中承担了重要的协调工作。在决策过
程中，它负责主持欧盟理事会中的部长级和各级官员会议，制定会议议程，
代表理事会和欧盟其他机构进行接触和磋商。在欧盟参与全球环境治理协
议谈判的过程中，轮值主席国是对外代表欧盟的"三驾马车"的成员之一。
另外，在欧盟的全球环境治理谈判代表团中，还有欧委会和成员国的代表。
在这个庞大的欧盟代表团中，轮值主席国处于核心地位：对内，它负责随
时协调欧盟机构和成员国的立场与谈判策略；对外，它则把握与其他谈判
方的互动和谈判进程。

欧委会在对外气候行动决策中的作用远不如在对内行动中那么大。它
发挥作用的环节主要是在政策酝酿和气候外交的过程之中。欧委会有一定
的政策动议权，有时会自行或应理事会要求准备共同立场动议提交给环境
理事会。欧委会的动议将首先在 WPIEI – CC 和 Coreper 进行技术审查，它
有可能被接受或被修改，还可能被束之高阁。因此，欧委会施展决策影响
力的场所是由专家、成员国技术官僚组成的政策咨询网络。欧委会通过接
触网络中的成员，传达其理念与立场，促使决议更多地展现出欧盟的整
体性，支持欧盟国际气候谈判中提出远大的行动目标和谋求全球领导者
地位。在全球气候治理中，欧委会更为重要的一个职能是作为"三驾马
车"的常任成员代表欧盟进行对外谈判。2000 年以后欧委会代表欧盟

---

① Oriol Costa, "Who Decides EU Foreign Policy on Climate Change? Actors, Alliances and Institu-
tions," in Paul G. Harris eds., *Climate Change and Foreign Policy: Case Studies from East to
West*, Routledge, 2009, pp. 135 – 137.

加入国际气候协议谈判。欧委会具有可以长期追踪全球气候谈判会期内、外进展的优势，加之本届和下一届欧盟（部长）理事会主席共同组成的"三驾马车"帮助欧盟提高了在国际谈判中的灵活性和领导权的连续性。

成员国除了是欧盟对外气候行动的核心决策者之外，在对外谈判中也发挥了基础性的作用。成员国的 WPIEI – CC 成员担任"问题负责人"，长期跟踪全球气候协议谈判中的特定议题，协助轮值主席国和欧委会的首席谈判代表开展工作。① 借助"问题负责人"与其他缔约国谈判伙伴建立起的稳定联系，欧盟可以在国际气候谈判中更好、更快地与其他谈判对手进行互动。

欧盟机构间的气候外交职能划分一直以来是较为模糊的。② 《里斯本条约》生效后，欧委会主席、欧洲理事会主席和共同外交与安全政策高级代表三者都承担了气候外交的职能。欧委会侧重于领导联合国体系下的欧盟气候外交。欧委会气候行动委员的职责为"继续保持欧盟在应对气候变化行动中的领导地位，领导欧盟的国际气候协议谈判，处理气候变化在欧洲引发的种种后果"。③ 欧洲理事会主席则参加到 G8、G20 等"俱乐部"式的多边论坛应对全球变暖的大讨论中。欧盟外交与安全政策高级代表的作用集中在对外气候政策的执行层面。在欧盟对外行动署的协助下，高级代表协调欧盟外交中的各个层面，确保欧盟对外气候行动的一致性。例如，首任高级代表阿什顿就要求其驻外大使把气候变化作为欧盟外交最优先处理的事务之一。④

---

① Sebastian Oberthur, "The European Union's Performance in the International Climate Change Regime," *Journal of European Integration*, 2012, 33 (6): 672.

② 傅聪：《欧盟应对气候变化的全球治理：对外决策模式与行动动因》，《欧洲研究》2012 年第 1 期，第 72 页。

③ Http：// ec. europa. eu / commission _ 2010 – 2014 / hedegaard / about / docs / letter _ en. Pdf，最后访问日期：2018 年 12 月 2 日。

④ Http：// www. eeas. europa. eu/environment/index_ en. Htm，最后访问日期：2018 年 12 月 2 日。

三 欧盟全球环境治理的发展历程

（一） 萌芽阶段

20 世纪 30 年代至 60 年代，环境污染事件频繁发生，"八大公害"事件引发了全球公众对环境问题的关注。1948 年"国际自然与自然资源保护联盟"成立，成为全球环境治理最早的萌芽。"国际自然与自然资源保护联盟"的成员包括国家和地方政府及其组成部门，还包括非政府组织。在此之后，关注环境问题的非政府环境组织越来越多，欧美发达国家开始将环境问题提上政治日程并制定了相关的法律。同时，在意识到许多环境问题需要国家之间的协调行动才能避免"公地的悲剧"之后，联合国的专门机构开始关注环境问题。世界卫生组织、世界气象组织、国际民航组织、国际海事组织、联合国粮农组织等纷纷关注环境问题在各个领域中对国际事务产生的影响。

在欧洲，环境运动成为 20 世纪 60 年代后期以学生运动为起点的新社会运动中的一个重要分支，给欧洲政治带来了持久的影响。经历了广泛的制度化过程之后，环境治理在欧洲国家萌发并扎下根来。在全球环境治理的早期，欧洲国家着眼于本区域的环境改善，推出了《欧洲关于控制空气污染的原则宣言》（1968 年）。

（二） 跟随阶段

1972 年联合国在瑞典的提议下召开了第一次人类环境会议，将环境问题提上了全球治理日程。会议通过了《人类环境宣言》，建立了联合国环境规划署，环境治理进入全球发展阶段。

欧洲在全球环境治理蓬勃发展的初期并不是引领者。虽然首届联合国人类环境会议 1972 年在欧洲国家瑞典召开，但在大会筹备和签署《濒危野生动植物物种国际贸易公约》（1973 年）的过程中，都是美国担当全球环境治理的领导者角色。20 世纪 80 年代，全球环境治理中的一个里程碑——国际臭氧层保护制度的构建，仍然是由美国承担领导者的角色。[1]

从 20 世纪 70 年代开始，大规模的环境运动席卷了西欧，西欧各国政府推出了一些污染控制法规。但是，从全球范围来看，西欧这个阶段环保主义的力量尚不够强大，与当时环保主义更加盛行的美国相比，西欧国家的环境立法还是较为薄弱的。

20 世纪 80 年代，欧洲经历了严重的环境污染事件。酸雨破坏了大面积的森林，切尔诺贝利核电站发生泄漏污染，大气中发现了大片的臭氧层空洞。这些环境问题再次向欧洲敲响警钟，并显示出了环境问题特有的跨界性和全球性特征。此时欧洲的环保力量也在逐步崛起。首先是公民的环保意识增强，欧洲晴雨表进行的调查显示，在 80 年代末，环境问题成为欧共体成员国首要的政治问题之一。[2] 其次是欧洲的环境政治出现了开创性的进展，即欧洲国家诞生了绿党。环保运动者们通过选举成为环境政治家，并进入欧盟成员国议会和欧洲议会。1983 年芬兰和德国的绿党第一个进入国家议会，随后瑞典、法国、比利时等国的绿党也纷纷进入国家立法机构。

随着《单一欧洲法》的签署，欧洲一体化进入快速发展轨道，欧洲各国的环境保护力量也在这个过程中不断整合。在欧洲议会中，绿党—欧洲自由联盟跨国党团成为支持欧盟开展积极环境治理的一只重要政治力量。对外方面，欧共体作为一个实体逐步参与国际环境治理，欧委会获得环境政策制定权，并代表成员国参与国际环境协议谈判，让欧洲各国的环境保护力量和优势"抱团"出现于全球环境治理舞台之上，开始占有一席之地。

在这一时期，欧共体作为跟随者参与制定了一些重要的国际环境条约，例如《濒危野生动植物物种国际贸易公约》《远程跨界大气污染公约》等。欧共体实施《濒危野生动植物物种国际贸易公约》，制定了诸多有关野生动

---

[1] Maria Ivanova and Daniel C. Esty, "Reclaiming U. S. Leadership in Global Environmental Governance," *SAIS Review*, 2008, XXVIII (2): 62.

[2] Hofrichter, J. and K. Reif, "Evolution of Environmental Attitudes in the European Community", Scandinavian Political Studies, 1990, 13 (2): 119 – 146.

物贸易的欧共体规则。

（三） 引领阶段

20世纪90年代，欧盟在国际环境政治舞台上逐步成长为一个领导者。从生物多样性保护、有毒废弃物处置、有机污染物规制到气候变化，欧盟在推动制定国际多边环境协议中发挥了引领作用。

欧盟关注与全球环境治理有着密切关系的可持续发展问题。随着联合国可持续发展大会即"里约+20"于2012年6月在里约热内卢召开，欧盟积极参与联合国可持续发展机构（联合国经济及社会理事会和高级别政治论坛）和环境机构（联合国环境署）的改革，推动17项可持续发展目标的发展，促进了可持续发展全球议程的转型。

这个时期，全球变暖逐步走入全球环境治理舞台的中心。欧盟在气候变化问题上，积极推动气候变化议题的政治化，向国际社会提供公共产品，逐步成为全球气候变化治理舞台上的执牛耳者。

欧盟倡议启动国际气候变化公约的谈判，并在京都阶段谈判中展现了强大的领导力。在欧盟的推动下，《气候变化框架公约》确立了"共同但有区别的责任"和"各自能力"原则为国际气候制度的基本原则。《气候变化框架公约》生效后，欧盟又主导了《京都议定书》的谈判，以量化减排方式控制全球温室气体的排放。在2001年美国宣布退出《京都议定书》、伞形集团国家减排温室气体立场出现倒退的关键时期，欧盟展现了极强的领导推动力量，促使《京都议定书》最终在开放签署的八年之后生效。欧盟的另一项成就是，在全球气候行动中推广了欧盟的理念、标准和技术，并利用"京都机制"鼓励、吸引发展中国家进入全球气候治理体系。欧盟在京都阶段的引领作用促成2012年阶段全球温室气体减排机制的确立和生效，为其后全球应对气候变化奠定了坚实的基础，并为参与全球治理的欧盟增添了国际权威。

总的来说，欧盟积极加入全球环境治理，几乎成为所有重要国际环境和资源保护协议的缔约方（见表1），同时，在全球环境治理中（特别是全球气候变化治理中）逐步成长为引领者。

表1 欧盟参与的全球环境治理协议清单

序号	领域	名 称	签署日期	生效日期
1	大气	《关于长程越界大气污染维也纳公约》Geneva Convention on Long - range Transboundary Air Pollution	1979 年 11 月 14 日	1983 年 3 月 16 日
2	化学品	《关于在国际贸易中对某些危险化学品和农药采用事先知情同意程序的鹿特丹公约》Convention on International Prior Informed Consent Procedure for Certain Trade Hazardous Chemicals and Pesticides in International Trade Rotterdam	1998 年 9 月 11 日	2004 年 2 月 24 日
3		《关于持久性有机污染物的斯德哥尔摩公约》Stockholm Convention on Persistent Organic Pollutants	2001 年 5 月 23 日	2005 年 2 月 13 日
4		《关于汞的水俣公约》Minamata Convention on Mercury	2013 年 10 月 10 日	2017 年 5 月 18 日
5	环境事故民事保护	《保护地中海免受污染巴塞罗那公约》及其修订 Barcelona Convention for the Protection of the Mediterranean Sea against Pollution	1976 年 9 月 13 日及 1995 年 6 月 10 日	1978 年 4 月 15 日及 2004 年 6 月 9 日
6		《工业事故跨境影响赫尔辛基公约》Helsinki Convention on Industrial Accidents	1992 年 3 月 18 日	2000 年 4 月 19 日
7		《保护波罗的海海域海洋环境的赫尔辛基公约》Helsinki Convention on the Protection of the Marine Environment of the Baltic Sea Area	1992 年 4 月 9 日	2000 年 1 月 17 日
8		《保护东北部大西洋海洋环境公约》及其修订 Convention for the Protection of the Marine Environment of the North - East Atlantic	1992 年 9 月 22 日	1998 年 3 月 25 日
9		《保护黑海免受污染的布加勒斯特公约》Bucharest Convention on the Protection of the Black Sea Against Pollution	1992 年 4 月	

序号	领域	名 称	签署日期	生效日期
10	气候变化和臭氧耗竭	《联合国气候变化框架公约》 UN Framework Convention on Climate Change	1992 年 6 月 13 日	1994 年 31 月 21 日
11		《京都议定书》 Protocol to UNFCCC	1998 年 4 月 29 日	2005 年 2 月 16 日
12		《巴黎协定》 Paris Agreement	2016 年 4 月 22 日	2016 年 11 月 4 日
13		《保护臭氧层维也纳公约》 Vienna Convention on the Protection of the Ozone Layer	1985 年 3 月 22 日	1989 年 1 月 15 日
14		《有关消耗臭氧层物质的蒙特利尔议定书》 及其修订 Montreal Protocol	1987 年 9 月 16 日	1989 年 3 月 16 日
15	治理	《环境信息知情及公众参与环境决策和司法请求权的奥胡斯公约》 Aarhus Convention on Access to Environmental Information, Public Participation in Environmental Decision - making and Access to Justice	1988 年 6 月 25 日	2001 年 10 月 30 日
16	土地利用	《保护阿尔卑斯山公约》 Convention on the Protection of the Alps	1991 年 11 月 7 日	1996 年 5 月 29 日
17	自然和生物多样性	《生物多样里约性公约》 Rio Convention on Biological Diversity	1992 年 6 月 13 日	1994 年 3 月 21 日
18		《生物多样性公约卡塔赫纳生物安全议定书》 Cartagena Biosafety Protocol	2000 年 5 月 26 日	2003 年 9 月 11 日
19		《关于获取遗传资源以及公平和公正地分享其利用所产生惠益的名古屋议定书》 Nagoya Protocol on Access to Genetic Resources and the Fair and Equitable Sharing of the Benefits arising from their Utilization	2011 年 6 月 23 日	2014 年 10 月 12 日
20		《野生动物移栖物种保护波恩公约》 Bonn Convention on the Conservation of Migratory Species of Wild Animals	1979 年 6 月 23 日	1983 年 11 月 1 日
21		《关于欧洲野生动物和栖息地的伯尔尼公约》 Bern Convention on European Wildlife and Natural Habitats	1979 年 9 月 19 日	1982 年 9 月 1 日
22		《保护南极海洋生物资源公约》 Convention for the Conservation of Antarctic Marine Living Resources	1981 年 9 月 4 日	1982 年 5 月 21 日

序号	领域	名　称	签署日期	生效日期
23	自然和生物多样性	《保护用于实验和其他科学目的的脊椎动物的公约》Convention for the Protection of Vertebrate Animals used for Experimental and other Scientific Purposes	1987年2月10日	1998年11月1日
24		《国际热带木材协定》International Tropical Timber Agreement	1996年5月13日	1997年1月1日
25		《国际重要湿地拉姆萨尔公约》Ramsar Convention on Wetlands of International Importance	1997年2月2日	
26		《关于保护非洲-欧亚迁徙水鸟的协定》Agreement on the Conservation of African-Eurasian Migratory Waterbirds	1997年9月1日	1999年11月1日
27		《普雷斯帕公园地区保护与可持续发展协定》Agreement on the Protection and Sustainable Development of the Prespa Park Area	2010年2月2日	未生效
28		《濒危野生动植物国际贸易公约》Convention on International Trade in Endangered Species of Wild Fauna and Flora	2015年4月9日	2015年7月8日
29	土壤	《防治非洲荒漠化公约》Convention to Combat Desertification in Africa	1994年10月14日	1998年6月24日
30	废弃物	《控制危险废物跨境转移和处置的巴塞尔公约》Basel Convention on the Control of Transboundary Movements of Hazardous Wastes and their Disposal	1989年3月23日	1994年5月8日
31	水资源	《保护和利用跨境水道和国际湖泊的赫尔辛基公约》Helsinki Convention on the Protection and Use of Transboundary Watercourses and International Lakes	1992年3月18日	1996年10月6日
		《多瑙河保护和可持续利用合作公约》Convention on Co-operation for the protection and sustainable use of the Danube River	1994年6月29日	1998年10月22日
		《莱茵河保护公约》Convention on the Protection of the Rhine	1999年4月12日	2003年1月1日

资料来源：笔者根据欧盟官方网站资料自制。http://ec.europa.eu/environment/international_issues/agreements_en.htm，最后访问日期：2018年12月15日。

四　欧盟全球环境治理领导权调整

欧盟在全球环境治理中的领导也经历了诸多挑战，特别是在全球气候治理后京都阶段中体现得尤为明显。2009 年联合国《气候变化框架公约》第 15 次缔约方大会（COP15，即哥本哈根大会）上，欧盟对后京都阶段气候规制的提议（发达国家和发展中国家作为两个集团"自上而下"地承诺具有法律约束力的温室气体减排目标）[①]遭到众多缔约方反对，最后欧盟在大会上被边缘化。这种局面的出现与欧盟在后京都阶段气候谈判中过于"冒进"，同时向美国和新兴经济体施压有莫大的关系。在《京都议定书》第二承诺期的谈判中，欧盟的立场由理解、认同发展中国家发展优先，转变为要求发展中国家承担强制性的减排义务。欧盟无视"共同但有区别的责任"原则，转移减排责任的做法遭到"基础四国"的反对。欧盟在向发展中国家提供环境资金方面也没有发挥表率作用。在争取发达国家的支持方面，欧盟无力说服具有重要影响力的美国重返国际气候治理体系；也没能获得其他伞形国家的支持。此外，欧盟自身的气候治理进展缓慢，在构建后京都气候机制的谈判中提不出有说服力的 2020 年减排目标。以上诸多因素让欧盟在全球气候治理中的领导力降至低点。

哥本哈根气候大会后，欧盟调整了其"后哥本哈根"时代的气候变化谈判战略，"德班授权"的达成显示了其在全球气候治理中的领导地位初步得到修复。首先，欧盟开展了全方位的外交斡旋。在外交方面较为突出的变化是，在继续维护联合国作为解决全球气候问题主体框架的同时，欧盟开始重视利用 G8、G20 和"主要经济体能源气候论坛"等多边机制与主要谈判国进行接触和磋商。同时在双边场合，如在欧盟与美国、中国、印度、巴西和南非的年度峰会上，如何共同应对气候变化也成为必不可少的话题。其次，欧盟委

---

① European Commission, Towards a Comprehensive Climate Change Agreement in Copenhagen, COM 2009（39）.

员会增设"气候行动委员",2010年欧委会主席巴罗佐任命海德嘉·赫泽高担任首位欧盟气候行动委员,并创设了"气候行动总司"。2010~2012年,欧盟积极地斡旋于"伞形国家"与发展中国家之间。赫泽高密集地与世界各国的环境气候官员就"后哥本哈根"协议框架进行沟通与磋商。她与美国气候特使托德·斯特恩及美国联邦和州级政府官员及国会议员举行会晤,与中国气候变化事务特别代表解振华举行会谈并发表联合声明,与澳大利亚、墨西哥、印度和韩国环境部长举行会谈。为推动德班平台的建立,欧盟还利用"全球气候变化联盟"(Global Climate Change Alliance)加强与亚洲发展中国家,特别是最不发达国家和诸多小岛屿国家进行沟通。欧盟与最不发达国家和小岛屿国家组建了"德班联盟"(Durban Alliance),还吸引了"基础四国"成员南非加入其中。这个谈判联盟的出现让"基础四国"出现了裂隙,也给美国带来更大的压力。"德班联盟"对德班会议的一系列成果起到了关键的推动作用[1],也为欧盟在此后的全球气候谈判中逐步恢复影响力铺垫了道路。

　　欧盟积极斡旋的努力结出了硕果:2011年德班第17次缔约方大会接受了欧盟倡导的"德班加强行动平台"(Durban Platform for Enhanced Action)作为一个涵盖全球所有国家的新谈判渠道。"德班加强行动平台"的重要意义在于拆除了《京都议定书》横亘于"发达国家"和"发展中国家"之间的"有区别的"减排责任防火墙,将发达国家、发展中国家以及美国都囊括于加强行动平台之中。欧盟暂时搁置被哥本哈根大会抛弃的"自上而下"的全球温室气体减排模式,但通过"德班加强行动平台"弱化了"共同但有区别的责任"原则,完成了要求发展中国家在国际合作中承担有约束力的减缓责任的谈判目的。[2] 此后依据"德班授权",各缔约方向《气候变化框架公约》秘书处提交了减排温室气体的"国家自主贡献"(NDC),为

---

[1] Death, C., "A Predictable Disaster for the Climate – But Who Else Won and Lost in Durban at COP 17?" *Environmental Politics*, 2012, 21 (6): 980 – 986, 转引自朱松丽、高翔《从哥本哈根到巴黎——国际气候制度的变迁和发展》,清华大学出版社,2017,第51页。

[2] 傅聪:《哥本哈根倒计时:欧盟应对气候变化政策的进展》,载周弘主编《欧洲发展报告(2008 – 2009年)》,社会科学文献出版社,2009。

2015 年达成首个全球性的 2030 年气候治理框架——《巴黎协定》奠定了基础。欧盟调整气候外交策略取得的成果还包括：促成 2012 年第 18 次缔约方大会通过了《〈京都议定书〉多哈修正案》。《〈京都议定书〉多哈修正案》规定了《气候变化框架公约》附件一缔约方在 2013～2020 年承诺期使整体的温室气体排放比 1990 年水平至少降低 18% 的目标，使京都减排机制得以延续。欧盟在《〈京都议定书〉多哈修正案》谈判和助其生效过程中都发挥了重要的推动作用，借以向全球发出其为领导抗击气候变化之役而不懈努力的信号。①

2015 年的巴黎气候大会（COP21）通过了《巴黎协定》，标志着全球气候治理的另一个高潮。此后，欧盟在全球气候治理中的作用逐步朝"协调领导者"② 演变。欧盟在巴黎气候大会上取得了外交、地缘政治和影响力三方面的成功。③ 首先，欧盟通过沟通斡旋，特别是通过"雄心联盟"④ 协调和凝聚了众多发达国家和发展中国家气候治理主张。这是欧盟外交上的一次胜利。其次，欧盟推动了《气候变化框架公约》所有缔约方史无前例地共同签署了《巴黎协定》。这是欧盟取得的地缘政治的成功。再次，2017 年 6 月美国总统特朗普宣布美国退出《巴黎协定》后，欧洲理事会首脑们重申其减排承诺不变并将全面执行《巴黎协定》。法国总统马克龙成为全球气候变化议程中的主要协调人，COP23 大会召开前夕，在巴黎主办了"一个星球"气候行动融资峰会，纪念《巴黎协定》签署两周年，回击特朗普的退出决定。"一个星球"峰会提振了全球应对气候变化的士气，凸显了欧盟的影响力，金融和商业界也随政府一起加快了减缓全球变化的行动步伐。⑤

---

① https：//ec. europa. eu/clima/news/eu - conclude - ratification - second - kyoto - protocol - commitment - period - end - year_ en，最后访问日期：2018 年 12 月 5 日。

② 傅聪：《欧盟清洁能源与气候治理的发展与困境》，载黄平主编《欧洲发展报告（2018 - 2019 年）》，社会科学文献出版社，2019。

③ http：//europa. eu/rapid/press - release_ SPEECH - 15 - 6320_ en. htm，最后访问日期：2018 年 12 月 23 日。

④ "雄心联盟"是欧盟为完成 2015 年巴黎气候大会目标而集合多国参与的谈判集团。其成员包括 79 个非加太国家、美国、欧盟等主要发达国家和很多发展中国家。

⑤ 傅聪：《美国退出〈巴黎协定〉后欧盟的气候能源政策》，载黄平主编《欧洲发展报告（2017 - 2018 年）》，社会科学文献出版社，2018，第 132 页。

欧盟自诩在巴黎大会谈判中发挥了防止全球气候治理进程倒退的"棘齿"作用。[1] 但是从另一方面看，这恰恰反映出后京都阶段开始后，欧盟在全球气候制度构建方面领导力的"滑坡"。首先，欧盟对后京都阶段协议的设想没有实现。欧盟主张的成果包含京都第二承诺期、容纳《京都议定书》和《哥本哈根协议》基本要素，单一的、具有约束力的全球性综合法律文件。[2] 而当前全球气候法律体系的现状是：关于第二承诺期，2013 年达成的《〈京都议定书〉多哈修正案》尚未生效；《巴黎协定》仅规定了 2020 年后全球气候行动的一般性法律框架，"国家自主贡献"不具备国际法律约束力。其次，欧盟推崇的"自上而下"分配全球减缓排放责任的"京都机制"模式被"自下而上"的"国家自主贡献"模式取代。

五　欧盟全球环境治理领导力的弱化的原因

国际金融危机后的十年来，全球经济逐渐从低迷重回增长，欧洲经济也在努力走出危机的阴影。但是，国际形势依旧纷繁复杂。在战乱和恐怖主义有所缓解后，反全球化、反一体化、民粹主义和难民问题又给欧盟的政治、经济和社会发展带来一系列的困难和挑战。这都在一定程度上影响了欧盟的全球环境治理领导力。

欧盟在全球环境治理中的引领势头从中短期来看趋于减弱。这种导向性领导力[3]下降的趋势在全球气候变化治理中体现得尤为明显。在发达国家整体上由于实力下降和化石能源集团阻挠而怠于提供全球气候治理公共产

[1] 傅聪：《巴黎气候变化大会：欧盟的立场、行动与作用》，载黄平主编《欧洲发展报告（2015－2016 年）》，社会科学文献出版社，2016，第 47 页。

[2] Preparation for the 16th Conference of the Parties to the UN Framework Convention on Climate Change Cancun, 29 November to 10 December 2010, Council conclusions, 3036th Environment Council meeting, Luxembourg, 14 October 2010.

[3] 导向性领导的作用体现为引领未来战略和制度的演化方向，引领经济发展的方向和产业转型，在低碳环境技术上成为先导，为后来者提供可持续发展模式的示范。参见傅聪《欧盟气候变化治理模式研究》，中国人民大学出版社，2016，第 244 页。

品的大背景下，欧盟自后京都谈判以来（2009 年）在温室气体减排和气候资金方面都没有表现出担当绝对领头羊的魄力。虽然相对来说欧盟仍处于领导全球环境治理的第一梯队，但在未来中短期内，如果欧盟的领导能力无法得到明显的提升，在全球环境治理的大格局中，欧盟的影响力将会被掩盖。

欧盟批准气候变化《巴黎协定》的过程反映出了欧盟领导基础的薄弱。虽然欧盟在全球气候治理机制构建中极力推销欧洲理念，但欧盟成员国在批准《巴黎协定》上由于意见不一而步履蹒跚。2016 年 10 月 4 日欧洲议会赶在《气候变化框架公约》第 22 次缔约方大会召开前批准了《巴黎协定》，维护了来之不易的第一份全球性气候协议。在它之前已有包括中、美在内的 56 个国家批准了《巴黎协定》。根据欧盟法的规定，国际气候条约须获得欧盟和所有成员国的共同批准才能在欧盟生效。当时只有法国、匈牙利、奥地利、斯洛伐克、德国、马耳他和葡萄牙七国同意批准《巴黎协定》；波兰和意大利国家议会拒绝在欧盟达成 2030 年温室气体减排内部分担决议（Effort Sharing Decision）前批准《巴黎协定》。成员国在批准问题上意见相左，几乎威胁到了《巴黎协定》在 COP22 开始之前生效。最后欧盟只得采取非常规程序，即在所有成员国完成国内批准程序前，欧盟作为一个整体先批准《巴黎协定》。可以看到，欧盟内部凝聚力下降，在决策中不能拧成一股力量，这已经影响到欧盟在全球政治舞台上发挥应有的作用。

概括来看，欧盟气候领导力弱化的原因中，政治方面的因素最为突出，具体缘由可从以下几个方面来分析：一是欧盟面临多重危机考验，政策焦点被分散；二是民粹主义泛滥，不支持全球气候治理的反一体化力量上升；三是英国脱欧产生了诸多不确定性；四是气候治理受到成员国国内政治的影响。

首先，欧盟面临多重危机考验，政策焦点被分散，全球环境议题在欧盟政治议程中的地位下降。在哥本哈根气候变化大会召开前后，气候变化在欧盟内已从环境问题被提升为安全问题。2007 年英国推动联合国安理会首次就能源、安全与气候的关系进行辩论。2008 年欧盟共同外交与安全政策高级代表索拉纳与欧委会联合提出《气候变化与国际安全》报告，指出气候变化是"威胁放大器"，它带来的风险不仅是在人道主义方面，还构成政治上和安全上的风险，对欧洲利益产生了直接的影响。[①] 2009年欧盟外长理事会出台《气候变化与安全》决议：气候变化及其国际安全影响是欧盟气候、能源、共同外交与安全政策大议程的组成部分，因而也是欧盟努力的中心。[②] 2011年德国作为联合国安理会主席国再一次发起关于气候变化与国际安全的辩论。在这一时期，气候变化在欧洲政治议程上具有很高的地位，欧盟也极力引导全球气候治理的发展。然而，2008年美国次贷危机引发了欧元区的债务危机，在一轮又一轮的希腊债务梦魇中，欧盟又经受了欧俄关系因克里米亚问题恶化，恐怖分子频频向欧洲发起攻击，中东、北非乱局引发大批难民涌入欧洲，英国公投决定退出欧盟，等等。这一系列的危机对欧盟的经济、政治、社会构成了全方位的挑战。其后果之一就是气候变化话题在欧洲安全事务中变弱了。全球环境议题在欧盟政治议程中的地位亦出现下降。

其次，多重危机让欧洲民粹主义泛滥，反一体化势力上升。疑欧派领导人大多不支持全球气候治理，这给未来的欧盟全球气候治理蒙上了一层阴霾。例如，2017年法国总统大选的竞争者、国民联盟领导人玛丽娜·勒庞（Marine Le Pen）反对开展全球气候变化谈判应对全球变暖。[③] 2017年荷兰大选中首相的竞争者，自由党领导人基尔特·威尔德斯（Geert Wilders）在党纲中主张取消碳排放税和航空碳税，反对在荷兰发展风车发电、减排二氧化碳和绿色化财政。[④] 成立三年既已进入8个州议会的德国选择党在2016年2月发布的第一份政党竞选宣言中写道："只要地球存在，气候就会

[①] https：//www.consilium.europa.eu/media/30862/en_clim_change_low.pdf.，最后访问日期：2018年12月23日。

[②] http：//www.glogov.org/images/doc/EU%20council%202009.pdf，最后访问日期：2018年12月3日。

[③] https：//www.theguardian.com/environment/2014/dec/18/french-national-front-launches-nationalist-environmental-movement，最后访问日期：2018年12月23日。

[④] Party of Freedom（Partijvoor de Vrijheid，PVV）Program for 2010-2015.

不断地发生变化。当前的气候变化政治是建立在无效的 IPCC 计算模型基础上的。二氧化碳不是污染物,它仅是一种日常生活中的不可或缺的大气分子而已。"①

再次,英国决定退欧给欧盟的机制运转带来不确定性,进而对欧盟全球气候治理的积极形象产生一定的负面影响。第一,英国退欧后,成员国在欧洲理事会中的分量和对欧洲理事会的影响力分布可能出现新的格局。丹麦、瑞典、荷兰三个在气候治理中较为积极的国家可能会被边缘化。第二,欧盟理事会中的表决机制将会出现变化。英国在 2017 年下半年没有出任欧盟理事会轮值主席,缺少英国这一积极减排目标支持者的推动,对欧盟气候立法来说是一个负面因素。第三,欧洲议会党团构成也会出现变化。一个现实的事例是,由于英国议员退出欧洲议会,导致当时环境委员会负责的欧盟排放交易机制改革立法工作无人领导。② 英国已经在 2017 年 3 月启动退欧程序。总的来看,英国退出欧盟后,波兰在欧盟的影响力将会上升,这在中短期内对欧盟的气候治理不是一个好消息。

最后,成员国国内政治影响了欧盟气候治理的推进。当前造成欧盟成员国温室气体减排雄心下降的主要原因不是来自经济成本方面,而是来自政治方面。相比 2005 年,欧洲的风力发电量增长了 4 倍,太阳能发电量提高了 70 倍。③ 可再生能源的生产、存储成本快速下降,提高能效方案的成本也在降低。这都对传统能源市场形成了冲击,使传统化石能源企业收入缩水。强大的传统能源行业为保护自身的利益,游说政府对其补贴。然而,欧盟需要的是在未来几年内前瞻性地投资于清洁能源行业。补贴化石能源

---

① https：//sputniknews. com/europe/20160502/1038962286/alternative – germany – manifesto. html,
最后访问日期：2018 年 12 月 23 日。

② http：//www. euractiv. com/section/uk – europe/news/meps – try – to – stop – emissions – trading –
bill – falling – into – polish – hands – after – brexit – vote/,最后访问日期：2018 年 12 月 13 日。

③ http：//www. eea. europa. eu/highlights/decommissioning – fossil – fuel – power – plants? utm_ me-
dium = email&utm_ campaign = Carbon% 20Lock – in_ CRM&utm_ content = Carbon% 20Lock –
in_ CRM + CID_ 0393fa0440909c61db001cf599713bb6&utm_ source = EEA% 20Newsletter&utm_
term = Read% 20more,最后访问日期：2018 年 12 月 29 日。

只会扰乱低碳经济转型的信号，不利于欧盟碳价回升，从而也会影响欧盟的减排雄心和气候治理的实施效果。同时，因为没有强大的约束性碳减排目标作为激励，清洁能源投资很可能会流向欧盟之外。果真如此，欧盟在清洁、智能能源技术布局和商业模式探索上将会落后于竞争对手。

成员国中，德国的气候政治展现出了各种利益间的纠缠和平衡，是欧盟当前气候政治的一个缩影。2016 年德国政府酝酿出台《德国 2050 气候保护规划》。规划草案公布后被德国主要的环境保护组织认为力度太弱，无法指引德国经济走向去碳化之路。[1] 即使是对这份力度不够的规划，政府内的各部门、议会中的各党派都难以形成一致的态度。财政部反对为煤炭退出能源体系制定时间表。农业部认为每公顷减碳 80 千克的目标无法完成。执政的联盟党中很多议员和内阁成员认为，严苛的规划将终结德国工业枢纽的作用。联盟党反对给交通运输、农业等部门施加严厉的温室气体减排目标；主张德国的气候政策只要符合欧盟的最低政策目标就好。传统产业利益集团，如化学工业联合会认为其利益没有被充分考虑。[2] 2018 年年末"煤炭委员会"提出将关闭第一批燃煤电厂的日期由原先的 2020 年延迟至 2022 年的草案。在这样的利益纠缠与平衡中，德国近年来减碳目标执行得非常不好，德国政府已经承认无法在 2020 年完成温室气体减排 20% 的任务。

波兰作为气候治理最不积极的欧盟成员国之一，其国内政治给欧盟全球气候治理带来更多的是"负能量"。波兰有庞大的煤炭利益集团，煤炭行业从业人员众多，而且波兰未来十年的能源安全保障仍需依赖煤炭行业。在 2014～2020 年欧盟预算框架内，波兰是接受欧盟融合基金支持最多的成员国之一。欧盟资金进入基础设施和环境部门，支持波兰向低排放、高能效和可再生能源方向转型。但是波兰追上西欧、北欧国家的步伐仍然需要时间。波兰不支持欧盟提高 2030 年温室气体减排国家自主承诺，反对欧盟

---

① http：//www. euractiv. com/section/climate – environment/news/germanys – horror – catalogue – 2050 – climate – plan – criticised – from – all – sides/，最后访问日期：2018 年 12 月 18 日。

② http：//www. euractiv. com/section/climate – environment/news/germanys – horror – catalogue – 2050 – climate – plan – criticised – from – all – sides/，最后访问日期：2018 年 12 月 18 日。

设定到 2050 年实现碳中性的目标。波兰政府还反对欧盟温室气体排放交易
体系改革。2016 年年初，波兰向欧洲法院起诉欧委会，反对欧盟启动
"（碳）市场稳定机制"。波兰政府认为，"（碳）市场稳定机制"改变碳市
场中已有碳配额数量的做法将会扭曲市场，不利于传统能源行业进行决策
和投资。① 波兰政府在碳配额交易中还存在监管不严的问题。2016 年夏，碳
配额交易增值税欺诈案被曝光，该案暴露了欧盟碳交易体系的漏洞。案件
涉及全欧 2008~2010 年的碳配额交易，总金额达 100 亿~200 亿欧元。其
中波兰中介公司涉案金额高达 2.83 亿欧元。② 还有媒体调查显示，波兰在
向欧盟申请免费的碳配额和改造煤炭电厂资金问题上存在弄虚作假行为。③
波兰可以称得上欧盟气候治理中"拖后腿"势力的代表。

在法国，由于民众不满购买力低下导致 2018 年年末多地发生抗议政府
提高燃油税的"黄马甲"运动。在不断发酵的社会运动的压力下，法国政
府不得不取消在 2019 年提高燃油税的计划。法国政府提高燃油税的本意是
降低化石燃料的消费，扶持可再生能源。但是在经济复苏尚不稳健、民众
对未来收入较为悲观的情况下，这种政府推动的能源转型导致了民众的不
满。其中低收入群体由于购买力不足对汽油价格非常敏感。另外，农业部
门也不愿意承担柴油税上调产生的额外成本。虽然法国总统马克龙很快宣
布成立"气候最高委员会"，协调能源与其他经济社会政策，修正政策间的
不和谐之处，缓解社会矛盾。然而，在法国民众抗议声浪的压力下，马克
龙最终放弃了 2019 年燃油税提高计划。

欧盟在应对气候变化、向低碳经济转型的过程中遇到了诸多挑战。但
是，我们仍需要承认，从领导能力方面看，在国际社会中欧盟的环境治理
理念先进、手段多样、经验丰富，这些软实力将支持欧盟在全球环境治理

① http：//www.euractiv.com/section/europe-s-east/news/poland-goes-to-court-of-justice-over-ets/，最后访问日期：2018 年 12 月 23 日。

② http：//www.euractiv.com/section/energy/news/polish-broker-faces-seven-year-prison-sentence-for-vat-fraud-on-eu-carbon-market/，最后访问日期：2018 年 12 月 6 日。

③ http：//www.euractiv.com/section/energy/news/poland-s-carbon-emissions-billions-to-be-spent-on-coal-cutting-budget-deficit/，最后访问日期：2018 年 12 月 15 日。

中发挥第一梯队的领导作用。欧洲国家环境治理理念超前，在全球环境治理起步初期，瑞典就在 1972 年主办了第一届联合国环境大会。欧盟民众对全球环境治理的认同度几乎是全球最高的。欧盟利用外交政策工具，包括政策对话、国际谈判、金融工具，推进欧盟的国际环境和气候议程。同时开展了出色的气候外交，确保了在全球最高政治层面，应对、适应气候变化并抓住抗击气候变化带来的低碳化转型机会。气候变化被列为欧盟与第三国关系中的优先事项。2015 年巴黎气候大会上，"雄心联盟"对最终引入1.5 度目标起到了决定性的作用。这是欧盟领导发达国家和发展中国家共同推动全球气候治理的一个典型范例。此外，欧盟一直致力于推动的全球航空业温室气体减排协议也取得了开创性进展。国际民航组织第 39 届大会于2016 年 10 月在蒙特利尔通过了《国际民航组织关于环境保护的持续政策和做法的综合声明——气候变化》和《国际民航组织关于环境保护的持续政策和做法的综合声明——全球市场措施机制》两份重要文件，形成了第一个全球性的行业减排市场机制。因此，我们不能小觑欧盟的气候治理实力。

虽然欧盟在全球环境治理中的引领作用从中短期来看出现了相对下降的趋势。但是，欧盟在环境机制设计、环境外交方面有着丰富的经验和强大的智力储备。软实力一般不易受国际形势变化的影响，它将支持欧盟在今后一定时期内继续在全球环境治理中发挥规范性的引领作用。

六 欧盟全球环境治理的特征及其对参与全球环境治理的影响

作为一个"自成一体"的国际组织，欧盟自身一体化发展的经验让其在国际政治领域更加青睐多边主义的方式，相信国际规范的力量，信任以国际规制的力量抵消国际空间中的无政府状态，以避免"公地悲剧"的上演。欧盟参与全球环境治理具有以下几方面的特点。

第一，欧洲一体化的演进和深化与欧盟参与全球环境治理具有密切的正相关性。从 20 世纪 70 年代开始，一系列欧共体条约和欧洲法院判决不断地加深着欧洲的一体化程度，欧共体被赋予更多的代表成员国参与国际环境谈判、缔结国际环境协定的权力。1992 年签署的《马斯特里赫特条约》授予欧盟作为一个国际行为体参与全球环境治理的权能，欧委会主席可以代表欧盟签署国际环境条约。这为欧盟全面、深入参与全球环境治理提供了可能，也预示欧盟参与全球环境治理高潮的来临。此后，欧盟作为一个整体参与 1992 年里约联合国环境与发展大会，在联合国气候变化机制的构建中发挥了重要的领导作用。欧盟构建起自身支持国际多边环境机制的、积极连贯的形象。

第二，通过构建国际环境治理规则，维护欧盟在全球价值链中的地位与利益。欧盟开展积极的环境治理有其经济和政治利益的考量。欧洲公民在很多领域遵守着全世界最严格的环境标准，然而，不论欧盟的环境立法有多么强大，也并不能庇护欧洲免于跨国污染和全球环境退化的负面后果。而且，在自由贸易的大环境下，欧洲如果在环境领域抵制"底线竞争"，坚持严格的环境标准，不仅会丧失国际竞争优势，还可能会遭受 WTO 贸易非关税壁垒的指控。因此，欧盟寻求向全世界扩散其环境标准，即支持全球环境治理，签订国际多边环境条约，以欧盟的规制力量加市场力量，共同抵御在自由贸易环境下欧盟高标准环境政策导致的竞争劣势。在抗击全球变暖的行动中，欧盟提高能源效率、实施能源结构和能源市场改革符合其根本利益。欧盟通过投资温室气体减排、可再生能源和提高能源效率等产业形成技术和研发优势的附加。一方面，欧洲塑造了一个极具潜力的经济增长点；另一方面，欧洲也在全球低碳经济价值链上占据了有利地位。

第三，通过构建国际环境治理规则，强化欧盟作为独立行为体在国际舞台上的地位。进入 21 世纪后，《第六个环境行动规划（2002 - 2012 年)》要求欧盟通过国际多边合作、会议和制度"为加强国际环境治理而努力"，并且作为"保护全球环境和支持可持续发展的领导力量"而行动。欧盟的对外环境政策在这之后更加倾向于把环境与谋求在国际上成为"规范性力量"的领导者和在未来竞争中占据优势相联系。环境治理对于欧盟培养超国家力量具有积极的政治意义。就应对气候变化来说，气候治理是一项综合性强、涉及众多部门的行动，欧盟的气候行动职能向能源领域的外溢导致了欧盟能源部门政策一体化的加深。应对气候变化还为欧盟提供了一个深化欧洲认同和展现欧洲一致性的机会。成功的国际气候谈判有助于说服成员国在更多的对外行动领域向欧盟让渡权力，使欧盟一体化进一步得到加强。冷战结束后，随着全球环境外交在国际事务中地位的凸显，全球环境治理成为欧盟展现价值观和发挥影响力的重要舞台。进入 21 世纪，欧盟通过全球气候治理强化了其在外交领域的独立性，成为全球气候治理中的领头羊。

欧盟全球环境治理的特征影响着其今后参与全球环境治理的路径和方式。支持多边主义框架、追求以国际法的约束力保障全球环境治理机制的地位，都会是欧盟在今后的全球环境治理实践中遵循的原则。当前，应对气候变化的急迫性与日俱增。2016 年《巴黎协定》生效后，全球气候治理迈入"自下而上"动员的时代。欧盟能否继续推行其全球环境治理理念，充当全球气候治理先锋，主要取决于未来欧盟如何处理好面临的诸多困难，调整好政治、经济、社会发展的状态，并以团结一致的姿态参与全球环境治理。2019 年 5 月，欧洲议会举行了换届选举，支持一体化的中间力量掌握了欧洲议会的大局，绿党的支持率大幅提升。这个结果表明欧洲的民粹主义开始得到控制。从 2018 年到 2019 年，在"黄背心"泛滥欧洲的同时，欧洲青年人也聚集在一起，以"保护未来的周五"（Fridays for Future）为口号，呼吁更多的人正视气候变化带来的威胁。民粹势力走弱、绿党支持率上升和青年人的环保热情，将为欧盟重振全球环境治理领导地位提供机遇。

参考文献

蔡守秋主编《欧盟环境政策法律研究》，武汉大学出版社，2002。

傅聪：《欧盟应对气候变化的全球治理：对外决策模式与行动动因》，《欧洲研究》2012 年第 1 期。

傅聪：《哥本哈根倒计时：欧盟应对气候变化政策的进展》，载周弘主编《欧洲发展报告 2008 - 2009 年》，社会科学文献出版社，2009。

傅聪：《欧盟清洁能源与气候治理的发展与困境》，载黄平主编《欧洲发展报告（2018 - 2019 年）》，社会科学文献出版社，2019。

傅聪：《美国退出〈巴黎协定〉后欧盟的气候能源政策》，载黄平主编《欧洲发展报告（2017 - 2018 年）》，社会科学文献出版社，2018。

傅聪：《巴黎气候变化大会：欧盟的立场、行动与作用》，载黄平主编《欧洲发展报告（2015 - 2016 年）》，社会科学文献出版社，2016。

傅聪：《欧盟气候变化治理模式研究》，中国人民大学出版社，2016。

柯坚：《欧洲联盟环境与发展综合决策的政策演变与立法发展》，《世界环境》2001年第1期。

朱松丽、高翔：《从哥本哈根到巴黎——国际气候制度的变迁和发展》，清华大学出版社，2017。

Death, C., "A Predictable Disaster for the Climate - But Who Else Won and Lost in Durban at COP 17?" *Environmental Politics*, 2012, 21 (6).

Hofrichter, J. and K. Reif, "Evolution of Environmental Attitudes in the European Community," *Scandinavian Political Studies*, 1990, 13 (2).

Maria Ivanova and Daniel C. Esty, "Reclaiming U. S. Leadership in Global Environmental Governance," *SAIS Review*, 2008, XXVIII (2).

Oriol Costa, "Who Decides EU Foreign Policy on Climate Change? Actors, Alliances and Institutions," in Paul G. Harris ed., *Climate Change and Foreign Policy*: *Case Studies from East to West*, Routledge, 2009.

Preparation for the 16th Conference of the Parties to the UN Framework Convention on Climate Change Cancun, 29 November to 10 December 2010, Council conclusions, 3036th Environment Council meeting, Luxembourg, 14 October 2010.

Sebastian Oberthur, "The European Union's Performance in the International Climate Change Regime," *Journal of European Integration*, 2012, 35 (6).

欧盟参与反恐全球治理：历史与现状

沈晓晨 *

摘　要：欧盟参与恐怖主义全球治理存在其独有的特点与问题。对于 20 世纪 70 年代以来欧盟反恐治理历史的考察，是讨论欧盟当代反恐现状与困境的基础。在过去半个世纪，欧盟反恐经历 TREVI 合作、"9·11"事件爆发、2014～2015 年欧洲本土恐怖主义的爆发，以及 2009 年《里斯本条约》的签署四个"里程碑"事件，随之形成的是区别于内部安全治理、具有强烈内部安全治理特点的反恐国际维度，欧盟逐渐形成自己的反恐全球治理"行为体性"。但是欧盟共同安全与防御政策（CSDP）与反恐之间始终存在文件表述与实践不匹配的问题，欧盟共同安全与防御政策并没有因反恐的需要而发生变化。它声称应用广泛，但并未成为被充分用作欧盟宽泛的反恐政策的一个工具。这是当代欧盟反恐的现状与特点，也是它作为当前主要地区反恐路径代表的困境。欧盟始终（至少在文本上）希望塑造独立于内部安全治理的全球反恐的重要角色，但是后者存在的问题恰恰应该从两者的互动关系与张力中寻找。

关键词：欧盟　恐怖主义　全球治理　《里斯本条约》　"行为体性"安全治理

一　引言

欧盟反恐是当前恐怖主义全球治理领域中一个重要且特殊的议题。在

＊　沈晓晨，中国—上海合作组织国际司法交流合作培训基地（上海政法学院）专职研究员。

当前全球治理领域，恐怖主义作为当代最突出的全球安全问题，无疑应当成为全球治理的重点对象。① 但遗憾的是，从"9·11"以来各个维度——不管是国际层面还是国家层面的反恐实践来看，目前尚没有哪个国家或哪个反恐项目宣称自己已经完全做到恐怖主义有效治理。恐怖主义成为当代全球治理的一个难点。这一难题迟迟得不到解决。其一，过去十多年中，恐怖主义治理被限定于国家维度，而且成为一个基本由大国主导的进程，"反恐大多发生在反恐之外"。换言之，国际反恐协作受到基于本国利益考量的国家间关系的影响，其成效在很大程度上是由大国政治而非反恐工作本身所决定。其二，反恐作为一种明确的"事件驱动性"（case-driven）的治理行为，一直落后于恐怖威胁的现实变化，在当前恐怖主义蔓延呈现明显的地区化和分散化发展趋势下，单纯国家性的反恐更多可能只能做到事后的"止损"。恐怖主义全球治理始终在期待具有预判性的措施出现。正是在这两方面意义上，欧盟作为一个地区行为体在过去近二十年中的反恐实践，即强调地区维度治理的地区治理路径，构成当前走出恐怖主义治理困境的一个独特思路。

但欧盟的恐怖主义治理存在独有的特点与问题。从 20 世纪 70 年代开始，针对包括恐怖主义在内的地区性安全议题的泛欧洲地区性整体治理，一直被作为欧洲共同体内部安全治理的一个重要议题而获得学术关注；同时，恐怖主义威胁一直是影响欧盟内部安全治理的重要驱动因素，这一点在"9·11"事件之后表现得尤为明显，反恐构成其当前外部维度最主要内容，甚至可以说，"9·11"之后的外部反恐诉求加强了欧盟作为一个全球治理重要参与者的"行为体性"（actorness）。围绕着"9·11"之后的反恐需求，欧盟提出了一系列可以被纳入恐怖主义全球治理范畴的理念与行动计划。

欧盟的官方措辞一直在大力强调反恐政策的外部层面。最典型的例子

---

① 曾向红：《恐怖主义的全球治理：机制及其评估》，《中国社会科学》2017 年第 12 期，第 178～199 页。

就是 2005 年出台的《欧盟反恐战略》。这份框架文件充满了雄心勃勃的战略承诺:"在尊重人权的同时打击全球恐怖主义,让欧洲更安全,让欧洲公民生活在一个自由、安全和公正的地区。"[①] 同时,在欧盟涉及反恐的官方文件以及反恐协调小组的官方网页等官方表述中,反恐政策外部维度工作往往以与反恐战略四大支柱平行并列的第五条目或章节方式呈现。欧盟这种关切在 2011 年 1 月发布的《打击恐怖主义行动计划》中尤为明显。

在这一公开的雄心壮志背后,存在着明确的双重理由。首先,欧盟对于恐怖主义产生原因的认知不断加深。在多份文件中,欧盟均表示它面临的许多恐怖主义威胁源自欧洲大陆以外的某个地方,而它自己的安全与其他国家特别是其战略邻近地区发生的事态发展有着不可分割的联系。因此,与第三国合作对于确保欧盟自身的安全至关重要。其次,反恐作为应对重大国际威胁的手段,为欧盟寻求更全面的外部行动提供了新的平台。事实上,鉴于"9·11"事件及之后马德里和伦敦接连发生的恐怖主义袭击事件所带来的日益增长的压力,欧盟对全球反恐斗争的承诺和参与在某种程度上已变得不可避免。2001 年恐怖主义袭击之后,欧盟在国家和超国家层面均制定了大量共同战略和政策,并采取了诸多必要的手段,这表明欧盟主要成员国之间已经基本达成一项共识,即相信由于安全的不可分割而产生的集体责任是不可避免的。[②]

但不容忽视的是,欧盟是否已经成为最主要的全球反恐行为体,这一问题始终没有达成共识,甚至它的内部反恐能力也屡屡遭到质疑。在 Kehoane 等学者看来,反恐是欧盟外交政策中的一个"缺席的朋友"(absent friend),[③]

① European Council, *The European Union Counter-Terrorism Strategy*, Brussels: European Council, 2005, p. 2.

② Laura C. Ferreira – Pereira & Bruno Oliveira Martins, "The External Dimension of the European Union's Counter-terrorism: An Introduction to Empirical and Theoretical Developments," *European Security*, 2012, 21 (4): 459 – 473.

③ Daniel Keohane, "The Absent Friend: EU Foreign Policy and Counter-Terrorism," *Journal of Common Market Studies*, 2010, 46 (1): 125 – 146.

这种解读与 Bures 等学者将欧盟描述为"纸老虎"（paper tiger）[①]，以及 Beyer 认为欧盟在反恐方面是一个"较弱的行为体"[②] 的观点，在核心层面是接近的。然而，另一些学者指出，如果对欧盟采取的反恐措施进行更加细致深入的分析，就会发现上述假定是有问题的。Kaunert、MacKenzie 等学者指出，欧盟在对外政策方面所扮演的反恐角色不断提升。[③] 类似措施例如欧盟相关安全对话——不仅与美国等第三国，还与诸如马格里布、地中海、萨赫勒等地区——中反恐权重的不断提升；欧盟还与联合国、北约等国际组织加强合作。此外，美国通过参与反恐合作，也证实了欧盟正在逐渐奠定其作为一个独立的重要反恐行为体的地位。事实上，这在一定程度上构成当前关于欧盟参与反恐全球治理相关研究的基本语境，界定了基本的讨论分歧和议题。

自"9·11"事件发生以来，欧盟作为一个独特的反恐全球治理行为体已经近二十年，如果从 20 世纪 70 年代的 TREVI 反恐国际合作开始计算，欧洲层面的地区反恐抱负的制度化已近半个世纪，时至今日，关于欧盟到底是一个怎样的反恐国际行为体、欧盟的反恐路径等关键且基础的问题依然存在争论。这就需要从源头出发，重新考察欧盟成为反恐全球治理行为体之一的具体历程。它为什么会出现抱负与实际不符的情况？欧盟参与全球反恐的困境映射出什么样的普遍性问题？或者，反恐的地区治理能否构成走出当前全球治理困境的一个出路？这是本文试图回答的主要问题。

---

① Oldrich Bures, "EU Counterterrorism Policy: A Paper Tiger?" *Terrorism and Political Violence*, 2006, 18 (1): 57 – 78.

② C. Beyer, "The European Union as a Security Policy Actor: The Case of Counter Terrorism," *European Foreign Affairs Review*, 2008, 13 (3): 293 – 315.

③ C. Kaunert and S. Leonard, "EU Counterterrorism and the European Neighbourhood Policy: An Appraisal of the Southern Dimension," *Terrorism and Political Violence*, 2011, 23 (2): 286 – 309; A. MacKenzie, "The European Union's Increasing Role in Foreign Policy Counter-terrorism," *Journal of contemporary European research*, 2010, 6 (2): 147 – 163.

二 作为内部安全治理问题的欧盟反恐治理："9·11"事件之前的政策历程

（一） 从 TREVI 开始的反恐内部安全治理议题

长期以来，反恐是欧盟内部安全治理[①]的一个重要议题，构成欧盟内部安全治理不断变化的驱动因素。这一论断，是我们考察欧盟反恐全球治理或其反恐治理外部维度的起点。以"9·11"事件为界，欧盟反恐体现出一个明显的由内及外的安全治理思路，应该说，在反恐全球治理的参与过程中，欧盟的措施具有明显的内部安全治理色彩，这是当前欧盟反恐的一大特点。

探讨反恐在"9·11"事件之后欧盟安全治理外部维度或国际维度的发展，需要以欧盟反恐自身发展历程为起点进行考察。自 20 世纪 70 年代反恐工作进入当时欧共体的内部治理议程以来，其重要性或显要性虽然时常变化，但是从未被完全忽视过。在这种关系之下，欧盟反恐的主要机构就是它内部安全治理的主要机构，即除了最主要的三个决策机构——欧洲理事会、欧盟委员会和欧洲议会——之外，欧盟还设有一系列专门处理内部安全相关事项的机构，特别是欧洲刑警组织（Europol）、欧洲司法组织（Eurojust）、欧洲边防局（Frontex），以及一些临时成立的行动小组，例如欧洲理事会 2011 年成立的"联合调查小组"和"欧洲边境管理小组"等。这些机构的设立初衷往往不仅仅局限于反恐职能的特定安全事项，但伴随着恐怖主义逐步发展成为欧洲一项主要内部安全威胁，这些机构自然也就成为

① 通过对于《阿姆斯特丹条约》和《里斯本条约》的革新，根据《欧盟条约》（Treaty of EU，TEU，即《马斯特里赫特条约》）的第 3 条第 2 款，将确立"安全"为"自由、安全与公正区域"的基本公共产品（public goods）定义为《欧盟条约》的基本目标（treaty objective）之一，以及特别是根据《欧洲联盟运作条约》，由《罗马条约》（即《建立欧洲共同体条约》更名更新而来））第 67 条，明确欧盟将通过在犯罪事务上的警察合作和司法合作等多领域多项措施来"确保高度的安全"，欧盟成员国已经正式允许欧盟在其内部安全领域开展行动的权力。

能够被赋予更多反恐任务的既有工作平台。但要讨论欧盟反恐的政策演进，20世纪相对复杂一点的问题是，欧盟反恐政策在哪个时间区间内，呈现出什么样的政策演进，以及政策变化背后体现出什么样的反恐思路变化。

首先需要强调的是，欧盟的反恐远早于"9·11"。欧盟内部安全治理的第一步，是基于20世纪70年代反恐需求的欧洲"恐怖主义、激进化和暴力的国际化"合作（Terrorisme，radicalisme et violence internationale，TRE-VI），这一国际合作是欧共体内部安全治理的第一个里程碑，但此次国际合作的反恐联合治理的本质反而常常被忽视。事实是，欧盟内部安全治理的起源，是20世纪70年代对恐怖主义威胁的集体应对。正是在当时恐怖主义蔓延的冲击之下，欧共体各成员国内政部长1975年决定在反恐领域开展结构性合作（structured cooperation）。1975年12月1～2日，欧洲理事会在罗马会议上发起这一反恐合作。这是成员国之间的第一个内部安全合作，其内容包括在部长和高级官员层面组织相关会议，旨在实现成员国在反恐情报和经验方面的信息交换，并帮助协调成员国跨国的反恐行动。

TREVI合作是欧洲共同体跨境内部安全治理的第一步，最显著的特点在于其非正式性：TREVI并不基于任何具有约束力的条约或条款，在欧共体法律框架之外运行，也没有配以任何法律的或经济的措施或常设机构。因为内部安全治理在国家主权视角下的敏感性，当时恐怖主义威胁评估和反恐战略都是纯粹的国家事务，成员国担忧反恐这一新的合作领域出现潜在的"超国家化"，希望将这一合作严格地限制在政府间背景之下。[①] 这种警惕超国家或地区性反恐对于国家安全权力削弱的担忧一直持续到今天；恰恰是这一合作，奠定了之后欧盟内部安全治理以及当代反恐合作的制度先例和心理基础。

虽然"恐怖主义、激进化和暴力的国际化"合作出现的原因是20世纪70年代遍布欧洲大陆的恐怖主义挑战，但是欧盟成员国之间内部安全合作

---

① Jorg Monar, "EU Internal Security Governance: The Case of Counter Terrorism," *European Security*, 2014, 23 (2): 195–209.

在 20 世纪 80 年代的后续发展更多是受其他安全挑战的影响。在 20 世纪 80 年代，欧洲的恐怖主义威胁相对下降，与此同时，国际毒品贩运和相关有组织犯罪现象越发严重。从 80 年代后半期开始，在欧共体框架下完成欧洲内部市场建设，以及在申根框架下抛弃对参与国内部跨境人员流动的控制，带来了广泛的内部安全挑战，这一挑战持续并主导了 20 世纪 90 年代欧盟治理的发展。在这一时期，恐怖主义只被认为是安全方面的诸多挑战之一，甚至不是最紧迫的问题。这直接反映在 1993 年生效的《马斯特里赫特条约》中，反恐只是诸多内部安全事项中的一项，而且不是优先事项。1999 年生效的《阿姆斯特丹条约》为欧盟的新"自由、安全与公正区域"（AF-SJ）建设带来更为完善的合作机制和法律工具。但与 TREVI 早期以反恐为核心不同，《阿姆斯特丹条约》在第 30 条和第 31 条警察和刑事司法合作特殊条款中，并没有将反恐列为一个优先事项。

但这一情况伴随着"9·11"事件出现了变化。"9·11"事件之后，反恐再度成为欧盟内部安全治理的主要驱动因素，欧盟在恐袭之后针对国际恐怖主义的反应与反思，带来欧盟内部安全治理的重要转折。"9·11"事件虽然发生在美国，但对欧盟也形成重大心理与认知冲击，甚至一定程度上具有里程碑意义：欧盟在第一时间确定这是一个"共同威胁"，需要"共同面对"，这一态度是之后欧盟所有反恐政策的起点。[①] "共同面对"的政策体现，就是欧盟委员会在 2001 年 9 月 19 日开始制定并于次年 6 月 13 日通过的《打击恐怖主义理事会框架决定倡议》，并在短期内召开了两次重要的反恐国际会议。其一，2001 年 9 月 21 日举行的欧盟理事会布鲁塞尔特别会议。在这次特别会议上通过了具有划时代意义的《欧盟反恐行动计划》，当时最主要的两项工作是加强航空安检、强化警察和司法协作。其二，2001 年 10 月 19 日，欧盟理事会在比利时根特市举行第二次非正式会议，在《欧盟反恐行动计划》基础上通过了超过 80 项专门的反恐措施，其中就包括在次年实施的"欧洲通缉令"。

---

① 欧盟理事会在 2008 年 11 月 28 日对该《倡议》进行修正，European Council, *Council Frame-work Decision 2008/919/JHA of 28 November 2008 Amending Framework Decision 2002/475/JHA on Combating Terrorism*, Brussels: European Council, 2008。

（二）"9·11"事件后反恐对于欧盟内部安全治理发展的形塑性影响

需要注意的是，"9·11"事件是一个外部事件，给欧盟短时期内的外交政策带来很大的影响，但深层次的作用有限。当时对于欧盟国家来说，是否参与美国的全球反恐战争、如何在这一情况下处理与北约的关系，是比考虑反恐现实威胁更为具体的问题。因此，这段时期欧盟的态度，一方面，体现为对之前反恐乃至内部安全措施的反思；另一方面，是一种应激措施，即不管是倡议还是行动计划，都没有任何关于恐怖主义"根本原因"的内容，欧盟把重心放在应对恐怖主义"直接原因"（即"基地"组织）和"9·11"事件影响的速效行动之上，关注更紧密的合作、反恐具体"技术"和司法措施。

但是，"9·11"事件带来的冲击，已经足够影响到欧盟在政策设计中对于反恐的重视。如果说在1999年《阿姆斯特丹条约》所实现的欧盟内部安全治理改革中，反恐还不是一个主要的驱动因素，那么，2001年"9·11"事件确保了反恐对改革的落实和发展起到了主要的影响作用。与促成TREVI合作形成的情势完全不同，20世纪70年代的欧洲恐怖主义威胁分布分散且大多是国家内部的恐怖主义问题，在"9·11"事件发生后，欧盟成员国在第一时间认为这是一个新的共同威胁，2001年9月21日的欧洲理事会特别会议通过《欧盟反恐行动计划》，标志着欧盟各国采取共同的反恐应对，这一行动计划内容具体且在之后得到了多次升级和更新。而伴随着2004年马德里恐怖爆炸案、2005年伦敦地铁恐怖袭击，"共同威胁"认识得到了进一步的强化。这一恐怖主义带来的挑战被认为已经足够重要和紧迫，迫使欧盟在短短数月内通过了一整套欧盟法律和行动，以及内部和外部的措施，而且这些措施还在不久前的《阿姆斯特丹条约》欧盟内部安全治理改革中得到加强。欧盟针对"9·11"事件而形成的应激反应，给欧盟内部安全治理带来了多方面的形塑影响。

其中，最主要的影响在于欧盟加大有约束力法律工具的使用，内部安全治理呈现明显的从"软性"到"强硬"的转变。在"9·11"事件之前，欧洲理事会在内部安全领域通过的绝大多数文件文本，都遵照 TREVI 传统，坚守无约束力本质，主要采取"决议"（resolution）、"建议"（recommendation）、"结论"（conclusion）等形式。较典型的如 1999 年 12 月 9 日通过的"欧盟理事会关于合作打击恐怖组织资金募集方面的建议"。"9·11"事件之后则出现了明显的变化，倾向于使用由《阿姆斯特丹条约》所引入的具有约束力的法律工具（instrument），如理事会"框架决定"（framework decisions）和"决定"（decisions）等形式。这不仅限于反恐领域的措施，例如 2002 年《打击恐怖主义理事会框架决定倡议》被用于其他严重的跨境犯罪领域，又如关于人口贩运（criminal law harmonization regarding trafficking in human beings）和毒品贩运的刑事法律，以及刑事司法决定的多方认可（mutual recognition of criminal justice decisions）。2002 年 6 月通过的《欧洲通缉令框架决定》，作为 2001 年 9 月行动计划的第一优先事项，成为后来一系列多认可措施的开端，例如《冻结财产或证据的框架决定》、金融罚款的多方认可和执行命令。虽然这些法律手段在反恐方面起到了非常小的作用，但 2002 年在恐怖主义急迫威胁的宏观背景下，欧盟所通过的《打击恐怖主义理事会框架决定倡议》《欧洲通缉令框架决定》两项框架决定，很明显是为了克服之前许多成员国在应对内部安全威胁挑战方面迟疑、不愿接纳"强硬"约束力规定的困境。①

同时，"9·11"事件带来的外部反恐压力，促进了欧盟内部安全治理制度化水平的提升。虽然 1999 年欧洲刑警组织就已经成为一个完全的行动机构，但"9·11"事件之后出现的在恐怖主义威胁评估和调查方面的新要求，极大地促进了这一机构的发展。2001～2002 年，欧洲刑警组织人员数量就从 323 人增至 386 人，② 上升 19.5%，这是成立之后人员数量上升最多

---

① Jorg Monar, "EU Internal Security Governance: The Case of Counter Terrorism," *European Security*, 2014, 23 (2): 195 – 209.

② Europol, *Staff Statistics. Europol Staff Numbers* 2011, The Hague: Europol, 2011, https://www.europol.europa.eu/about – europol/statistics – data.

的一年，而2002年之后，这一增长还在继续。同时，在"9·11"事件之前，欧盟跨境诉讼机构欧洲司法组织还只是一个临时机构，"9·11"事件之后新的反恐优先要求加速了这一机构在2002年的正式成立，并被赋予比成员国在一开始所愿意接受的要大得多的权限。① 欧盟委员会还在其司法与内政总司下设立专门机构，主要负责恐怖主义事务，机构人员也迅速增加。2004年3月，在马德里恐怖袭击之后，欧洲理事会也进行了反恐相关机构调整，设立"欧盟反恐协调小组"（EU's Counter-terrorism Coordinator）专门职位和办公室，并直接对欧盟理事会秘书长负责。虽然反恐并不是欧盟在《阿姆斯特丹条约》之后提升内部安全治理制度化的唯一原因，例如建立对外边境管控机构欧洲边防局的主要原因就是移民控制和边境安全目标，但是这很显然起到了极大的促进作用，特别是在内部安全领域强化制度性能力（institutional capability）方面。

三 后"9·11"时期欧盟反恐外部维度的出现

"9·11"恐怖主义袭击是欧盟创建独立的反恐路径并逐渐成为重要的全球反恐行为体的关键刺激因素。后"9·11"反恐成为欧盟内部安全治理外部化（externalization）的主要驱动因素。一方面，"9·11"事件的发生挑战了包括欧盟在内的整体国际社会对于恐怖主义及应对手段的传统认识。跨国恐怖主义的出现要求相关行为体采取对应的综合和联动措施，在这一意义上，欧盟意识到之前应对恐怖威胁缺乏共同措施，欧盟反恐政策自此开始具有外部维度，真正产生参与全球治理的意识。另一方面，在"9·11"之后的全球反恐背景下，国际环境与国际行为体行动在反恐国际治理方面形成了一种良性互动。国际环境赋予欧盟硬性对外反恐行动的正当性，而欧盟的行动又逐渐在同样的国际环境中形成一个

---

① M. Labayle and H. Nilsson, "The Role and Organisation of Eurojust: Added Value for Judicial Cooperation in Criminal Matters," in: J. Monar, ed. *The Institutional Dimension of the European Union's Area of Freedom, Security and Justice*, Brussels: P. I. E. Peter Lang, 2010, pp. 196 – 197.

新兴的政策领域。①

  对于欧盟反恐治理外部维度的逐步形成，当前研究的一个常用视角，是从欧盟安全治理外部一致性构建过程的角度进行考察。这一路径的核心观点在于，欧共体从 TREVI 反恐国际合作开始，就存在一种国家安全治理与欧盟地区安全治理之间的张力，而"9·11"事件是这一张力平衡变化的重要变量。具体而言，虽然欧洲理事会 1999 年 10 月的坦佩雷会议和 2000 年 6 月的费拉会议已经界定了在实现 AFSJ 内部安全目标过程中欧盟外部行动的一定的优先性，但是当时成员国——其中许多与相关第三国有双边安全合作——在实现外部行动方面并不特别积极。"9·11"事件急剧地推动内部安全的对外方面成为 AFSJ 对外维度的"前沿阵地"，伴随着"9·11"事件而来的"新"的恐怖主义威胁具有明显的全球维度，这要求欧盟国际合作的迅速扩展，而这一点也在美国政府 2001 年 10 月 16 日所提出的长长的合作要求清单中得到进一步的明晰。② 面对这些压力，欧盟随即使用了对外行动方面几乎所有可能的途径来服务其反恐目标，包括在国际组织中强调其"共同外交与安全政策"（Common Foreign and Security Policy，CFSP）立场，在与第三国的政治对话和伙伴关系与合作、协定中加入反恐条款，向第三国提供反恐能力建设援助，与反恐领域内主要合作伙伴之间签署反恐执法合作协定，等等。③

  "9·11"事件之后的反恐驱动因素不仅极大地扩展了欧盟与第三国的安全合作，还刺激产生了一些新的领域，例如欧洲刑警组织与美国政府在 2001 年和 2002 年签署的两个数据共享协定，这也是欧洲刑警组织自成立之后所签署的第一个国际协定。又如欧盟与美国在 2003 年达成的引渡与多方法律援助合作，这些合作在一定程度上成为欧盟与第三国

---

① Erik Brattberg & Mark Rhinard, "The EU as a global counter-terrorism actor in the making," *European Security*, 2012, 21 (4): 557 - 577.

② US Mission to the European Union 2001, 具体事项可参见 https://useu.usmission.gov/。

③ Raphael Bossong, "EU Cooperation on Terrorism Prevention and Violent radicalization - Frustrated Ambitions or New Forms of EU Security Governance," *Cambridge Review of International Affairs*, 2014, 27 (1): 66 - 82.

签署相似协定的模板。① 相关研究强调，虽然欧盟在"9·11"之后与第三国签署的绝大多数新的合作形式同时服务于其他国际法律执行合作目标，例如在打击有组织犯罪方面，但是反恐是欧盟"后阿姆斯特丹时期"在 AF-SJ 方面内部安全治理外部化的最主要驱动力。②

本文认为，欧盟的上述努力可以从另一个维度解释，即后"9·11"时期欧盟反恐两个阶段的政策体现。概言这一进程，不管是 CFSP 还是 CSDP，在早期的概念化和制度化过程中，都没有纳入反恐任务，直至 2001 年 9 月的欧洲理事会布鲁塞尔特别会议和 2009 年《里斯本条约》实施，欧盟形成的是区别于内部安全治理但又具有强烈内部安全治理特点的反恐国际维度，欧盟逐渐塑造出自己的恐怖主义全球治理"行为体性"。

（一）第一阶段：全球反恐阶段

"9·11"事件从根本上动摇了欧洲人关于恐怖主义的认知与心理，驱动政治权威制定欧盟对于反恐战争的政策，通过一个包含欧盟所有政策在内的协调性的跨机构路径，包括推动共同外交与安全政策，以及让欧洲安全与防卫政策（ESDP）付诸实施。但是"9·11"事件没有发生在欧洲本土，从 2001 年至 2004 年马德里恐怖袭击，这一时期欧洲没有发生严重的恐怖袭击，欧洲参与全球反恐的主要形态体现为以参与美国主导的全球反恐战争为主。这是欧盟参与反恐全球治理的初始阶段。

欧洲人对恐怖的认知与心理变化的最直接政策结果，是 2001 年 9 月 21 日欧洲理事会布鲁塞尔特别会议。该会议通过"CFSP、包括 ESDP 参与反恐的宣言"："反恐将持续作为欧盟的优先目标，及其对外关系政策的关

---

① J. Monar, "Common Threat and Common Responses? The European Union's Counter-terrorism Strategy and its Problems," *Government and Opposition*, 2007, 42（3）：292 – 313.

② Jorg Monar, "EU Internal Security Governance: The Case of Counter Terrorism," *European Security*, 2014, 23（2）：195 – 209.

键"。① 此外，该会议还特别指出："正是通过把握最早的机会来发展 CFSP、将 ESDP 付诸实施，才可以让欧盟发挥最大的有效性。只有基于与那些产生恐怖主义的国家和地区展开的深度政治对话，反恐才能取得最大的有效性。"② 根据这一宗旨与思路，这次会议支持通过《欧盟反恐行动计划》，该文件至今仍然是规范欧盟反恐的最核心政策文本。

继布鲁塞尔会议之后，2002 年 6 月，欧洲理事会塞维利亚会议提出相似的理念，并通过将反恐纳入欧盟对外关系政策而扩大了 CFSP 的范围，反恐被规定为欧盟评估与第三方国家关系的重要指标，反恐相关条款被纳入欧盟协议之中。同时，在塞维利亚会议中，与会欧洲领导人还特别呼吁强化国际合作，更加强调冲突的预防，并通过针对波斯尼亚和黑塞哥维那的维和行动的政治讨论，清晰地体现出欧盟的反恐议程与冲突管理行动之间的联系。会议称："通过推进稳定，包括通过强化地方执法能力、原则与标准，欧盟将帮助去除恐怖组织获得扎根的机会。"③ 因此，冲突后稳定和建立法律秩序的努力在反恐斗争中的重要性，在欧盟历史上第一次得到明确表达。

2003 年《欧洲安全战略》（*European Security Strategy*，ESS）的通过，是欧洲参与全球反恐阶段的第三起重要事件。由于反恐不可避免地是"事件驱动性"的，"9·11"事件后持续三年欧洲本土未发生"基地"组织式的重大恐怖事件，加之在 2003 年欧洲最主要的国际安全争论并非国际恐怖袭击的可能性，而是围绕欧美武装入侵伊拉克议题展开的"旧欧洲"与"新欧洲"之间的群体间争议。上述两方面因素直接导致 2003 年 12 月 13 日通过的《欧洲安全战略》中，提升 CFSP、CSDP 在反恐斗争中的作用的必要性只是被非直接地提及与处理。也正是因为这一阶段针对伊拉克战争的集中政治辩论，2003 年《欧洲安全战略》明确了欧盟在对成员国面临的恐

① European Council, *Conclusions of the Extraordinary European Council Meeting*, 2001. p. 4.
② European Council, *Conclusions of the Extraordinary European Council Meeting*, 2001. p. 5.
③ European Council, *Seville European Council*, Brussels: European Council, Presidency Conclusions, 2002, p. 33.

怖主义威胁进行共同评估方面的作用，这一点伴随着《欧洲安全战略》成为规范 ESDP 领域中所实施行动的基础文本和战略框架文件而得到不断的强化。同时，《欧洲安全战略》中欧盟首次明确指出，恐怖主义威胁被认为具有横向特征，即恐怖主义与欧洲安全的其他主要威胁之间的联系已经非常明显，特别是大规模杀伤性武器的扩散、宗教冲突、国家失败、有组织犯罪等。其表述至今仍具有启示意义：（1）大规模杀伤性武器扩散："最令人担忧的情况莫过于，恐怖组织获得了大规模杀伤性武器"；（2）宗教冲突："冲突会带来极端主义、恐怖主义，以及国家失败"；（3）国家失败："国家的崩溃将与明显的威胁密切联系，例如有组织犯罪或恐怖主义"；（4）有组织犯罪："有组织犯罪与恐怖主义存在关联"。①

（二）　第二阶段：应对本土恐怖主义的"反激进化"阶段

"9·11"事件发生后，短期内欧盟多个国家跟随美国参与全球反恐，②欧盟经历了参与反恐全球治理的初始阶段，一定程度上，恐怖主义只是发生在遥远地区，构成欧盟参与全球安全治理的宏观背景，但缺乏直接联系。这一情况在马德里恐怖袭击和伦敦恐怖袭击之后出现了大幅度的变化。继 TREVI 和"9·11"事件之后，欧盟反恐历史上出现了第三个里程碑事件：本土恐怖主义（homegrown terrorism）及随之而来的反恐"预防"思路。

2004 年马德里、2005 年伦敦的恐怖袭击在欧洲恐怖袭击历史上非常重要，不仅因为在欧洲当代历史上第一次出现了所谓的"本土恐怖分子"参与一些最致命的恐怖袭击，而且正是在应对马德里、伦敦，乃至之后的布鲁塞尔、巴黎恐袭的过程中，欧盟和欧洲国家都开始思考恐怖主义的产生根源问题，并试图从预防恐怖主义激进化（radicalization）、极端化（extremization）的角度进行反恐。这是反恐思路的重要转变，具体体现在：这一时

---

① European Council, *European Security Strategy*, Brussels: European Council, 2003.
② 部分学术研究也将之称为"跨大西洋合作"阶段以与之后的"欧洲例外"进行区分。

期的六份重要反恐文件,不仅标识了欧盟反恐的全新"反激进化"思路,而且体现出区别于前一阶段的明确的参与全球反恐治理的抱负。

第一份重要的反恐文件,是欧洲理事会在 2004 年 3 月通过的《打击恐怖主义宣言》。虽然有上述欧盟种种概念化 ESDP 与恐怖主义联系的努力,这一连接关系直至 2004 年还非常脆弱。事实上,直到 2004 年 3 月马德里恐怖袭击之后,欧盟才尝试有效地建立起安全与反恐战略之间更加紧密的联系。2004 年 3 月 11 日马德里事件发生后,3 月 25 日,欧洲理事会即通过了《打击恐怖主义宣言》。从反恐工作而言,《打击恐怖主义宣言》在欧盟反恐中具有三方面重要意义。第一,它第一次设立行动层面的机构,即著名的"欧盟反恐协调小组",对欧盟所有相关措施进行审查,对反恐措施实施密切监控,权力极大,直接对欧洲理事会负责,被称为"反恐沙皇"[①]。第二,《打击恐怖主义宣言》还第一次明确指出"恐怖主义激进化"(terrorist radicalization)是恐怖主义的产生根源。第三,《打击恐怖主义宣言》是欧盟第一次从反恐全球治理这一特定角度提出具体的战略目标。《打击恐怖主义宣言》中,欧洲理事会呼吁在 2002 年塞维利亚会议决议基础上进一步加强 ESDP 在反恐中的作用,特别是在《打击恐怖主义宣言》的附件 1《欧盟反恐战略目标》中列举了欧盟打击恐怖主义的 7 项战略目标,其中最后一项是国际维度:在欧盟对外关系之下,针对那些反恐能力或反恐意愿有待提升的优先第三国开展有针对性的行动。

2004 年《打击恐怖主义宣言》之后,欧盟同年 11 月 18 日通过《ESDP维度打击恐怖主义概念框架》。文件指出,ESDP 在反恐方面应该围绕四个关键概念建构并提升能力建设:(1)预防:成员国应该提供必要的信息收集和有效的情报工作,以确保该项工作的顺利有效开展;(2)保护:减少欧盟内部人员个体、物资、财产、关键民用目标(包括反恐行动中的关键的基础设施)的弱点;(3)回应或后果管控:欧盟主导的力量应该随时做

---

① Christian Kaunert, Sarah Leonard & Alex MacKenzie, "The Social Construction of an EU Interest in Counter Terrorism: US Influence and Internal Struggles in the Cases of PNR and SWIFT," *European Security*, 2012, 21 (4): 474 - 496.

好准备填补军事能力与公民社会能力之间的空缺，随时准备好接受意料中的国际公民保护支援；（4）对第三国的支持：ESDP 开展行动遭受恐怖袭击的风险应该被考虑。①

作为《里斯本条约》的前身，2004 年 10 月签署的《欧盟宪法条约》（2005 年因法国、荷兰两个成员国的全民公决中否决了该条约而被中止）响应了上述《ESDP 维度打击恐怖主义概念框架》中提到的原则，强化"团结"概念，在任何成员国出现恐怖袭击或人道主义以及自然灾难的伤亡时，都可以援引"团结"条款来确保实施集体援助（以及军事性质的援助）。《欧盟宪法条约》的另一个值得一提的方面是，扩大了"彼得堡事项"（Petersberg Tasks）的范围，还囊括了去除武装行动、冲突后稳定行动、冲突预防事项、军事建议和援助事项等。特别是《欧盟宪法条约》认可所有这些行动都可以用来打击恐怖主义。②

2005 年 5 月，欧盟委员会基于 2004 年《打击恐怖主义宣言》制定了一个新的反恐路线图，即"海牙计划"。该计划将这一关于恐怖主义产生根源的认识，具体化为通过反激进化"预防"措施来反恐，而不是一味地压制和打击，形成了当年 11 月的一份重要的反恐战略文件——《欧盟反恐战略》。遗憾的是，从 5 月的"海牙计划"到 11 月底通过的《欧盟反恐战略》，中间发生了伦敦的"7·7"恐怖袭击事件，而正是在这种情况下，不管是欧盟还是英国等主要成员国，当年的反恐政策依然坚持将"预防"而不是"打击"工作放到反恐政策的首位，这一侧重软性手段、强调制度建设的反恐思路，在相关学术研究中被认为是反恐"欧洲路径"与"美国路径"的显著不同。《欧盟反恐战略》规定了反恐的 4 个支柱性工作，即预防、保护、追捕、回应，值得注意的是，《欧盟反恐战略》对这四大支柱工作均详细规定了各自分属的外部行动的关键优先事项，如表 1 所示。

---

① European Council, *Conceptual Framework on the ESDP Dimension of the Fight Against Terrorism*, Brussels：European Council, 2004.

② European Council, *The Constitutional Treaty*, Rome：European Council, 2004.

表 1　《欧盟反恐战略》四项支柱工作的外部维度关键事项

战略支柱	外部维度关键事项
预防	通过共同体和成员国援助计划推进良善治理、民主、教育和经济繁荣 在欧盟内外部推动文化间对话
保护	通过生物识别技术提升欧盟出入境安全 建立签证信息系统（VIS）和二代申根信息系统（SISII） 通过边境管理局进行有效的欧盟外部边界风险分析
追捕	向优先第三国输送技术援助以提升其国家治理能力
回应	加强与各国际组织协调制定针对恐怖袭击及其他灾难性事件的回应

表格来源：笔者自制。

　　与《欧盟反恐战略》同步的是，2005 年 11 月通过的《欧盟打击激进化与恐怖主义招募战略》提供了欧盟及其成员国应对恐怖主义威胁的整体行动框架。第一，第一次清晰简明地对恐怖主义威胁进行了表述，即极端主义意识形态的扩散，以及恐怖主义的合法化，同时强调恐怖主义激进化及其招募并非限定于某一个信仰体系。第二，明确规定了反恐在"预防"工作方面的 4 个主要目标，即摧毁恐怖主义网络和恐怖主义招募；反击极端主义宣传；为所有欧洲人更加积极地提供安全、公正、民主和机会；提升对于激进化事项的认识，制定合适的应对方式。[①] 这一以"预防"为主的反恐思路，一直延续到今天。

　　值得注意的是，与《欧盟反恐战略》非常相似，以英国反恐《CONTEST 战略》为代表的欧盟主要国家的国家反恐战略也大多规定了 4 项基本工作，[②] 但体现出两个关键的不同点。其一，欧盟强调对恐怖主义产生原因的"回应"工作，具体就是把相关科研工作的支持摆在非常重要的位置，而成员国很少这么做。2006 年，欧盟委员会成立"暴力激进化专家小组"，之后在 2011 年还成立了更大规模的"激进化研究欧洲专家网络"。其二，

[①]　Council of the European Union, "The European Union Strategy for Combating Radicalisation and Recruitment to Terrorism," 14781/1/05 REVI, Brussels, 24 November, 2005.

[②]　如英国反恐战略也列出"4P"工作，分别为"预防"（prevent）、"追捕"（pursue）、"保护"（protect）、"准备"（prepare），与欧盟层面的表述类似，也将"预防"排在首位。

欧盟事实上始终没有能力在一线进行切实有效的反恐应对。所以它无法做到具体工作方面的"准备"，只能在认识上有所"回应"。

2008 年 12 月，《欧洲安全战略实施报告》重申恐怖主义仍然是"一个主要威胁"，需要提升反恐路径，将内外两个维度的反恐工作连接起来。报告承认，自 2003 年以来，"进展缓慢且并不完全"。但值得探讨的是，报告中并未提及 ESDP 至今在欧盟反恐努力中所扮演的特殊角色，也没有特别提到与《ESDP 维度打击恐怖主义概念框架》的联系。

四　欧盟作为反恐全球治理"行为体特征"与《里斯本条约》

伴随"9·11"事件的发生，欧盟为应对以"基地"组织为代表的"新"全球恐怖主义制定了一系列应激性反恐政策，这标志着欧盟开始真正产生参与全球治理的意识，以及成为反恐主要国际行为体的抱负。在 2004 年、2005 年本土恐怖主义出现之后，欧盟在反恐怖主义激进化的宏大路径之下进一步强化了反恐与其安全治理国际维度的联系。至 2008 年《欧洲安全战略实施报告》的出台，欧盟作为一个反恐国际行为体已经具备了较为完整的制度体制。但是，欧盟仍然需要进一步深究在其反恐地区化制度模式基础上所体现出的参与恐怖主义全球治理的"行为体特征"。这一"行为体特征"与 2009 年 12 月生效的《里斯本条约》密切相关。以《里斯本条约》中通过的最具有创造力的条款为切入点，这些条款体现了欧盟试图在全球反恐战争中获得更加有信誉角色的努力。

《里斯本条约》带来了欧盟反恐与内部安全治理的一个新的契机。如果说《马斯特里赫特条约》将"安全"确定为欧盟所必须提供的基本公共产品，真正意义上带来了欧盟内部安全治理这个议题，那么 2009 年《里斯本条约》则赋予欧洲理事会、欧洲议会以及欧洲法院在刑事司法合作和反恐方面更多的权力。换言之，如 Ferreira - Pereira、Martins 所言，《里斯本条约》后的 CFSP 播下了欧盟在外部反恐的人格化（persona）的种子。[①]

这一点对于欧盟反恐至关重要，因为欧盟只能提供协调，而没有超国家自上而下的强制性能力。真正切实的反恐机构，是 2004 年成立的"反恐协调小组"，而且这个小组的功能更多的是"监控"而非"协调"。借着《里斯本条约》这股东风，2009 年 12 月，欧洲议会通过了 2005 年"海牙计划"的二代版本"斯德哥尔摩计划"，其核心是建立一个新的欧洲安全框架，强化欧盟在人员跨境数据等情报共享和网络监控方面合作中的关键角色。

概言之，在 2004 年及 2005 年恐怖袭击的创伤之后，《里斯本条约》再度确认"团结条款"，确保在成员国遭到恐怖袭击时能够相互提供援助。这种建立在国家间团结和跨国恐怖主义之间的联系，是那些倾向于在稳定和和平口号下赋予欧盟反恐外部维度更大空间和持续性的国家意志的体现，这种扩大不仅在欧洲内部，还有更大的其他世界。[②] 同样重要的是，《里斯本条约》继续坚持这一扩大了的欧盟对外行动名单需要在 CSDP 的框架和支持下开展，同时，重启这一理念，即"所有的行动……都可能会有益于反恐斗争"。在"团结条款"之外，《里斯本条约》创新性地提出的其他"权宜之计"（expedients）也与这一表述的实现相关。事实上，"永久性构塑的合作"（Permanent Structured Cooperation）、"共同防御条款"（Mutual Defense Clause）的概念，创立由欧盟外交事务与安全政策最高代表领导的欧盟对外行动署，这些做法，除了体现出对于跨极化（cross-pillarisation）或跨机构化理念的共同认可之外，还创设出了一个新的欧洲安全结构，帮助欧盟形成使得 CSDP 成为其反恐战略中重要组成部分的政治力量与优势。

第一，《里斯本条约》在外交、安全和国防政策领域开创了一个新的法

---

① Laura C. Ferreira – Pereira & Bruno Oliveira Martins, "The External Dimension of the European Union's Counter – terrorism: An Introduction to Empirical and Theoretical Developments," *European Security*, 2012, 21 (4): 459 –473.

② Oz Hassan, "Constructing Crises, (In) Securitising Terror – the Punctuated Evolution of EU counter – terror Strategy," *European Security*, 2010, 19 (3): 445 –466.

律框架，其主要构想是支持欧盟作为一个日益独立的政治和战略行动者在国际舞台上建立其影响力。在外交政策方面，《里斯本条约》的主要创新在于将四项"权宜之计"引入条文：设立欧洲理事会主席的职务（第 15 条），外交和安全政策联盟高级代表的职位（第 18 条），设立欧洲对外行动署（第 27 条），以及承认欧盟的单一国际法律人格（第 47 条）。这些权宜之计的目的是精简机构设置，从而提高欧洲联盟在外部行动方面的能力和连贯性。这四项工作设定，承接自 2008 年通过的《欧洲安全战略落实报告：为一个变动的世界提供安全》，共同为欧盟提供一个应对被认为针对欧洲民众生命安全的主要威胁——"欧洲和世界范围内的恐怖主义"——的更加有力和有效的框架。虽然处于初级阶段，但欧盟对外行动署作为一种外交政策"基础设施"应运而生，在这一制度设定下，欧盟与各类国际行为体、国家和国际组织的反恐合作有了极大的便利，从而更好地确立欧盟在不断变化的世界中作为真正"安全提供者"的角色。

第二，关于安全和防卫的具体领域，《里斯本条约》引入一项在发生军事侵略情况下的互助条款（mutual assistance clause，第 42 条）和团结条款（solidarity clause，第 222 条）。除了这两项以团结为目的的安排外，原来的"彼得堡事项"也得到大幅扩展，欧盟可以在其中同时征用军事和民事资产（第 43 条）。同样重要的是，两个合作机制——"加强合作"（reinforced co-operation）和"永久结构合作"（permanent structured cooperation）（第 42 条）——在 CSDP 领域内获得了正式的表达。毫无疑问，这些条款契合《里斯本条约》加强欧盟在全球舞台上的战略和军事能力以及影响力的宗旨。换言之，其中一些条款与创新制度、工作设计同样能够有效地增强欧盟在欧洲内外的反恐行动能力。

这一联系较典型地体现在《里斯本条约》第 43 条上，表示在欧盟以外执行的维和行动、冲突预防，以及其他旨在加强国际安全的行动都"可能有助于打击恐怖主义，包括支持第三国打击其领土内的恐怖主义"。

鉴于《里斯本条约》在法律上的显著演变，既有研究都或多或少地承认，新条约为欧盟在全球反恐中发挥重要和可信的作用播下了种子。① 《里斯本条约》的确极大地促进了欧盟的外交政策雄心，同时提高了国际社会对其为"更美好的世界"服务表现的期望，但这也意味着，与 CFSP、CSDP 相关的创新部署能否对欧盟在外部反恐方面的实际角色产生影响并做出贡献，仍是一个悬而未决的问题，需要继续观察。毕竟，《里斯本条约》的实施虽已经历十年，效果仍处于不确定状态。此外，鉴于反恐怖主义动力的外部因素依赖于根深蒂固的国家敏感性，将空谈转化为实际行动的任何成功最终都需要会员国制定协商一致的方案。②

欧盟始终无法解决一个问题——它在反恐方面所能发挥或所能被赋予的权力，最终还是来自成员国对于恐怖主义威胁的认知，而恰恰在 2005～2009 年，欧洲没有发生重大的恐怖袭击事件，这造成的直接结果就是，2008 年的"普鲁姆决议"并没有在执法数据的自动交换方面给予反恐工作以优先性，2009 年的《里斯本条约》虽然强化了欧盟的安全权力，但没有将恐怖主义与其他严重的跨境犯罪行为进行区分。

虽然在近几年布鲁塞尔、巴黎、伦敦等接连遭遇恐袭之后，欧盟被赋予的权重重新上升，但是如果依赖于、滞后于成员国的政策现实没有改变，欧盟就始终无法成为一个真正独立的反恐国际行为体。事实上，这也是欧洲内部安全治理自 20 世纪 70 年代以来就一直悬而未决的内在难题。成员国需要一个有效的欧盟，但是在移交安全权力方面有很多疑虑，这种安全治理的困境在反恐方面表现得尤为明显；欧盟反恐并不缺少资源与制度，权力的整合与成员国合作、"团结条款"在反恐领域的落实程度，是影响未来欧盟反恐发展的最重要因素之一。

对上述"9·11"事件以来欧盟参与恐怖主义全球治理，以及反恐行为体形成历程略做总结发现，如果说 20 世纪 70 年代 TREVI 反恐合作为欧盟

---

① Andrew L. Porter & Annegret Bendiek, "Counterterrorism Cooperation in the Transatlantic Security Community," *European Security*, 2012, 21 (4): 497517.

② Rik Coolsaet, "EU Counterterrorism Strategy: Value Added or Chimera?" *International Affairs*, 2010, 86 (4): 857-873.

的地区性反恐合作创设了制度先例并奠定了心理基础，"9·11"事件之后全球反恐阶段确立了"共同问题共同面对"的外部反恐思路，2004 年、2005 年本土恐怖主义的出现刺激欧盟确定了反恐的内外部"预防"思路，那么，2009 年《里斯本条约》打开了欧盟更多安全权力的窗口。这一 CSDP 成为反恐话语（rhetoric）组成部分的过程非常重要，因为这一过程显示了话语层面的发展并不必然意味着具体实施层面的同等发展。如果这一宣言与实施之间的差距能在欧盟多个政策领域得到证实，那么它就会在敏感领域更加凸显。外交政策、安全反恐、CSDP 就属于后者这些敏感领域，Hill 在 1993 年就已经提出期望与能力差距（expectation – capabilities gap），这一差距在 20 年后的今天仍然清晰可见。在一定意义上，这也就是上文所列举诸多持消极态度的学者认为当前不要高估欧盟反恐能力和行为体性的原因。

五　欧盟反恐困境的表现及原因

（一）　欧盟参与全球反恐治理的困境

诸多消极派学者认为，对于欧盟外部反恐基础特征和制度创新的认可，需要与一种幻觉进行区分，即认为欧盟反恐外部维度根植于一种综合的显示（comprehensively inform）欧盟要进行全球反恐战争的体制性和战略性宏观思考，而且这种思维全面指导了全球反恐斗争。[1] 因为事实完全不是这样。事实上，迄今为止，欧盟未能向其外部行动提供与其内部安全治理领域同等水平的资源，同时，支撑欧盟外交政策的一些主要特征当然也包括其缺陷，在外部反恐领域中同样无法幸免。[2]

第一，外部反恐缺乏与内部安全治理相当的资源。这是一个相关批判

[1] Laura C. Ferreira – Pereira & Bruno Oliveira Martins, "The External Dimension of the European Union's Counter-terrorism: An Introduction to Empirical and Theoretical Developments," *European Security*, 2012, 21 (4): 459 – 473.

[2] Christophe Hillion, "Fighting Terrorism Through the EU Common Foreign and Security Policy," *Ssrn Electronic Journal*, 2014 (43): 159 – 160.

研究通常会提及的困境表现。如 Keohane 从该角度总结了缺乏强力的欧盟反恐外部维度的两方面困境。他在 2008 年的研究中指出，在政治动力、资源和倡议的绝对数量方面，欧盟在反恐方面的外部反应远远落后于其内部层面。事实上，欧盟对外行动最相关的维度本质上是内部的，如 Keohane 认为，欧盟反恐行动缺乏一个更强大的外部维度有两个表现，同时在一定意义上构成困境。首先，这项政策的协调和发展主要由欧盟各主要成员国内政部长领导，他们往往更关心威胁的内部方面。其次，欧盟反恐架构的制度复杂性不利于外部行动。各机构、部门、反恐协调员和各成员国发挥不同的作用，这并没有提高欧洲联盟进行更雄心勃勃的努力所需的灵活性，例如要求在反恐方面进行国际合作的努力。[1]

　　Martins、Ferreira – Pereira 在其研究中对这种内外部资源分配不均现象进行了提炼，将之命名为欧盟反恐的"政策优先选项与政策目标"困境。[2]他们指出，欧盟反恐最初的优先事项主要集中于内部阵线。成员国之间的进一步合作、司法措施的设计、公民保护机制的落实等，是最先实施的一些行动。外部阵线被给予次级角色，这一点从宣言表述中也可以看出来，相较于关于内部事务和反恐的表述，关于进行外部反恐的表述往往倾向于预防性。这也就意味着，那些在外部阵线的相关反恐措施，从制定出来就有可能耗费相当长的时间才能最终完全实施。同时，打击恐怖主义从来就没有成为 CSDP 的优先事项。另外，在欧盟与反恐相关文件中，提及 CSDP 成为一个越来越常规的现象，这体现出政策制定者认为 CSDP 与反恐相关，但是，CSDP 的政策制定者显然并没有充分共享这一观点，这也反映出一个关于 CSDP 在反恐方面所应扮演角色问题的欧盟内部分歧。一些学者甚至据此进一步引申，认为在资源分配方面，CSDP 并没有受到欧盟反恐政策出现

---

① Daniel Keohane， "The Absent Friend：EU Foreign Policy and Counter-Terrorism，" *Journal of Common Market Studies*，2010，46（1）：127.

② Bruno Oliveira Martins and Laura C. Ferreira – Pereira， "Stepping Inside？CSDP Missions and EU Counter-terrorism，" European Security，Vol. 21，No. 4，2012，pp. 537 – 556；Bruno Oliveira Martins， "EU Counterterrorism Policy：A Paper Tiger？" *Terrorism & Political Violence*，2011，18（1）：57 – 78.

的影响，注入 CSDP 的资源并没有被用于反恐，其制度安排也没有因欧盟不断上升的反恐意愿而出现变化。①

第二，欧美跨大西洋反恐路径差异。Keohane 的研究还提到一个重要观察，即美国和欧盟在反恐方法上存在着普遍的分歧。欧盟是在"9·11"事件之后开始通过参与美国主导的全球反恐战争而开始形成其恐怖主义全球治理的雏形，换言之，由于跨大西洋安全、欧洲整体安全两方面的不可分割而产生的集体责任是不可避免的。因此，美国（及北约）是欧盟参与恐怖主义全球治理的最主要盟友，但两者对于恐怖主义的认知与应对手段存在很大的差异。Keohane 认为，欧盟的做法更注重内部层面，而美国的做法是面向外部的。Dworkin 则在此基础上，基于跨大西洋反恐合作发展中的紧张与倒退来讨论欧盟反恐的问题，他指出："欧洲国家普遍认同的反恐理念与布什政府自'9·11'以来的反恐理念之间的本质区别在于，打击恐怖主义需要各国政府在多大程度上无视正常规则。"② 与此观点相似，de Goede 的研究指出："在欧洲，我们认为追捕恐怖分子并先发制人的语言尤其具有美国特色。更重要的是，我们认为以先发制人的名义授权的政策及其引发的问题是典型的美国问题。在某种程度上，正是美国这种漫无边际的定位，支撑了欧洲特别多边和国际化的形象。"③

Edwards、Meyer 则从能力与资源分配角度重新阐释了这种跨大西洋路径的差异。他们认为，与同时期美国反恐机构和组织的集中化形成鲜明对比，欧盟对于恐怖主义的回应并没有"包含对于中心的根本强化"。④ 欧盟的一些机构职权范围得到扩大，但是其大部分工作重点仍然留在成员国领

---

① Raphael Bossong, "The Action Plan on Combating Terrorism: A Flawed Instrument of EU Security Governance," *Journal of Common Market Studies*, 2008, 46 (1): 27 – 48.

② Anthony Dworkin, "Beyond the 'War on Terror': Towards a New Transatlantic Framework for Counterterrorism," *ECFR Policy Brief*, London: European Council of Foreign Relations, 2010, p. 3.

③ Marieke de Goede, "The Politics of Preemption and the War on Terror in Europe," *European Journal of International Relations*, 2008, 14 (1): 178 – 179.

④ Geoffrey Edwards and Christoph O. Meyer, Introduction: Charting a Contested Transformation, *Journal of Common Market Studies*, 2008, 46 (1): 9.

域。这一情况与其官方文件的话语形成鲜明对比，因为根据这些文件，欧盟对于反恐的承诺似乎已经得到了一个极大的扩展。因此，虽然欧盟投入反恐的资源不断增多，欧盟的行动也在不断扩展，这些方面并没有跟上其话语——欧盟关于这一事项的大多数政策或战略文件——的步伐。这一对比同样可见于 CSDP 及其在宽泛的欧盟反恐中所扮演的角色。如果从这一角度出发，上文所追溯的 CSDP－EU 反恐行为体的逐渐形成过程就可能仅产生在话语层面，并没有转变为有效的政策实施。这是一种语词与行动之间的不匹配，而另外一些学者在对于欧盟反恐政策的讨论中也提到了这一点。①

（二） 欧盟反恐困境的原因

总括而言，欧盟反恐的当代困境，可以理解为 CSDP 与反恐文件表述与实践不匹配，即 CSDP 的治理并没有因反恐而出现变化，它并未成为被充分用作欧盟宽泛的反恐政策的一个工具，其原因值得探究。

第一，在欧盟成员国建设欧盟反恐外部维度以及如何建设方面，换言之，关于如何将 CSDP 用于欧盟反恐之中依然缺乏政治共识。在 Edwards、Meyer 的研究中，这一原因被认为是 CSDP 治理模式没有因欧盟反恐而出现根本性改变的重要因素。出现这种情况的主要原因，在于成员国对于 CSDP 的价值，以及对于恐怖主义威胁的不同认知。如 Grevi 等所指出："欧盟成员国——特别是那些拥有最多资源、最强大，或最独特安全文化的成员国——的不同观点和不同利益，是 ESDP 制度变革中非常重要的驱动因素"。② 在所有成员国中，在外交、安全与防务领域最重要的三个行为体对 CSDP 有着完全不同的观点：英国支持一种"大西洋主义"（Atlanticist）愿景，而法国与德国倾向于为实现一个自治的 ESDP 而做出切实的妥协。此外，

---

① Oldrich Bures, "EU Counterterrorism Policy: A Paper Tiger?" *Terrorism and Political Violence*, 2006, 18 (1): 57–78; Raphael Bossong, "EU Cooperation on Terrorism Prevention and Violent Radicalization – Frustrated Ambitions or New Forms of EU Security Governance," *Cambridge Review of International Affairs*, 2014, 27 (1): 66–82.

② Giovanni Grevi, Damien Helly and Daniel Keohane, *European Security and Defence Policy: The First 10 Years*, Paris: EU Institute for Security Studies, 2009, p. 22.

法德这两个欧陆国家都在试图按照各自关于 CSDP 所应该具有的身份和角色的理解构建 CSDP。德国希望实现一个主要供民用的 CSDP，法国则支持加强这一政策的军事内容。另外，自 1999 年以来，CSDP 的概念化与制度化就必须纳入欧盟内军事不结盟国家（奥地利、芬兰、爱尔兰、瑞典）的考虑。这些国家支持 CSDP 的民用和"模范"角色，来抗衡与削弱一种更加军事化方向的发展。

除了难以实现关于 CSDP 身份与角色的政治共识之外，成员国之间不同层次的威胁认知也可以解释宣言与行动之间的差距。Bakker 在 2006 年、Bures 在 2011 年的研究均指出，不同因素导致欧盟成员国之间关于恐怖主义威胁认知的高度差异。加之对于安全事项的敏感，反恐动因倾向于在国家层面以及具有相似观点的成员国双边层面发生，而欧盟则主要被赋予协调者角色。即便在推进欧盟共同威胁评估方面，情况也是如此。

第二，欧盟缺少足够和有效的外部反恐手段。宣言与实施之间的差距展示出欧盟缺少必要的手段来实现安全事项方面更高的目标。虽然在安全领域合作不断加强，欧盟作为一个政治体，还是无法突破特定的层面。即便成员国间在一个总体的宣言层面带来了各种协定（体现在各种政策或战略文件中），但最终决定开展一个 CSDP 行动之前的复杂过程让这种决定很难被形成。而且，欧盟很难确保将反恐目标置于 CSDP 行动框架之内，除了采取非直接行动外，例如加强法律或刑事机构，或通过加强地方警察和军事权威的准备，等等，这也证实外部因素在刺激更加实质性的反恐行动方面的重要性。

欧盟的反恐行动处于被动。如 Argomaniz 指出，"9·11"事件以来，欧盟反恐的动因出现、加速以及停滞都是因事件——恐怖袭击——决定的。他运用历史制度主义（historical institutionalism）视角来解释欧盟反恐特征的来源，来探讨外部事件与欧盟新政策领域的界定的相关性与影响。鉴于"成员国是欧盟反恐的支柱，国家权威仍然在反恐具体工作中占据主体"，[1] 欧盟行动

---

① Javier Argomaniz, "Post 9/11 Institutionalisation of European Union Counter-terrorism: Emergence, Acceleration and Inertia," *European Security*, 2009 (18): 168.

主要集中于合作和协调，而不是融合和整体和谐。基于这一研究视角，Ar-gomaniz 认为，国家决策者在制度化过程中的关键时刻所做的政治决定，反映出了他们在国家层面的偏好。这也导致向欧盟层面权力转移的不足。如上文已经指出，欧盟在这一领域的行动更多的是"反应性"（reactive）的，而不是"积极主动"（proactive），这说明欧盟更加容易受到外源性刺激因素而非内生性战略思考的影响。

第三，欧盟内部关于"共同安全与防务政策"反恐是否足够存在不同认识。关于 CSDP 是否有足够能力应对恐怖主义威胁存在多种观点，症结在于 CSDP 行动指令中普遍缺乏反恐目标。一方面，CSDP 的民用—军事混合特质是打击非对称威胁的一个有利点。鉴于打击恐怖主义需要，综合各种不同特质的工具，CSDP 在其宽泛的事项领域体现出灵活性，这似乎有利于它适合应对反恐的需求和目标。另一方面，也可以说 CSDP 的主要附加价值与反恐没有直接联系，也与任何其他"硬权力"事项没有联系，这些事项应该被限定于 NATO 的职权范围之内，以避免能力的浪费。从这一观点来看，CSDP 及其在反恐方面的现有的话语与行动之间的不匹配，证明了这一政策在应对欧盟实际的安全与政治现实方面还不够。

这一现象的出现，与 CSDP 的本质以及恐怖主义作为一个威胁本身有关。军事在反恐中的角色充满了争议，被提及最多的是典型的硬权力手段在反恐方面远远不够。学者一般同意欧盟的反恐路径不包括且不应该包括大规模的军事武装干涉，这一立场与美国在"9·11"以来的过去 10 年中所采取的立场完全不同。这一观点也阻碍了 CSDP 成为一个潜在的相关反恐非军事任务提供者。因此，欧盟与美国范式的区别，同时阻碍了 CSDP 参与宏观的欧盟反恐努力之中。然而，使用 CSDP 行动来追求反恐目标的可能性，需要基于 CSDP 混合的民用—军事特质，而非其单独的军事要素。《ES-DP 维度打击恐怖主义概念框架》所界定的 ESDP 四个反恐干预领域，同样可以体现在 CSDP 混合的民用—军事行动中。事实上，预防、保护、回应/后果管理、对第三国的支持这些目标，完全可以在不与"我们不使用军队反恐"的观点相抵触的情况下实现。

上述三方面解释，为我们探讨虽然有这么多与反恐相关的欧盟文献，CSDP 行动依旧没有被直接用来反恐提供了一些初步的回答。话语与行动之间的差距滋长了"欧盟在反恐方面是一个虚弱的安全行为体"的观点。如 Beyer 所说，"行为体性"（actorness）背后的"结构性"因素，包括一致性、单一声音以及可定位性。而当前案例中所发现的话语与事实之间的不匹配，进一步导致欧盟反恐中这些结构性因素的虚弱。相似的，"行为体性"背后的"有效性"因素，包括战略的存在、在内外部行动的能力、实现旨在影响的能力。在本文讨论的背景下，这些假设能够切实地帮助我们评估欧盟反恐外部维度一直没有受到重视的原因。

那么，时至今日，欧盟到底是一个怎样的反恐国际行为体？欧盟的恐怖主义地区治理能否构成走出当前全球治理困境的一个出路？概言之，欧盟的反恐无疑是一个非常重要的议题，但这一重要性体现在反恐对于当代欧盟内部治理的转折性意义，是新的现象、新的任务、新的机制安排，但在反恐层面，可能欧盟并不是那么重要。最直接的原因在于，国家反恐才是当前欧洲反恐的主要内容，欧盟在短期内无法取代，欧盟在反恐方面的价值，在一定程度上一直停留在边境管控和人员流动管理方面，更严重的是，欧盟的反恐始终都是滞后于成员国层面的反恐。

欧盟参与反恐全球治理区别于国家层面反恐的特殊性，同样具有一定的现实意义。欧洲当前国家层面的反恐是存在问题的，深层次多元文化主义政策的有效性与合法性在反恐背景下受到越来越多的质疑。欧盟对此给出不同的回答，就是不要过分强调恐怖主义在每个国家的特殊性，"共同问题共同面对"。在此意义上，欧盟反恐具有滞后性，也客观上使它能在较大程度上反映出欧洲各国在反恐工作中最基本的共识，欧盟在参与全球反恐治理方面的步伐虽然缓慢，却坚实。从现实反恐治理阶段性划分来看，欧盟所秉持的整体的、协调式的反恐路径是否构成走出当前反恐全球治理困境的一个出路，这是欧盟及其成员国从"9·11"事件以来一直都在思考的问题。同时，欧盟越来越多地开始成为欧洲国家反恐合作的主要平台，对国家层面反恐有着越来越强的制约作用。所以，讨论欧盟的反恐，特别是分析这种路径的困境和潜在可能，是一个值得长期探讨的话题。

参考文献

曾向红：《恐怖主义的全球治理：机制及其评估》，《中国社会科学》2017 年第 12 期。

A. MacKenzie, "The European Union's Increasing Role in Foreign Policy Counter-terrorism," *Journal of Contemporary European Research*, 2010, 6 (2).

Andrew L. Porter &Annegret Bendiek, "Counterterrorism Cooperation in the Transatlantic Security Community," *European Security*, 2012, 21 (4).

Anthony Dworkin, "Beyond the 'War on Terror': Towards a New Transatlantic Framework for Counterterrorism," *ECFR Policy Brief*, London: *European Council of Foreign Relations*, 2010.

Bruno Oliveira Martins, "EU Counterterrorism Policy: A Paper Tiger?" *Terrorism & Political Violence*, 2011, 18 (1).

Bruno Oliveira Martins and Laura C. Ferreira – Pereira, "Stepping Inside? CSDP Missions and EU Counter-terrorism," *European Security*, 2012, 21 (4).

C. Beyer, "The European Union as a Security Policy Actor: The Case of Counter Terrorism." *European Foreign Affairs Review*, 2008, 13 (3).

ChristianKaunert, Sarah Leonard & Alex MacKenzie, "The Social Construction of an EU Interest in Counter Terrorism: US Influence and Internal Struggles in the Cases of PNR and SWIFT," *European Security*, 2012, 21 (4).

Christophe Hillion, "Fighting Terrorism Through the EU Common Foreign and Security Policy," *Ssrn Electronic Journal*, 2014 (43).

C. Kaunert and S. Leonard, "EU Counterterrorism and the European Neighbourhood policy: An Appraisal of the Southern Dimension," *Terrorism and Political Violence*, 2011, 23 (2).

Daniel Keohane, "The Absent Friend: EU Foreign Policy and Counter-Terrorism," *Journal of Common Market Studies*, 2010, 46 (1).

Erik Brattberg & Mark Rhinard, "The EU as a Global Counter-terrorism Actor in the Making," *European Security*, 2012, 21 (4).

European Council, *Conceptual Framework on the ESDP Dimension of the Fight Against Terrorism*, Brussels: European Council, 2004.

European Council, *Conclusions of the Extraordinary European Council Meeting*, Brussels: European Council, 2001.

European Council, *Council Framework Decision 2008/919/JHA of 28 November 2008 Amending Framework Decision 2002/475/JHA on Combating Terrorism*, Brussles: European Council, 2008.

European Council, *European Security Strategy*, Brussels: European Council, 2003.

European Council, *Seville European Council*, Brussels: European Council, Presidency Conclusions. 2002.

European Council, *The Constitutional Treaty*, Rome: European Council, 2004.

European Council, *The European Union Counter-Terrorism Strategy*, Brussels: European Council, 2005.

Geoffrey Edwards and Christoph O. Meyer, Introduction: Charting a Contested Transformation, *Journal of Common Market Studies*, 2008, 46（1）.

Giovanni Grevi, Damien Helly and Daniel Keohane, *European Security and Defence Policy: the First 10 Years*, Paris: EU Institute for Security Studies, 2009.

Javier Argomaniz, "Post 9/11 Institutionalisation of European Union Counter-terrorism: Emergence, Acceleration and Inertia," *European Security*, 2009, 18（1）.

J. Monar, "Common Threat and Common Responses? The European Union's Counter-terrorism Strategy and its Problems," *Government and Opposition*, 2007, 42（3）.

Jorg Monar, "EU Internal Security Governance: The Case of Counter Terrorism," *European Security*, 2014, 23（2）.

Laura C. Ferreira - Pereira & Bruno Oliveira Martins, "The External Dimension of the European Union's Counter-terrorism: An Introduction to Empirical and Theoretical Developments," *European Security*, 2012, 21（4）.

Marieke de Goede, "The Politics of Preemption and the War on Terror in Europe," *European Journal of International Relations*, 2008, 14（1）.

M. Labayle and H. Nilsson, "The Role and Organisation of Eurojust: Added Value for Judicial Cooperation in Criminal Matters," in: J. Monar, ed. *The Institutional Dimension of the*

European Union's Area of Freedom, Security and Justice, Brussels: P. I. E. Peter Lang, 2010.

Oldrich Bures, "EU Counterterrorism Policy: A Paper Tiger?" *Terrorism and Political Violence*, 2006, 18 (1).

Oz Hassan, "Constructing Crises, (In) Securitising Terror – The Punctuated Evolution of EU Counter – terror Strategy," *European Security*, 2010, 19 (3).

Raphael Bossong, "EU Cooperation on Terrorism Prevention and Violent Radicalization – Frustrated Ambitions or New Forms of EU Security Governance," *Cambridge Review of International Affairs*, 2014, 27 (1).

Raphael Bossong, "The Action Plan on Combating Terrorism: A Flawed Instrument of EU Security Governance," *Journal of Common Market Studies*, 2008, 46 (1).

Rik Coolsaet, "EU Counterterrorism Strategy: Value Added or Chimera?" *International Affairs*, 2010, 86 (4).

欧盟与全球社会治理[*]

原　航^{**}

摘　要：全球社会治理是全球治理的社会维度，是应对人类的社会需求与社会问题的国际性努力。欧盟积极参与全球社会治理，影响力不可忽视。本文从欧盟社会政策的国际维度出发，结合欧盟对外政策的社会维度视角，探讨欧盟参与全球社会治理这一前沿主题。系统阐述了欧盟参与全球社会治理的议题、政策领域与工具、对象与方式，以及欧盟的影响力，指出欧盟通过贸易、投资、对外援助等政策领域向国际社会推广其模式。本文认为欧盟与美国等发达国家在竞争中一起塑造了当前全球社会治理，同时欧盟受到内外一系列因素的制约，包括欧盟自身的困境、国际秩序的变化，以及新兴市场国家影响力上升等。

关键词：社会治理　全球化　社会维度　欧洲　社会政策

　　如何应对跨国问题，实现全球治理，是国际学术界讨论的焦点之一。常见的全球治理议题有经济、环境、气候变化、可持续增长等。事实上，这些与就业、企业社会责任、社会保障等社会议题有关。近年来，社会议题的国际化引起知识界关注。全球社会治理（global social governance）是全球治理的社会维度，是应对人类的社会需求与社会问题的国际性努力。如何实现全球社会治理，是当前全球治理的前沿问题之一。

　　欧盟积极参与全球治理，其影响不仅仅局限于贸易、环境和气候变化等

---

　　*　本文系国家社科基金年度项目"欧盟全球社会治理论述与实践研究"（项目编号：16BGJ066）的阶段性成果。

　**　原航，比利时根特大学国际政治欧洲研究博士、四川大学国际关系学院副教授、四川大学—华沙大学国际关系研究中心副主任，根特大学欧盟研究中心联合研究员。

领域，还塑造全球社会政策的讨论。20 世纪 90 年代以来，欧盟从聚焦贸易推动核心劳工标准发展到关注更宽广的国际社会议程。[①] 当前文献有不少从法律和政治科学的角度，讨论欧盟对外推广社会政策对国际社会规范的影响。[②] 这些研究通常采取两个相互联系的视角：欧盟社会政策的国际维度、欧盟对外政策的社会维度。前者强调欧盟社会政策的对外示范、溢出和辐射，常用的分析框架有规范性力量欧洲（normative power Europe）、[③] 欧洲化和欧盟对外治理（Europeanization，EU external governance）、[④] 国际扩散/迁移（international diffusion/transfer）[⑤] 等。后者侧重欧盟在对外关系中运用对话、贸易、援助和国际合作等政策工具推广其社会规范，并影响国际社会政策。在国内，学者多在整体上讨论欧盟的全球治理，包括理念、[⑥] 战略、[⑦] 方式[⑧]参与全球治理的转型，[⑨] 以及欧盟对全球治理的新途径，[⑩] 等等。中文

---

① Jan Orbie, Lisa Tortell, "The European Union and the Social Dimension of Globalisation," *Ecdpm Discussion Paper*, 2009, 40 (5): 1 – 18.

② Bart Kerremans, Jan Orbie, "The Social Dimension of European Union Trade Policies," *European Foreign Affairs Review*, 2009, 14 (5): 629 – 641; Jan Orbie, Sangeeta Khorana, "Normative Versus Market Power Europe? The EU-India Trade Agreement," *Asia Europea Journal*, 2015, 13 (3): 253 – 264; Myriam Oehri, "Comparing US and EU labour governance 'near and far' – hierarchy vs network?" *Journal of European Public Policy*, 2015, 12 (5): 731 – 749; Evgeny-Postnikov, I. Bastiaens, "Does Dialogue Work? The Effectiveness of Labor Standards in EU Preferential trade agreements," *Journal of European Public Policy*, 2014, 21 (6): 923 – 940.

③ Ian Manners, "Normative Power Europe: A Contradiction in Terms?" *Journal of Common Market Studies*, 2002 (40): 235 – 258.

④ Sandra Lavenex, F. Schimmelfennig, "EU Rules beyond EU Borders: Theorizing External Governance in European Politics," *Journal of European Public Policy*, 2009, 16 (6): 791 – 812.

⑤ Etel Solingen, Tanja A. Börzel, "Introduction to Presidential Issue: The Politics of International Diffusion – A Symposium," *International Studies Review*, 2014, 16 (2): 173 – 187.

⑥ 彭云、刘伟：《合作性世界秩序：欧盟的全球治理构想》，《世界经济与政治》2003 年第 11 期。

⑦ 杨娜：《欧盟的全球治理战略》，《南开学报》（哲学社会科学版）2012 年第 3 期。

⑧ 张浚：《"开放式协调方法"和欧盟推进全球治理的方式：以援助政策为例》，《欧洲研究》2010 年第 2 期。

⑨ 庞中英、王瑞平：《相互治理进程——欧洲与全球治理的转型》，《世界经济与政治》2012 年第 11 期；庞中英：《全球治理转型中的中欧"战略伙伴"关系"》，《当代世界》2015 年第 7 期。

⑩ 金玲：《欧盟全球治理新思路及对中欧关系的影响》，《国际问题研究》2013 年第 2 期。

文献对欧盟在经济、环境、气候变化等领域治理关注得比较多,[①] 关于欧盟社会政策的研究主要集中于欧盟内部,关于欧盟参与全球社会治理的研究还不充分。下面先从欧盟社会政策的国际维度出发,结合欧盟对外政策的社会维度视角,探讨欧盟参与全球社会治理这一前沿主题。

一 全球社会治理

(一) 基本背景

国际上,对全球社会治理的关注源于全球治理概念。20世纪中期后,为应对国际性问题,西方开始关注"世界秩序"。20世纪末,一系列全球性问题引发西方对如何组织国际努力等问题的重新思考,多边主义和全球治理等概念开始流行。相比多边主义强调国际组织的作用,全球治理概念指在全球范围内组织人类活动,[②] 内涵更加宽广,涵盖国际社会的多种势力间的互动,包括国际市场的势力和反全球化运动等。[③] 如何实现全球治理仍是人类面临的重大问题之一。

全球社会治理是应对人类的社会需求与社会问题的国际性努力。社会需求是指满足人类生存和发展的基本需求。[④] 传统上,为应对社会需求而制定社会政策往往是一个国家内部的事。20世纪,为了应对普遍性的社会需求,国际合作的呼声越来越高。例如,福利国际主义认为公共的国际组织应该用于满足个人的需求,而非解决国家间的冲突。国际劳工组织于1919

[①] 薄燕、陈志敏:《全球气候变化治理中欧盟领导能力的弱化》,《国际问题研究》2011年第1期;傅聪:《欧盟气候变化治理模式研究》,中国人民大学出版社,2013。

[②] James N. Rosenau, *Governance in the Twenty - first Century*, Lynn Rienner Publishers, 1995, p. 13; Lawrence S. Finkelstein, "What Is Global Governance?" *Global Governance*, 1995, 1 (3): 367 – 372, p. 369.

[③] Thomas G. Weiss, R. Wilkinson, "Rethinking Global Governance? Complexity, Authority, Power, Change," *International Studies Quarterly*, 2014, 58 (1): 207 – 215.

[④] 狭义的社会需求指在当代社会中生存和发展的一些基本需求和服务,包括就业、劳工权利、社会保障和包容、职业技能和安全、社会救助等内容。广义的社会需求是指人类生存和发展的一切需求,包括基本生活需求、住房、教育、医疗、职业培训、社会凝聚等各个方面。

年成立。① 全球化的社会影响是当今的一个重要问题。2004 年以来，国际劳工组织呼吁注意全球化的社会维度。② 与经济维度相比，社会维度被认为是"人"的维度，是指全球化带来的影响，涉及"对人民生活和工作、他们的家庭和他们的社会的影响"。③ 应对全球社会影响需要国际集体努力，也称为全球社会治理，它可以被理解为"塑造全球和国家社会政策的多行为体的过程"④。

全球化背景下，人民的社会需求要求更好的解决方案。一方面，全球化加剧了国际竞争，各国的就业和社会福利制度面临更多的压力。另一方面，关于社会政策日益增多的国际比较和讨论，提高了人们对社会治理的期望。在国际层面上影响社会政策的有各种行为体和因素，例如地区一体化对社会政策的影响，地区性社会政策在欧洲和其他地区出现，⑤ 全球性社会问题引起的社会运动，国际组织在塑造社会政策中的作用，等等。

在当代，全球社会治理与全球治理的经济、环境、可持续发展等维度有紧密的联系。例如，1999 年，一些反全球化运动的人士在西雅图抗议世界贸易组织（WTO）会议，将社会议题的浮现归咎于经济全球化的发展，他们希望通过抗议让 WTO 等多边经济组织注意到他们的经济规则带来的社会后果。因此，多边贸易治理也被看作社会领域，以及在此领域全球公民社会与 WTO 等全球治理的机构互动。⑥ 在千年发展目标（Millennium Devel-

---

① Jens Steffek, Leonie Holthaus, "The Social – democratic Roots of Global Governance: Welfare Internationalism from the 19th Century to the United Nations," *European Journal of International Relations*, 2018, 24 (1): 106 – 129.

② 为此成立了全球化社会维度的世界委员会。2004 年，该委员会发布了题为《一个公平的全球化：为所有人创造机会》（A Fair Globalization: Creating Opportunities for All）的报告。

③ Bernhard G. Gunter, R. V. D. Hoeven, "The Social Dimension of Globalization: A Review of the Literature," *International Labour Review*, 2004, 43 (1): 7 – 43.

④ Alexandra Kaasch, Kerstin Martens, eds., *Actors & Agency in Global Social Governance*, Oxford: Oxford University Press, 2015, p. 7.

⑤ Bod Deacon, et al, eds. World – Regional Social Policy and Global Governance, Routledge, 2010.

⑥ Gary Gereffi, "Global Value Chains in a Post-Washington Consensus World," *Review of International Political Economy*, 2014, 21 (1): 9 – 37.

opment Goals) 和后 2015 发展日程 (post-2015 Development Agenda) 中，社会议题与可持续发展议题紧密地联系在一起。[①] 2030 年可持续发展日程 (The 2030 Agenda for Sustainable Development) 列出了可持续发展的三个维度，即经济、社会和环境。跨国社会挑战如贫困、社会保障覆盖不足、失业和劳动条件要求全球社会治理。可见，全球治理的社会维度与经济、环境等其他维度密切相关，都是促进包容性增长的不可或缺的部分。

社会政策的全球维度涉及三大议题，即社会权利、社会规范和社会再分配 (social rights, social regulation and social redistribution at global level)。[②] 首先，社会权利需要保障，涉及各类就业、劳工权利和利益保障，以及国际间自由流动权利等。为此，国际劳工组织发布了国际劳工标准 (international labour standards)。今天的国际劳工标准已经成长为关于工作和社会政策工具的全面体系，由监督系统支持，旨在解决在这些标准国家层面应用中出现的各种问题。[③] 其次，需要制定社会规范来保障社会权利。国际劳工组织和联合国系统等倡议各类社会规范，以加强劳动保障。再次，社会再分配，涉及社会保障和包容、社会保险 (养老、医疗、失业、工伤和生育保险等)，以及社会救济等内容。在国家层面，社会再分配是建设福利国家的一个重要内容。在国际层面，社会再分配则关系到缩减发展差距、帮助发展中国家减贫、创造工作机会和实现可持续发展。例如，国际劳工组织倡议各国制定体面劳动日程 (decent work agenda)，联合国发出了青年体面劳动的全球倡议 (the Global Initiative on Decent Jobs for Youth)，等等。

全球社会治理是在当前的国际秩序中展开的。当前的国际秩序是以西

---

① United Nations Economic and Social Council, *Millennium Development Goals and post-*2015 *Development Agenda*, http：//www. un. org/en/ecosoc/about/mdg. shtml.

② Bob Deacon, *Global Social Policy and Governance*, England：University of Sheffield：Sage Publication, 2007.

③ International labour organization, *Labour standards*, http：//www. ilo. org/global/standards/langen/index. htm.

方发达国家为主导的威斯特伐利亚体系。社会政策最主要的责任归于各国政府。在跨国层面，过去几个世纪，发达国家或者全球北方（the Global North）在制定国家社会政策和促进社会政策跨边界形成共识方面发挥领导作用，发展中国家或者全球南方（the Global South）被要求遵循北方提出的规范和规则。多年来，西方用两个互相竞争的方法塑造了关于社会政策的国际辩论，即新自由主义社会政策和社会民主社会政策。前者由美国和布雷顿森林体系机构如世界银行倡导，呼吁在发展中国家中实现"更多的市场和更小的政府"，后者由欧盟和国际劳工组织等一些联合国机构支持，①强调善治和制度力量建设（good governance and institutional capacity building）。在全球层面，北方主导的国际组织就社会议题展开了国际讨论，提出了一些根本原则，并制定了一些标准。通过国际组织，在制度和机构层面，建立了督促标准实施的评审机构，例如国际劳工组织的评审委员会，建立了三方对话（tripartisan dialogue）机制，等等。同时，一些国际组织和非政府组织开展了一系列的社会活动。

全球北方常常采取对话和经济手段来推行全球社会治理。北方常将国际贸易与劳工标准挂钩，在自由贸易协定中纳入劳工标准。1995 年纳入劳工标准的自由贸易协定有 4 个，2005 年增加到 21 个，2011 年上升至 47 个。美国有 13 个自由贸易协定纳入劳工标准，欧盟有 6 个，加拿大有 10 个。②在推广理念时，不同的行为体有差异。美国倾向于用硬的办法，例如贸易协议中常常包含的贸易伙伴必须满足的硬性条件和惩罚措施，而欧盟倾向于软的方法，例如对话、协商和专家评议等。③

（二）欧盟的基本立场

认识欧盟参与全球社会治理，首先需要明确两点。第一，在全球格局

---

① Bob Deacon, *Global Social Policy and Governance*, University of Sheffield Sage Publication, 2007.

② 李西霞：《自由贸易协定中的劳工标准》，社会科学文献出版社，2017。

③ Evgeny Postnikov, I. Bastiaens, "Does Dialogue Work? The Effectiveness of Labor Standards in EU Preferential Trade Agreements," *Journal of European Public Policy*, 2014, 21 (6): 923 – 940.

中，欧盟与美国一起在全球社会治理中处于主导地位，它们是竞争和配合的关系，对广大发展中国家（南方国家）的社会政策变化有影响力。第二，欧盟是国家群体，其参与全球社会治理包括欧盟内部和外部两个层面。一方面，欧盟包括 28 个国家，欧盟内部的治理是全球治理的重要组成部分，即通过欧洲一体化，实现社会政策的欧洲化。[①] 另一方面，欧盟对非成员国推广其社会价值、规范和模式。欧盟社会政策和对外政策的不少文件涉及在非成员国推行社会政策议题。[②]

欧盟参与全球社会治理，是其参与全球治理的一个方面。多年来，欧盟参与全球治理的目的在于按照欧盟的价值观塑造全球治理，主要通过对外输出欧盟的价值观、规范和规则等方式。[③] 2016 年，欧盟发布了最新对外政策文件《全球战略》，宣称欧盟未来对外行动指导思想是"有原则的实用主义"（principled pragmatism），其包含一系列的原则，这些原则来自"推进一个更好世界的理想主义愿望（idealistic aspiration）和同样多的对当今战略环境的现实主义评估（realistic assessment）"。[④] 在此文件中，欧盟宣称要促进全球治理改革：

> 欧盟致力于基于国际法律的全球秩序，确保人权、可持续发展和全球大众的持久的获得。这项承诺转换为推动现有体系转型的愿望而非简单地维持它。欧盟将努力建设一个更强大的联合国作为多边的基于规则的秩序的基石，与国际和地区组织、国家和非国家行为体一道

---

① 蔡雅洁：《欧盟社会治理研究述评》，《欧洲研究》2013 年第 3 期。

② European Commission, *External Relations*, https：//ec. europa. eu/social/main. jsp? langId = en&catId = 87.

③ 关于欧盟参与全球治理的研究，见 Jens – UweWunderlich, David J. Bailey, eds. *The European Union and Global Governance*：*A Handbook*（Routledge, 2010）与 Van Vooren, Bart, Steven Blockmans, Jan Wouters, eds. *The EU's Role in Global Governance*：*The Legal Dimension*（Oxford, 2013）。后者覆盖了欧盟对外政策的所有主要领域，包括安全、贸易、金融管理、环境和社会治理。

④ European Union, *Shared Vision*, *Common Action*：*A Stronger Europe A Global Strategy for the European Union's Foreign And Security Policy*, June 2016, p. 8.

发展全球的协调反应。

此文件有专门一节论述"21 世纪的全球治理",其强调,欧盟将改革和投资联合国等国际机构,执行欧盟对可持续发展和全球气候变化的承诺来实现其带头作用(lead by example),深化推进贸易和投资多边机制,推广国际规范、体制和制度,将开发国际规范遍及全球民众,与各类行为体结伴形成国际网络。为了实现有效的全球治理(effective global governance),[1]在应对全球社会挑战时,欧盟倾向于巩固通过北约的牢固的跨大西洋关系,加强与美国、日本等核心伙伴的协调。

有中国学者认为,欧盟近年来的战略发生了从理想主义到有原则的实用主义转变。[2]事实上,正如欧盟文件中所宣称,欧盟并没有放弃理想主义的努力,只是加入了现实主义的成分。欧盟的理想主义成分不可能减少,更不可能消失,这体现在欧盟的所有政策领域包括对外关系、气候变化等领域一直积极参与全球治理,不断增强影响力,扮演引领者的角色。[3]

尽管此文件没有集中论述全球社会治理,但是确实涉及一些内容。例如,在全球治理中,欧盟认为有雄心的双赢协议如跨大西洋贸易与投资伙伴协议(TTIP)、综合性经济贸易协议(Comprehensive Economic and Trade Agreement)能促进国际规范性标准以及"劳工、环境、健康和安全规范"。[4]事实上,欧盟努力通过输出欧洲社会模式(the European social mod-

[1] European Union, *Shared Vision, Common Action: A Stronger Europe A Global Strategy for the European Union's Foreign And Security Policy*, June 2016, p. 37。

[2] 任琳、程然然:《欧盟全球治理观的实用主义转型》,《国际展望》2015 年第 6 期;金玲:《欧盟全球治理新思路及对中欧关系的影响》,《国际问题研究》2013 年第 2 期;Zhou Taidong & Chen Xiao, Research Team on "International Development Cooperation", China Center for International Knowledge on Development, Research Report, No. 4, 2018 (Total 5279) 2018 - 1 - 8, http://www.chinadaily.com.cn/m/drc/2018 - 02/27/content_35747938.htm。

[3] 叶江:《试论欧盟的全球治理理念、实践及影响——基于全球气候治理的分析》,《欧洲研究》2014 年第 3 期。

[4] European Union, *Shared Vision, Common Action: A Stronger Europe A Global Strategy for the European Union's Foreign And Security Policy*, June 2016, p. 41.

el）塑造全球化的社会维度。① 这源于欧盟社会政策的对外维度。

二 欧盟参与全球社会治理

（一） 欧盟社会政策的对外维度

随着欧洲一体化进程不断推进，欧洲一体化的经济维度的深入发展越来越要求加强欧洲的社会维度（the social dimension of Europe）。20 世纪 50 年代以来，经济一体化的进程促使成员国间协调有关劳工流动等方面的政策，社会政策不再只是欧盟成员国内部的事，欧盟层面的社会政策逐步形成。随着欧盟社会政策的增强，欧盟社会政策的对外维度逐步发展起来。20 世纪 90 年代以来，欧盟在对外政策中引入社会议题，社会政策的对外维度不断增强。欧洲社会政策的对外维度是指"欧盟在非成员国中促进工作和劳工标准的努力"②。欧盟社会政策的对外维度与欧盟对外政策的社会维度是一体两面，是欧盟力图在成员国和非常成员国中"确保全球化的经济社会利益最大化和社会成本最小化的强烈承诺"。③ 欧盟致力于向国际社会输出它的社会模式，社会议题主要包括工作条件、劳工权利和相关的政策制定。欧盟通过积极加入社会政策的国际辩论，来塑造全球社会治理。

欧盟社会政策对外维度的早期发展经历了三个阶段。第一个阶段：20 世纪 90 年代在欧美对外关系中引入社会价值。早在 1995 年，欧盟委员会就要求明确欧盟社会政策对外维度的清晰、全面的概念。④ 1998 年，欧盟委员

---

① Jan Orbie, Lisa Tortell, eds. *The European Union and the Social Dimension of Globalization: How the EU Influences the World*, Routledge, 2009; Jan Orbie, Olufemi Babarinde, "The Social Dimension of Globalization and EU Development Policy: Promoting Core Labour Standards and Corporate social Responsibility," *European Integration*, 2008, 30（3）: 459 – 477.

② Eichhorst, Werner, et al., "External Dimension of EU Social Policy," Iza Research Reports, （2010）. https: //econpapers. repec. org/paper/izaizarrs/26. htm.

③ Eichhorst, Werner, et al., "External Dimension of EU Social Policy," Iza Research Reports, （2010）. https: //econpapers. repec. org/paper/izaizarrs/26. htm.

④ European Commission: Medium Term Social Action Programme 1995 – 1997［COM（95）134］.

会确认了欧盟社会的主要目标是联盟内部的社会日程进展，同时提到对外维度愈加重要，并提到了适用的国家。① 20 世纪 90 年代，欧盟倡导在世界贸易组织等多边贸易谈判中纳入社会条款。第二个阶段：进入 21 世纪，社会政策的对外维度地位在"里斯本战略"中得到加强。该战略强调为了应对全球化和它内在的经济社会方面的相互依赖，欧盟应塑造与欧盟价值、原则和经验一致的全球化，这就要求在社会政策的内部维度之外加强对外维度。第三个阶段：欧盟积极参与塑造关于全球化的社会维度的国际大辩论。2004 年世界委员会发布关于全球化的社会维度的报告引起了广泛的国际辩论，欧盟出台一系列文件积极予以回应，支持国际劳工组织发起的全球化的社会维度的倡议。欧盟也宣布促进预期在 2015 年实现的千年发展目标（Millennium Development Goals，MDGs）以及后来的新日程，预期于 2030 年前实现的可持续发展目标（Sustainable Development Goals，SDGs）。欧洲议会就业和社会事务委员会将欧盟社会政策的对外维度列入 2009 ~ 2010 年工作优先计划中。

欧盟在社会政策的对外维度的发展呈现出一些特点。首先是目标扩大，从"社会条款"到"全球化的社会维度"，"公平竞争"和"公平贸易"，与更宽广的全球可持续发展议程等议题联系起来。20 世纪 90 年代，出现聚焦社会条款的辩论，即在对外关系中纳入社会要求。2012 年欧盟委员会在《欧盟社会保障政策的对外维度》文件中提出，要加强欧盟对社会保障政策的协调。② 2016 年欧洲议会做出了关于外来移民的一体化，以及对劳动力市场和社会保障协调对外维度的影响的决议，指出欧盟已经与其他一些国家做了社会保障方面的协调，提出建设更加包容性的社会；指出欧盟的周边国家为欧盟劳动力市场提供了劳动力是后者发展的资产，并强调需要辨析、分享和促进欧盟成员国和非成员国在大多数性别平等移民政策方面最佳实践的

① European Commission：The Social Action Programme 1998 – 2000 ［COM（98）259］.
② European Commission：The External Dimension of EU Social Security Coordination ［COM（2012）0153］，30 March 2012.

交流。① 其次是机构权力转移，其责任从贸易总司（DG Trade）转移到就业和社会事务总司（DG Employment and Social Affairs）、发展总司（DG Development）。最后是政策工具多样化。例如，欧盟奖励尊重核心劳工标准的国家，政策工具是 GSP +。2000 年后，在里斯本战略中，欧盟更多使用新的软工具，如关于社会权利和规范的对话、在发展原则合作框架下的社会政策的技术援助等。

（二） 欧盟参与全球社会治理的议题

20 世纪 90 年代以来，欧盟在对外关系中纳入社会维度，是为了应对国际社会问题，塑造全球社会政策辩论。欧盟积极地促进在非成员国的社会政策，将社会价值（social values）纳入欧盟对外关系中。这是对倡导全球化通过"社会领域"（"social side"）来平衡世界贸易中的经济和社会方面的回应。② 21 世纪初，欧盟的优先事项包括核心劳工标准、体面劳动日程和企业社会责任 ［core labour standards （CLS）， decent work agenda and corporate social responsibility］。核心劳工标准是国际劳工组织于 1998 年开始倡议的体现在 8 个公约中的 4 个标准，即自由结社和集体谈判（第 87 和 98 号公约）、消除强迫劳动（第 29 和 105 号公约）、取消童工（第 138 和 182 号公约）以及消除就业和职业中的歧视（第 100 和 111 号公约）。体面工作倡议是联合国千年发展目标之一，是国际劳工组织倡导的实现核心劳工标准的主要政策工具。③欧盟将企业社会责任，定义为"企业将环境和社会关注纳入它们的商业运作和与它们的利益攸关者建立在基于志愿的互动上"。④ 此外，

① European Parliament resolution of 14 March 2013 on the integration of migrants, its effects on the labour market and the external dimension of social security coordination (2016/C 036/15) .

② Rebecca Zahn, "EU Internal and External Social Policy in Times of Global Crisis," in Dagmar Schiek, ed., *The EU Social and Economic Model After the Global Crisis：Interdisciplinary Perspectives*, Routledge, 2013. pp. 165 – 186.

③ International Labour Organization, *Fundamental Declaration on Social Justice for a Fair Globalization*, Geneva, 2008.

④ European Commission：Promoting a European Framework for Corporate Social Responsibility, Green Paper No. COM (2001) 366, Brussels, 2001.

欧盟也促进成员国的社会保障等经验向非成员国转移。

当前，欧盟的目标已经从促进社会权利和标准扩展到国际社会和发展目标。欧盟支持千年发展目标中的社会目标以及后来的可持续发展目标，包括就业、体面劳动、减贫和社会保障。欧盟委员会官方网页宣称，"欧盟致力于确保就业和社会方面被纳入欧盟制定总体对外政策的考量。通过贸易和发展合作政策，委员会特别聚焦可持续发展和体面工作等概念"。[①]欧盟委员会宣称，欧盟将与国际组织一道促进全球化的社会维度（the social dimension of globalisation），促进所有人的体面劳动（decent work for all）（包括有成效的、自由选择雇佣、核心劳工标准等工作权利、社会保障、社会对话等），落实欧洲增长和就业 2020 战略的对外维度。

（三） 政策领域与工具

在制定社会政策时，欧盟与其成员国分享权力，例如，制定最低劳工标准等。在一些具体的社会政策议题上，欧盟会考虑使用社会领域以及贸易、投资、对外援助等相关领域的政策工具，这样欧盟层面的很多机构会参与。

在欧盟的权力框架中，欧洲理事会为欧洲的未来指明政治方向，欧盟委员会对欧洲未来提出具体建议，欧洲议会与欧盟理事会一起行使立法权，对欧盟委员会的提案进行裁决。在社会政策领域，对应的机构分别是欧盟理事会的就业、社会政策、健康和消费者事务会议（Employment, social policy, health and consumer affairs Council configuration，EPSCO）[②]，欧洲议会的就业和社会事务委员会（Committee on employment and social affairs，EMPL）[③]。一般来说，欧盟委员会起推动议题开展的作用。

在就业、社会和包容政策领域，欧盟强调对外关系是该领域政策活动

[①] European Commission, *External Relations*, https：//ec. europa. eu/social/main. jsp? langId = en&catId = 87.

[②] 该机构宣称"致力于在欧盟中提供就业水平，改善生活和工作条件，确保人的高水平健康和消费者保护"。详见官网：http：//www. consilium. europa. eu/en/council - eu/configurations/epsco/。

[③] 详见官网：http：//www. europarl. europa. eu/committees/en/empl/home. html。

的一个重要方面。欧盟就业、社会和包容政策总司是欧盟社会政策的主要机构之一。欧盟委员会宣称，委员会与国际组织及其他国家一道，"促进欧盟边界之外的社会发展，促进公平的全球化（即着眼于全球化对所有人的利益最大化和成本最小化），促进确保经济社会协调发展的有效政策"，并展开良好实践的交流，帮助欧盟成员资格的候选国和潜在候选国做准备。[①]欧盟就业、社会和包容政策总司也与发展中国家展开关于劳工的对话，以加强双方在社会领域更紧密的合作。[②] 与欧盟委员会合作的国际组织和论坛有国际劳工组织、经合组织、联合国以及二十国集团等。

欧洲社会基金会（European Social Fund）是欧盟另一个社会领域的重要机构，是欧盟的四大结构基金之一[③]。欧盟为了实现智能的可持续和包容的发展目标，致力于创造更多更好的工作和包容性的社会。欧盟社会基金会为支持人民获得更好的工作，确保所有欧盟成员国公民工作机会公平，这些通过加强对欧洲的人力资本投资来实现，每年有100亿欧元的资助。当前经济危机的情况下，欧洲社会基金会致力于缓解经济危机的后果，特别是失业率和贫困水平上升问题。对于地处中东欧的欧盟新成员国来说，欧洲社会基金会是重要的资助来源，有利于这些国家发展社会政策、提升就业和社会包容。

对外贸易是欧盟最有权限的政策领域之一。欧盟的对外贸易政策完全是在欧盟层面制定的。欧盟委员会拥有立法、代表欧盟谈判和缔结贸易协议的权力，与成员国政府和欧洲议会紧密合作，维护世界贸易体系。欧盟作为世界贸易领袖，贸易政策是其最有力的对外政策工具之一。欧盟法律要求欧盟的政策促进其价值，包括可持续发展、社会正义等。欧盟在2015

---

① 详见官网：http：//ec. europa. eu/social/main. jsp？ langId = en&catId = 87。

② 例如，2018年5月，欧盟和泰国展开了劳工对话。European Commission，EU and Thailand launch Labour Dialogue，17/05/2018，http：//ec. europa. eu/social/main. jsp？ langId = en&catId = 87&newsId = 9097&furtherNews = yes。

③ 结构基金包括四大类：欧洲社会基金（ESF）、欧洲地区发展基金（ERDF）、欧洲农业指导和保障基金（EAGGF）及渔业指导融资基金（FIFG）。在2014～2020年度预算中，地区发展基金地区为1994亿欧元，社会基金为888亿欧元，农业指导和保障基金为850亿欧元，渔业指导融资基金为64亿欧元，聚合基金为636亿欧元。详见官网：https：//ec. europa. eu/social/main. jsp？ catId = 325。

年的贸易战略文件中指出，"欧盟的一个目标是确保经济增长与社会正义携手并进"，尊重劳工和环境高标准，用贸易政策来促进可持续发展的社会和环境支柱。欧盟强调，"贸易和投资政策必须与欧盟对外行动的其他工具保持一致"，政策制定者必须认真考虑人们关于欧盟社会模式的担忧，考虑世界其他生产地的社会和环境条件，评估贸易政策的经济、社会和环境后果，贸易政策要应对公众对加强企业社会责任、价值链上尊重劳工权利等其他社会权利等的关切，保证不低于欧盟的消费者、环境、社会和劳工保护水平。①因此，欧盟将社会政策纳入贸易政策的可持续发展目标中，相应地，欧盟的自由贸易协定（FTA）加入了贸易和可持续发展（Trade and Sustainable Development，TSD）的章节。欧盟贸易政策逐步形成了社会维度。②

欧盟的国际合作和发展政策是又一主要政策工具，旨在"为发展中国家的改变而建立伙伴关系"。欧盟的国际合作和发展总司是主要负责机构，主要方式是对发展中国家援助，并与它们开展对话。在欧盟发展合作政策中，有一些具体的部门政策涉及人权和治理、健康和教育等议题。政策优先选项有可持续发展和 2020 后非加太—欧盟伙伴关系（ACP – EU partnership after 2020）等。在社会领域，欧盟的政策旨在促进发展中国家可持续发展，完善劳动力市场，特别是体面劳动（decent work），这意味着安全、公平报酬、提供社会保障并且尊重劳动权利和标准等。③ 这些往往通过职业教育和培训等来实现。因此，欧盟的发展政策也与对外输出社会价值和规范联系起来。④

---

① European Commission, Trade for All – Towards a More Responsible Trade and Investment Policy, 2015, http：//trade. ec. europa. eu/doclib/docs/2015/october/tradoc_ 153846. pdf.

② Bart Kerremans, Jan Orbie, "The Social Dimension of European Union Trade Policies," *European Foreign Affairs Review*, 2009, 14 (5)：629 – 641；LoreVan den Putte, et al. , "What Social Face of the New EU Trade Agreements? Beyond the'soft´approach," 2015, https：//biblio. ugent. be/publication/6940570/file/6940571. pdf.

③ European Commission, A New VET Toolbox Promotes Demand Driven and Inclusive Vocational Education and Training, 28/05/2018, https：//ec. europa. eu/europeaid/news – and – events/new – vet – toolbox – promotes – demand – driven – and – inclusive – vocational – education – and_ en.

④ Jan Orbie, Olufemi Babarinde, "The Social Dimension of Globalization and EU Development Policy：Promoting Core Labour Standards and Corporate Social Responsibility," *European Integration*, 2008, 30 (3)：459 – 477.

欧洲经济和社会委员会（the European Economic and Social Committee, EESC）是一个半官方机构，常常提出立场文件，形成舆论和咨询议题。2016年该委员会提出了社会经济的对外维度（the External Dimension of the Social Economy），指出社会经济是欧盟政策对外维度的关键，这些政策涉及对外和安全政策、贸易政策、周边政策、气候变化、发展合作和可持续发展政策。[①]

此外，与社会领域相关的其他机构还有地区委员会（Committee of the Regions）中的经济政策委员会（Commission for Economic Policy, ECON）、欧洲投资银行（European Investment Bank）、欧洲投资基金会（European Investment Fund），以及欧盟其他机构，如欧洲工作安全和健康组织（European Agency for Safety and Health at Work, EU-OSHA）、欧洲职业培训发展中心（European Centre for the Development of Vocational Training, Cedefop）、欧洲生活和工作条件改善基金（European Foundation for the improvement of living and working conditions, Eurofound）、欧洲保险和职业养老机构（European Insurance and Occupational Pensions Authority, EIOPA）、欧洲培训基金（European Training Foundation, ETF）等。

（四）对象与方式

输出社会模式时，欧盟根据不同对象采取不同方式。按照欧盟官方网页介绍，在此领域，欧盟将对象分为国际组织和论坛、未来扩大进程的新成员国、其他周边国家、发达国家和新兴市场国家。这生动地反映了欧盟独特的视角，即从全球层面到地方层面，以自己为中心的由近到远的视角。

1. 国际组织和论坛

在全球层面，欧盟支持多边主义和联合国在全球治理中的中心作用以

---

① Opinion of the European Economic and Social Committee on "The External Dimension of the Social Economy" (own-initiative opinion) (2017/C 345/09), Rapporteur: Miguel Ángel CABRA DE LUNA.

及国际劳工组织、世界贸易组织、世界卫生组织和 G20 等其他组织。例如，
2015 年欧盟贸易政策文件宣称欧盟委员会与高级代表"支持联合国的《商
业和人权的的指导原则》（Guiding Principles for Business and Human Rights）、
《联合国全球公约》（the UN Global Compact）和国际劳工组织关于多国共识
和社会政策的三方宣言》（the ILO Tripartite Declaration on Multinational Enter-
prises and Social Policy），并鼓励欧盟的贸易伙伴遵守这些国际原则，特别是
经合组织对多国公司的指导意见（the OECD Guidelines for Multinational En-
terprises）。[1]欧盟宣称通过与国际劳工组织、经合组织、联合国以及 G20、
G7 等国际组织和论坛合作，促进所有人的体面劳动，促进全球化的社会维
度，落实欧洲政策的对外维度。其中国际劳工组织、G7 和 G20 是欧盟重点
合作的对象。

　　首先，欧盟及其成员国积极参与国际劳工组织中关于国际劳工公约的
讨论和谈判，将欧盟的规范或模式上传到国际劳工组织中，使之成为全球
性的规范。[2] 欧盟也与国际劳工组织进行积极的对话与合作，试图影响后者
的政策和规范的形成。[3] 欧盟已经建立了与国际劳工组织的长期、战略关
系，促进体面劳动和可持续发展的 2030 年议程，聚焦促进工作场所的根本
原则和权利，包括在贸易和其他社会政策领域。[4] 欧盟与国际劳工组织开展
了联合项目，与其成员国一起，特别是通过欧盟的声明，对国际劳工组织
的工作做出了贡献。

[1] European Commission, Trade for all – Towards a More Responsible Trade and Investment Policy, 2015, http：//trade. ec. europa. eu/doclib/docs/2015/october/tradoc_ 153846. pdf.
[2] Robert Kissack, "The Performance of the European Union in the International Labour Organiza-tion," Journal of European Integration, 2011, 33（6）：651 – 665；RobertKissack, "Writing a New Normative Standard? EU Member States and ILO Conventions," in Jan Orbie, Lisa Tor-tell, eds. , The European Union and the Social Dimension of Globalization, Routledge, 2009, pp. 112 – 126.
[3] Tonia Novitz, "The European Union and International Labour Standards：the Dynamics of Dialogue between the EU and the ILO," in Philip Alston（ed. ）, Labour Rights as Human Rights, New York, Oxford University Press, 2005, pp. 214 – 241.
[4] 详见国际劳工组织网站, https：//www. ilo. org/brussels/ilo – and – eu/european – commission/lang – – en/index. htm。

其次，欧盟全程参与了 G7 的机制。2015 年，在德国担任主席国期间，首次正式的 G7 劳工和就业部长会议召开，发展政策部长们也参加了会议。在社会事务中，G7 提出包括基金（Vision Zero Fund）和 G7 工作未来论坛（Future of Work Forum）议题。前者帮助改善体面劳动和全球供应链中的职业安全和健康，为此欧盟委员会提供金融支持。后者讨论工作的未来。G7 还提出，部长会议和后续承诺的技术小组，包括新的 G7 就业任务小组，欧盟委员会劳动和就业总司（DG EMPL）在其中筹备欧盟的参与和贡献。

最后，欧盟是 G20 的全面成员。2010 年 G20 就业部长们聚首华盛顿开始了首次年度会议。G20 在社会领域的提议包括 G20 女性参与目标（为改善妇女参与劳动情况）、青年目标（为减少处于风险的青年数量）。在资深官员之间展开为期一年的讨论，内容涉及就业工作组（Employment Working Group，EWG）等组内的讨论，欧盟就业和社会事务总司代表欧盟参加了此类讨论。该工作组追踪了成员国关于 G20 就业计划（G20 Employment Plans）的执行，包括欧盟的执行情况。

2. 入盟候选国

对入盟候选国，欧盟主要运用入盟标准和条件，促使这些国家改革。早在 1991 年，欧共体就与波兰、捷克和匈牙利签署了《欧洲协定》（Europe Agreement），让三国获得联系国的地位，并要求各国改革，包含经济、政治和社会多方面的合作内容。1993 年欧共体制定了东欧国家加入欧共体的标准，即"哥本哈根标准"，进一步推动东欧国家改革，以达到欧盟要求。为了加强扩大进程中国家的就业和社会政策，欧盟委员会与这些国家进行政策对话，每年评估候选国和潜在候选国的进步，与候选国进行谈判，谈判内容覆盖共同体法的 31 个章节。欧盟委员会在《欧美扩大战略 2010 ~ 2011》中欢迎扩大国家将欧洲 2020 战略反映在它们国家改革优先事项上。欧盟运用入盟预备工具（the Instrument for Pre-Accession，IPA），帮助候选国准备参加欧盟的凝聚政策和欧洲社会基金，加强这些国家的人力资本，反对社会排斥。

3. 周边国家

对于周边国家，欧盟通过欧洲周边政策（the European Neighbourhood Policy）和地区倡议与这些国家合作。地区倡议有欧洲地中海伙伴关系（Euro-Mediterranean Partnership）、① 东部伙伴（Eastern Partnership）。② 欧盟委员会采用与这些国家进行谈判、举行在就业和社会事务方面的政策对话等做法。欧盟的周边国家政策涵盖相应的社会政策建议和激励措施，通过对话、贸易投资协议等形式加强对这些国家的影响。2016 年欧洲全球战略提出，关注欧盟东南部周边国家，指出这些国家需要扩大公众服务和社会保障，支持体面工作机会，特别是为妇女和青年提供工作机会，避免恶化社会紧张。③

4. 发达国家和新兴市场国家

欧盟也与发达国家、新兴市场国家进行合作。合作的形式有双边对话和地区合作。欧盟与美国、巴西、加拿大、智利、中国、日本和俄罗斯等展开了双边对话。2013 年开始，欧盟与日本进行经济伙伴关系协定（Economic Partnership Agreement，EPA）谈判，2018 年 7 月，欧盟与日本签署了《经济伙伴关系协定》，这是欧盟有史以来经过谈判达成的最大贸易协定，双方将建立一个覆盖 6 亿人口的自贸区，其 GDP 总量几乎占到全球的 1/3。该协定中包含"贸易与可持续发展"（trade and sustainable development）一章，明确包括核心劳工标准等社会价值和规范。事实上，欧盟与美国之前的《跨大西洋贸易与投资伙伴协定》（Transatlantic Trade and Investment Partnership，TTIP）的文本中，也纳入了劳工和环境条款。

地区合作包括亚欧会议（Asia Europe Meeting，ASEM）、与拉丁美洲和加勒比地区的合作。1996 年 3 月，首届亚欧首脑会议在泰国曼谷举行，成

---

① 覆盖 16 个南地中海、非洲和中东的国家。

② 覆盖亚美尼亚、阿塞拜疆、白俄罗斯、格鲁吉亚、摩尔多瓦和乌克兰。

③ Shared Vision, Common Action：A Stronger Europe A Global Strategy for the European Union's Foreign And Security Policy, June 2016, pp. 26 – 27. https：//eeas. europa. eu/diplomatic – network/european – neighbourhood – policy – enp/17304/global – strategy – european – unions – foreign – and – security – policy_ en.

为亚洲和欧洲间重要的跨区域政府间论坛，包括政治对话、经贸合作、社会文化及其他领域交流三大支柱，迄今已举办十二届峰会、若干劳动部长会议。欧盟与拉丁美洲加勒比地区建立了战略伙伴关系，双方于 1999 年召开第一届地区间峰会。

5. 发展中国家

对于广大的发展中国家，欧盟试图推广国际社会规则和规范，倾向于运用经济外交（例如贸易和投资）、发展援助、对话等政策工具。在经济外交方面，欧盟将社会议题和经济挂钩，运用自己的庞大市场来推动社会议题，通过单边、双边和多边等方式施加影响。单边的政策工具有贸易中的一般优惠方案（普惠制）（Generalised Scheme of Preferences，GSP）以及升级版的 GSP + 和非武器计划（Everything But Arms，EBA）等其他方案。在贸易上，普惠制对弱势的发展中国家进入欧盟市场给予优惠，以帮助这些国家经济增长、促进可持续发展和良好治理（goodgovernancce）。标准的 GSP 服务于中低收入国家，GSP + 服务于弱势的中低收入国家，而非武器计划服务于最不发达国家。欧盟强调为了公平的、多边的和建立在规则之上的贸易体系，希望这些受惠国家落实联合国人权和《国际劳工组织公约》。为此，欧盟制定了受惠国落实公约清单。欧盟委员会还就 GSP 的实施影响，包括可持续发展和良好治理等方面，进行评估。[1]

在双边层面，欧盟通过谈判签订的双边自由贸易协定中常常包含可持续发展的章节。这往往基于欧盟自由贸易协定谈判草案的标准模板，当前欧盟使用的是新一代模板，要求签署双方就社会事务等议题的落实进行评估，保持对话与合作，并围绕分歧引入国际组织和专家团队进行裁决。[2] 关于劳工标准条款的执行，欧盟形成了独特的模式，倾向于使用软约束的方

---

① 详见官网 Generalised Scheme of Preferences（GSP），http：//ec. europa. eu/trade/policy/countries – and – regions/development/generalised – scheme – of – preferences/。

② Lore Van den Putte，Jan Orbie，"EU Bilateral Trade Agreements and the Surprising Rise of Labour Provisions," *International Journal of Comparative Labour Law and Industrial Relations*，2015，31（3）：263 – 283。

式而非贸易制裁的方法解决劳工争端。[①]

在多边层面，作为南北对话机制的一部分，在地区经济一体化过程中，欧盟也与非洲、加勒比和太平洋地区的国家（简称非加太集团，African, Caribbean and Pacific, ACP）缔结了关于贸易和发展的经济伙伴协议（Economic Partnership Agreements, EPAs），支持可持续发展和减贫。1975年，欧盟与非加太集团签订第一期《洛美协定》。2000年2月，欧盟和非加太集团77个成员国就第五期《洛美协定》达成协议，并于同年6月在科托努正式签署，称《科托努协定》（The Cotonou Agreement）。在这些协定中，欧盟与其他签署方表达了促进可持续发展、促进人权和人类发展、尊重基本劳工权利、落实国际劳工组织相关公约的关切，声明致力于在国际上促进劳工标准。

欧盟的国际合作和发展政策旨在通过援助发展中国家，促进良好治理、人和经济发展、应对普遍性事务如反饥饿和保护自然资源等。欧盟是国际援助的主要力量之一，每年都有大额的援助流向发展中国家。2016年欧盟在此领域支付的预算高达17.3亿欧元，占欧盟全部发展援助的18%。[②]欧盟对发展中国家提供援助意味着欧盟资金直接转移到发展中国家，条件是政策对话、实施评估和能力建设。欧盟希望以此来实现伙伴国发展政策的建立和改革，聚焦对人和可持续发展的影响。欧盟与很多发展中国家开展的对话包含社会事务，如劳工权利、职业教育和培训、体面劳动、企业社会责任等。此外，欧盟的发展政策常常是与欧盟的贸易投资政策联系在一起的。例如，欧盟为了促进全球价值链中对供给路线的可持续和有责任的管理，"确保欧盟消费者的对产品的选择不侵蚀到供给链中国家的人权、劳工权利、环节保护或经济计划"，统筹贸易政策、社会政策和企业社会责任倡议等领域的措施。[③]

---

① 李西霞：《欧盟自由贸易协定中的劳工标准及其启示》，《法学》2017年第1期。
② 欧盟全部的发展援助还包括周边国家和准备入盟协助工具。详见Budget support and dialogue with partner countries, https://ec. europa. eu/europeaid/eubudgetsupport_ en。
③ 详见官网Sustainable and responsible supply chains, https://ec. europa. eu/europeaid/sectors/economic – growth/private – sector – development/sustainable – and – responsible – supply – chains_ en。

三 欧盟的影响力

20 世纪 90 年代以来，欧盟积极参与全球社会治理，至今约 30 年。2009 年欧债危机之前，欧盟有雄心，积极性比较高。2009 年之后，欧盟先后遇到债务危机、金融危机、难民危机、英国脱欧、民粹主义上升等挑战，内外政策不断受到质疑。随着时间的推移，欧盟的策略和方式不断调整，但是总体上欧盟还是坚持塑造全球社会治理。30 年来欧盟参与全球治理的影响如何，是一个值得关注的问题。下面从不同角度考察欧盟的影响和成效。

在地理空间上，有报告认为，欧盟在社会政策领域的影响力总体来讲呈现"同心圆模式"。即以欧盟为中心，由近至远逐渐递减，依次是入盟候选国、周边国家、中小发展中国家、新兴市场国家、其他国家。[1] 这样的观察是基本符合事实的。相对而言，欧盟对新成员和入盟候选国的社会政策等多个领域有更直接的影响。毋庸置疑，这些国家为了达到欧盟的具体标准和要求，纷纷改革社会政策。欧盟利用贸易、投资和发展政策等工具，对周边国家和中小发展中国家的影响也不可忽视。例如，欧盟与新加坡、越南的自由贸易协定中成功地纳入贸易和可持续发展章节。当然，欧盟对一些地区组织的影响并不总是成功的。例如，欧盟与东盟（ASEAN）的自由贸易协定谈判没有欧盟当初设想得那么顺利，双方在可持续发展领域的分歧很大。[2]

在议题上，如核心劳工标准和体面劳动日程等比较具体的议题比企业社会责任等宽泛的议题，取得了更多可以观察到的成绩。核心劳工标准和体面劳动日程是国际劳工组织倡导的，前者有具体的国际法律和规范文本，后者要求国家制度的相关日程。一个国家对待这些议题的立场是可以被观察到的，例如是否批准相关的公约，是否制定了日程，等等。有研究认为，

---

① Eichhorst, Werner, et al., "External Dimension of EU Social Policy," Iza Research Reports, 2010, https://econpapers.repec.org/paper/izaizarrs/26.htm.

② Hoang Ha Hai, "The Social Dimension in EU Free Trade Agreements: ASEAN Perspectives," *European Review*, 2017 (25): 532 – 549.

欧盟的贸易条件促进了发展中国家改善劳工标准，因为 GSP 和 GSP + 等措施促进了这些国家批准相关国际公约。①而企业社会责任，在联合国和国际劳工组织等国际组织看来，目前尚未有统一的标准，更多具有企业志愿倡议的色彩。欧盟在这个议题上的立场同样灵活，鼓励和建议企业加强企业社会责任，并没有制定统一的具体的操作内容。

在影响的深度上，按照从文本到实践的顺序来看，欧盟至少在文本层面提出或加强了一些社会价值、规范和规则。欧盟在其文件中，宣称致力于促进国际上对社会价值和议题的重视。欧盟的 GSP 和 GSP + 等单边政策工具明确鼓励其他国家尊重国际劳工组织倡导的社会权利，实行良好治理。欧盟的很多双边或多边贸易协议包含可持续发展等章节，大都明确提出社会议题等内容。②在多边层面，欧盟积极与国际劳工组织合作，影响了多边规则的制定，这也是可以观察到的成绩。③ 从实践的层面看，欧洲通过贸易、投资和发展合作等政策发展与其他国家和地区关系的社会维度。过去30 年，在欧盟与广大发展中国家的双边关系和多边关系中，社会议题在对话和援助合作等机制中从无到有，逐步形成与政治、经济、文化等方面并列的不可或缺的领域。例如欧盟—非洲关系中，社会领域成为不可忽视的一个方面。④

在时间上，有人比较了欧盟和美国贸易谈判之后的效果，认为美国在条约缔结之前以强制性的方式影响谈判对象国的立法，而欧盟在条约缔结后能以软

① Gasiorek et al. , "Evaluating the Impact of Non – Reciprocal Trade Preferences Using Gravity Models," *Applied Economics*, 2007 (42): 3745 – 3760.

② Myriam Martins Gistelinck, Bart Kerremans, "Labor Standards in EU – ACP Relations: What Explains for Their Limited Role?" *Employment Law*, 2008 (6): 29 – 45.

③ Robert Kissack, "The Performance of the European Union in the International Labour Organization," *Journal of European Integration*, 2011, 23 (6): 651 – 665; RobertKissack, "Writing a New Normative Standard? EU Member States and ILO Conventions," in Jan Orbie, Lisa Tortell, eds. , *The European Union and the Social Dimension of Globalization*, Routledge, 2009, pp. 112 – 126.

④ Jan Orbie, "Work in Progress: the Social Dimension of EU – Africa Relations," in Carbone, Maurizio ed. , *The European Union in Africa: incoherent policies, asymmetrical partnership, declining relevance?* Manchester University Press, 2013.

的方式促进对象国通过学习等政策迁移方式来改革，取得的效果更好。①

　　然而，如何监督这些国家规定的执行是另一个重要问题。有研究认为
欧盟缺乏劳工标准和措施（激励或制裁）之间的具体连接，在多大程度上
最终影响了别国的实践，这值得注意。②在双边的贸易协议中，劳工标准等
条款的落实情况，也值得进一步考察，③例如，对秘鲁的考察。④ 也有学者反
思，是否欧盟一定要输出劳工标准。⑤

　　总之，在过去 30 年中，欧盟积极参与全球社会政策辩论，在塑造全球
社会治理方面取得了明显成绩。欧盟积极参与国际劳工组织等国际组织和
论坛有关社会政策的议题和日程设定，对一些国际原则、规范和规则的公
开辩论、共识形成、文本起草和宣传起了引领和塑造的作用。欧盟通过单
边、双边和多边渠道，对于推动这些原则、规范和规则的落实起了促进作
用。欧盟对其新成员国、入盟候选国和周边国家的社会政策有直接影响，
对中小发展中国家的社会政策制定和改革的影响力不可忽视。当然，在取
得成就的同时，欧盟也面临内外挑战下的策略调整问题。

四　欧盟参与全球社会治理的影响因素：内部

（一）欧洲一体化的社会维度

　　欧洲一体化的社会维度是欧盟社会政策对外维度的前提，是欧盟参与

---

① Evgeny Postnikov, I. Bastiaens, "Does Dialogue Work? The Effectiveness of Labor Standards in EU Preferential Trade Agreements," *Journal of European Public Policy*, 2014, 21（6）: 923 - 940.

② Gerrit Faber, Jan Orbie, eds., *European Union Trade Politics and Development: 'Everything but Arms' Unravelled*, Routledge, 2007.

③ Jan Orbie, Gerda Van Roozendaal, "Labour Standards and Trade: In Search of Impact and Alternative Instruments," *Politics and Governance*, 2017, 5（4）: 1 - 5; James Harrison, et al., "Labour Standards Provisions in EU Free Trade Agreements: Reflections on the European Commission's Reform Agenda," *World Trade Review*, 2018（1）: 1 - 23.

④ Jan Orbie, Lore Van den Putte, Deborah Martens, "The Impact of Labour Rights Commitments in EU Trade Agreements: The Case of Peru," *Politics and Governance*, 2017, 5（4）: 6 - 18.

⑤ Annelien Gansemans, et al., "Do Labour Rights Matter for Export? A Qualitative Comparative Analysis of Pineapple Trade to the EU," *Politics and Governance*, 2017, 5（4）: 93 - 105.

全球社会治理的基础。首先，欧盟社会政策的对外维度是在其对内维度的基础上发展起来的，是其内部维度的自然"溢出"。学术界对欧洲社会政策（European social policy）没有统一的定义。[1] 一种说法认为，它是与欧洲一体化社会维度（social dimension of European integration）相关的行动，包括"欧洲共同体条约的社会政策一章下的法律、旨在便利社会领域劳工流动自由的政策以及协调成员国不同社会或劳工标准的行动"。[2] 有学者指出，尽管成员国仍旧是制定和执行它们国家社会政策的主要力量，它们也在协调彼此的社会政策，并将一些权力赋予欧盟机构，来建立欧洲层面的最低标准。1957 年以来，《欧洲共同体条约》不断修改赋予超国家机构更多的权限，现有的欧盟社会政策权限的法律依据是《欧盟条约》（TEU）、《欧盟功能条约》（TFEU，Aritcle 153 social policy）以及《欧盟根本权利宪章》。[3] 20 世纪 70 年代以来，欧盟社会维度主要包括两个方面：一是欧盟范围内成员国之间的劳工流动；二是劳动力市场相关议题，包括平等待遇、健康和安全以及工作条件等。自从 1986 年《欧洲单一法令》实施以来，欧盟获得了有限的权限来发展可以应用于成员国的社会政策。一个欧洲社会政策的缘由是在劳工标准方面更广泛平等的需求。为了实现这一目标，欧盟越来越依赖软法机制和对话而非硬法机制（soft law mechanisms and dialogue instead of hard law mechanisms）来颁布最低标准。[4] 1999 年《阿姆斯特丹条约》中纳入了社会化和就业章节，强调采用平衡市场导向的路径，这可以被视为欧洲对全球化的全面反应，强调欧盟内外经济和社会之间的紧密联系。

[1] Patricia Kennett, NoemiLendvai – Bainton, eds., *Handbook of European Social Policy*, Edward Elgar Publishing, 2017.

[2] Gerda Falkner, "The EU's Social Dimension," in Michelle Cini, Nieves Pérez – Solórzano Borragán, eds. *European union politics*, Oxford University Press, 2016, p. 277.

[3] 见 Treaty on the Functioning of the European Union – Article 45 – 55（workers），Article 145 – 164（employment）。《欧盟根本权利宪章》在 2000 年《尼斯条约》中被宣布，2009 年随着《里斯本条约》生效而具有法律效力。

[4] Rebecca Zahn, "EU internal and external social policy in times of global crisis," in Dagmar Schiek, ed., *The EU Social and Economic Model After the Global Crisis: Interdisciplinary Perspectives*, Routledge, 2013, pp. 165 – 186.

　　这样，欧洲一体化的社会维度逐渐导致欧洲社会政策的发展。欧盟社会政策的立法和规范不断扩大，由最初涵盖成员国间劳工自由流动和在社会保障体系上的平等待遇，扩展到三大内容：劳动者健康和安全、其他工作条件、反对工作歧视。欧盟实施社会政策的手段，从最初的立法等硬手段发展到现在包括软性治理和资助在内的软手段。①通过欧洲社会基金来调节欧盟层面的社会发展，对新成员国有益处。例如，波兰从欧盟社会基金中获益很多。

　　今天，欧盟的社会政策，按照官方的说法是就业与社会政策（Employment and social affairs）②。这项政策的主要责任在成员国政府身上，欧盟基金起支持和补充的作用。为了应对老龄化，"欧盟协调和监督成员国政府的政策，鼓励他们分享在社会包容、贫困和养老方面的最佳实践"，"在工人权利、工作歧视、社会保障计划协调等方面立法并监督实施"。主要内容有就业、劳工权利、社会保障和包容、技能、国外生活和工作、欧盟基金等。

　　欧洲社会政策的内外影响是显著的。成员国社会政策正在出现趋同的情况。③ 对于扩大的欧洲以及扩大进程影响的国家，也出现趋同的情况。④欧洲社会政策的实践，也被称为欧洲社会模式〔European social model（s）〕。⑤ 在促进这个对外社会政策的过程中，欧盟已经聚焦在软法和对话导向的途径（a soft law and dialogue-oriented approach）上，这是对近年来欧盟内部社会政策发展使用机制的映像。同时，欧盟社会政策的对外维度的实践也有一定的独立性。有学者指出，近年来的事情，特别是《里斯本条约》的实施和当前的全球经济危机，对欧盟的内外社会政策有不同的影响。由

---

① Gerda Falkner, "The EU's Social Dimension", in Michelle Cini, Nieves Pérez – SolórzanoBorragán, eds. , *European union politics*, Oxford University Press, 2016, pp. 284 – 288.

② 见欧盟官网 Topics of the European Union, https：//europa. eu/european – union/topics_ en。

③ Mariana Iovitu, "Convergence inthe European Social Policy," *Annals of the University of Oradea*：*Economic Science*, 2012（1）：304 – 311.

④ Ipek ErenVural, ed. *Converging Europe*：*Transformation of Social Policy in the Enlarged European Union and in Turkey*, Ashgate Publishing, Ltd. , 2011.

⑤ Christoph Hermann, "Crisis, Structural Reform and the Dismantling of the European Social Model（s）," *Economic and Industrial Democracy*, 2017, 38（1）：51 – 68.

此，内外社会政策的两条线有可能朝不同的方向或以不同的方式发展。①

（二） 欧盟对外政策中的价值观维度

欧盟对外政策中的价值观维度是欧盟社会政策对外维度发展的依据，是欧盟参与全球社会治理的思想基础。在当代国际社会这一以主权国家为主体的威斯特伐利亚体系中，欧盟存在的合法性的重要来源之一是其对价值观的诉求。欧盟通过在内外政策中不断推动价值观，来增强其存在的合法性。在欧洲一体化过程中，欧盟不断强调价值观的作用，逐步把社会权利纳入人权框架，将社会维度的共识和规范不断制度化和法律化。在 2010 年制定的《欧洲 2020 战略》中，提高就业水平、加强社会凝聚力被列为欧盟未来经济发展的三个重点之一。2015 年，欧盟委员会主席容克在他的第一个《盟情咨文》中提出，优先的政策领域是建立欧洲社会权利支柱（European Pillar of Social Rights），在广泛的公众咨询后，最终的提纲于 2017 年公布。② 这项支柱是欧盟为了应对一个快速变化的世界而提出的，其内容包括为公民提供新的和更有效的权利，共 20 项原则和权利，涉及三大内容：劳动力市场的平等机会和准入、公平工作条件、社会保障和包容。③

对此，学界有两种解读。一种认为欧盟是人权观念的维护者，采取的做法为了推动与人权相关的一些根本标准，包括核心劳工标准等。④ 以曼娜

① Rebecca Zahn, "EU Internal and External Social Policy in Times of Global Crisis," in Dagmar Schiek, ed., *The EU Social and Economic Model After the Global Crisis: Interdisciplinary Perspectives*, Routledge, 2013, pp. 165 – 186.

② 详见欧盟官网 European Pillar of Social Rights, https://ec.europa.eu/commission/priorities/deeper – and – fairer – economic – and – monetary – union/european – pillar – social – rights_ en# background。

③ 详见欧盟官网 European Pillar of Social Rights, https://ec.europa.eu/commission/priorities/deeper – and – fairer – economic – and – monetary – union/european – pillar – social – rights_ en# background。

④ Jan Orbie, Lisa Tortell, "The European Union and the Social Dimension of Globalisation," *Ecdpm Discussion Paper*, 2009, 40 (5): 6; Rebecca Zahn, "EU Internal and External Social Policy in Times of Global Crisis," in Dagmar Schiek, ed., *The EU Social and Economic Model After the Global Crisis: Interdisciplinary Perspectives*, Routledge, 2013, pp. 165 – 186.

斯（Ian Manners）为代表的学者采取规范性力量欧洲（Normative power Europe）的视角，认为欧盟的合法性与规范性力量相关。另一种看法认为，利益是理解欧盟对外政策的重要因素。

支持前者立场的人认为，欧盟有对内对外促进其价值的动机。社会政策的对内维度加入人权观念，有利于增强欧盟对外政策的合法性。例如，《欧盟基本权利宪章》对欧洲一体化增加了社会权利等人权章节，这样，为在对外维度上欧盟机构推广社会政策提供了合法性。[①] 的确，欧盟对其利用贸易和投资等工具，对外促进其价值包括社会和环境的高标准的动机直言不讳，在很多文献中欧盟明确表达了这些理由。例如，在 2015 年贸易政策文件中，欧盟指出，欧盟的一个目标是"确保经济增长与社会正义携手前进，尊重人权、劳工和环境高标准以及健康和安全保障。这适用于内外政策包括贸易和投资政策"，宣称欧盟在世界"引领使用贸易政策促进可持续发展的社会和环境支柱。而这是采用积极和鼓励措施的做法，没有任何隐藏保护主义的意思"。[②] 2016 年，欧盟发布其全球战略文件后，有中国学者认为欧盟的战略发生了从理想主义到有原则的实用主义的转变。[③]事实上，正如欧盟全球战略文件中所宣称的，欧盟并没有放弃理想主义的努力，只是加入了现实主义的成分。

然而，有人认为其他角度，如特别利益的角度，即国际经济竞争的角度，也是不可忽视的。例如，发展中国家担忧欧盟对外推广劳工和环境等方面的高标准，是出于国际经济竞争的考虑，属于贸易保护主义的做法。面对欧盟提出的高标准，发展中国家在社会和环境等方面的低生

---

① Rebecca Zahn, "EU Internal and External Social Policy in Times of Global Crisis," in Dagmar Schiek, ed., *The EU Social and Economic Model After the Global Crisis: Interdisciplinary Perspectives*, Routledge, 2013, pp. 165 – 186.

② European Commission, Trade for all – Towards a More Responsible Trade and Investment Policy, 2015, http://trade.ec.europa.eu/doclib/docs/2015/october/tradoc_153846.pdf.

③ Zhou Taidong, Chen Xiao, Research Team on "International Development Cooperation", China Center for International Knowledge on Development, Global Strategic Adjustments Made by Major Economies and Their Concern for China's Future Move (No. 4, 2018), http://www.chinadaily.com.cn/m/drc/2018 – 02/27/content_35747938.htm.

产成本优势面临挑战。事实上，欧盟的做法带来的结果，的确可能提升发展中国家的劳动成本，从而提高生产成本。一个关于欧盟在与越南、新加坡自由贸易协定中促进可持续发展努力的研究显示，欧盟在传播可持续发展理念时有规范性的考虑，但是在执行双边协议时，创造了一个不对等形式的对话，这样欧盟从规范性行为体变为基于自我利益的行为体。[①]

五　欧盟参与全球社会治理的影响因素：外部

（一）　全球社会治理的结构

欧盟参与全球社会治理的基本背景是全球治理的结构。全球治理的结构是指当代国际体系，即威斯特伐利亚体系，其本质属性是以主权国家为主要行为体，主权国家在法律上平等，国际秩序处于无政府状态。国际法和国际组织缺乏必要的权威。国际上的集体行动往往取决于国家间的共识。

缺乏共识是全球治理常常面临的问题。全球社会治理在议题设置和解决方案方面不容易形成共识。例如，什么是当前国家社会政策领域的迫切问题，如何解决这些问题，在这类问题上的共识不多。在具体问题上，一些正在推动的价值观和规范本身也比较模糊，不易形成共识。在国际法上，《关税与贸易总协定》《世界贸易组织法》均未纳入劳工议题，同时未对自由贸易协定中的劳工标准做出规定。从全球看，发达国家（北方）与发展中国家（南方）缺乏共识。例如，将贸易投资与社会议题挂钩问题，中欧在投资谈判协议上的适用劳工标准问题存在分歧，属于谈判中的困难部分。再如，从东盟的角度看，欧盟通过贸易谈判来促进普世社会规范的做法，受到发展中国家的抵制，东盟国家会强调与欧盟在三个方面的认识分歧，即经济成本的角度、对于贸易—劳工/环境挂钩的不同看法、政治文化相对

---

① Julia Setterberg, *EU First? Examining the Promotion of Sustainable Development in EU Trade Agreements with Singapore and Vietnam*, MS thesis, Göteborgsuniversitet, 2018.

主义。①

全球社会治理由多种行为体参与，有不同的动机、目标、平台和机制。主权国家、国际组织、私人部门、社会运动等力量都不同程度地参与进来，各行其是。它们之间的关系，有时是相互补充，有时是相互竞争。即使在北方内部，欧盟与美国之间也缺乏共识，而国际组织之间的认识也不是完全一致。例如，关于自由贸易协定中纳入劳工标准问题，在实践中欧盟、美国和加拿大等发展出了各自的独特模式。②

（二） 国际秩序的变化

全球秩序的变化是另一重要制约因素。近年来，发达国家遇到不少问题，影响力相对下降。在疑欧主义和民粹主义抬头的情况下，欧盟面临欧债危机、难民危机和英国脱欧等困扰，在全球的影响力是否可以与2008年金融危机之前同日而语，这值得讨论。③ 特别是欧盟主要国家的内部社会政策发生变化并受到质疑。例如，2016年2月以来，法国政府提出了新劳动法（即"库姆里法案"），法案包括实际取消每周35小时工作制，削减35小时以外的加班费，并给予雇主更多自由解雇员工、削减成本等，旨在改变目前法国依赖福利制度的现状，引发多次大规模的罢工和抗议。④这难免引发国际社会反思：如果法国等欧洲大国都在社会政策方面引入削弱社会权利的改革，那么为何别的国家要以欧洲的规范和标准为圭臬呢？有学者

---

① Hoang Ha Hai, "The Social Dimension in EU Free Trade Agreements: ASEAN Perspectives," *European Review*, 2017 (25): 532 – 549。

② 李西霞：《加拿大自由贸易协定劳工标准及其启示》，《河北法学》2018年第4期。

③ 张健、李巍、薛力、葛军：《欧盟：在全球的角色处于削弱过程中》，《世界知识》2016年第13期；董亮：《欧盟在巴黎气候进程中的领导力：局限性与不确定性》，《欧洲研究》2017年第3期。

④ 《法国劳动法改革引发罢工潮是时候该来谈谈"法国梦"了》，欧洲时报网，2016年3月10日，http://www.oushinet.com/news/europe/france/20160310/224037.html，最后访问日期：2019年6月12日；《法国工会组织酝酿新一轮反劳工法改革"罢工潮"》，环球网，2017年9月14日，http://cul.chinanews.com/gj/2017/09 – 14/8330960.shtml，最后访问日期：2019年6月12日。

指出，在当前的贸易等领域，以输出欧盟规则和规范为特征的欧盟管理全球化方式也存在一定的局限性。①

另一个重要的变化是美国的政府更迭。2017 年以来，特朗普政府提出"美国优先"的口号，对外政策上单边主义色彩浓厚。在全球治理上，奥巴马时代的美国与欧盟紧密团结，一道维护西方在国际秩序中的主导地位，推进西方主导的全球治理。而特朗普时代的美国已经表明了一切以维护美国利益为准的立场，在气候变化上退出了欧洲积极推动的 2015 年签署的《巴黎协定》。在多边自由贸易问题上，美国退出了 TPP 和 TTIP，而这两个大协议里面，包含社会和环境等方面的高标准条款。不仅如此，美国还威胁对欧盟采取贸易制裁，在伊朗核问题和其他问题上对欧盟施压。在全球治理上，欧盟似乎正在失去美国这个最大盟友和最大力量的团结及支持，以欧盟的一己之力企图引领全球社会治理，显得力不从心。

（三） 新兴市场国家的影响力上升

21 世纪第一个十年后半期的国际形势变化，导致全球社会治理的行为体角色的变化。过去，发展中国家或者南方国家处于被动接收北方国际倡导的社会规范和政策的国际扩散的地位。近年来，一些新兴市场国家开始发挥更加积极的作用。2008 年以后，有影响力的西方力量倾向于扩大协调网络，从七国集团到二十国集团，并将中国、印度等新兴市场国家纳入其中。同时，一些新兴市场国家也努力加强团结，通过金砖国家机制来推进它们之间在包括社会领域的多个领域的合作。早在 2014 年，金砖国家峰会的主题即"包容发展：可持续方案"（Inclusive Growth：Sustainable Solutions），强调包容性宏观经济和社会政策。② 金砖国家已经成立金砖国家新开发银行和金砖国家应急储备，开始提出自己的社会发展计划和论述。国际劳工组

---

① 王展鹏、夏添：《欧盟在全球化中的角色——"管理全球化"与欧盟贸易政策的演变》，《欧洲研究》2018 年第 1 期。

② 详见金砖国家第六届峰会的《福塔莱萨宣言》（Fortaleza Declaration），发布于 2014 年 7 月。

织代表认为，金砖国家"在应对全球工作世界挑战中起着关键作用"。① 中国作为最大的发展中国家和新兴市场国家，近年来在越来越多的国际场合发出中国声音，为应对国际挑战和改善全球治理提供中国智慧和中国方案。中国在国际规范和规则的学习者和参与者的角色之外，正在增加其他的角色，包括应对共同挑战的贡献者、国际议题和日程的设置者等。

欧盟与新兴市场国家在全球社会治理中的关系正在发生微妙的变化。一方面，欧盟仍旧希望这些国家能遵循欧盟倡导和推进的国际规范和规则，对欧盟塑造全球社会治理给予支持，提供资源。另一方面，中国、印度等新兴市场国家越来越自信，强调应考虑发展中国家实际情况，提出发展中国家所支持的建议。这样，在全球社会治理中，过去的欧盟单方面提出倡议要求其他国家遵守的情况正在发生改变。欧盟与新兴市场国家在加强合作、扩大共同基础应对共同挑战的同时，在优先议题设置和应对方法上，竞争因素增加的可能性越来越大。欧盟在全球治理中有原则的实用主义会显示其弹性，即与新兴市场国家等继续开展对话，寻求共识，展开合作。

六　结论

作为当今全球治理的重要力量，欧盟深度参与了全球社会治理，积极地参与国际事务中对外输出自身经验、价值观和规范。欧盟参与全球社会治理受到内外一系列因素的影响。一方面，欧盟参与全球社会治理源于欧洲一体化中伴随着经济维度而产生的社会维度。欧盟社会政策从内部一体化进程的对内维度外溢到非成员国而形成对外维度，欧盟对外政策从传统的政治经济等议题外溢到社会议题而形成社会维度。可以说，欧盟参与全球社会治理是这两种外溢叠加的结果。另一方面，在全球社会治理中，在

---

① 国际劳工组织:《国际劳工组织总干事：金砖国家在应对全球工作世界挑战中起着关键作用》，2017 年 7 月 27 日，http：//www.ilo.org/beijing/information - resources/public - information/press - releases/WCMS_ 566368/lang - - zh/index.htm，最后访问日期：2019 年 6 月 17 日。

国内、国家、超国家以及全球等各个层面的各类行为体的广泛参与其中，互相影响。在全球层面上，欧盟与美国分别代表社会民主主义和自由主义的社会政策，欧盟与美国等发达国家（全球北方）在竞争中一起塑造了几十年来的全球社会治理，向包括发展中国家在内的国际社会推广其模式。

当前，全球治理面临缺乏共识的问题，如何形成内外共识是未来欧盟参与全球社会治理需要思考的问题。欧盟内部社会政策面临困难，特别是法国等大国的福利制度面临挑战，使欧盟的经验和模式受到质疑。同时，国际秩序正在发生变化。美国特朗普政府对全球治理持消极态度。新兴市场国家在全球治理中的影响力不断上升，在社会议题上开始扮演更加积极的角色，从学习者和参与者逐步提升为议题倡议者、议程设置者和方案贡献者。当前，过去几十年形成的全球北方主导全球社会治理、北方向南方单向灌输观念的局面正在发生改变。在南北双向影响、各类行为体复杂互动的过程中，欧盟越来越无法忽视以金砖国家为代表的新兴市场国家的声音而自行其是。可以预见的是，全球社会治理将在多元声音的竞争和交流中形成多元格局。

参考文献

薄燕、陈志敏：《全球气候变化治理中欧盟领导能力的弱化》，《国际问题研究》2011 年第 1 期。

蔡雅洁：《欧盟社会治理研究述评》，《欧洲研究》2013 年第 3 期。

董亮：《欧盟在巴黎气候进程中的领导力：局限性与不确定性》，《欧洲研究》2017 年第 3 期。

傅聪：《欧盟气候变化治理模式研究》，中国人民大学出版社，2013。

金玲：《欧盟全球治理新思路及对中欧关系的影响》，《国际问题研究》2013 年第 2 期。

李西霞：《自由贸易协定中的劳工标准》，社会科学文献出版社，2017。

李西霞：《欧盟自由贸易协定中的劳工标准及其启示》，《法学》2017 年第 1 期。

庞中英：《全球治理转型中的中欧"战略伙伴"关系》，《当代世界》2015 年第

7 期。

庞中英、王瑞平：《相互治理进程——欧洲与全球治理的转型》，《世界经济与政治》2012 年第 11 期．

彭云、刘伟：《合作性世界秩序：欧盟的全球治理构想》，《世界经济与政治》2003 年第 11 期。

任琳、程然然：《欧盟全球治理观的实用主义转型》，《国际展望》2015 年第 6 期。

王展鹏、夏添：《欧盟在全球化中的角色——"管理全球化"与欧盟贸易政策的演变》，《欧洲研究》2018 年第 1 期。

杨娜：《欧盟的全球治理战略》，《南开学报》（哲学社会科学版）2012 年第 3 期。

叶江：《试论欧盟的全球治理理念、实践及影响——基于全球气候治理的分析》，《欧洲研究》2014 年第 3 期。

张健、李巍、薛力、葛军：《欧盟：在全球的角色处于削弱过程中》，《世界知识》2016 年第 13 期。

张浚：《"开放式协调方法"和欧盟推进全球治理的方式：以援助政策为例》，《欧洲研究》2010 年第 2 期。

Annelien Gansemans, et al. , "Do Labour Rights Matter for Export?: a Qualitative Comparative Analysis of Pineapple Trade to the EU," *Politics and Governance*, 2017, 5 (4): 93 – 105.

Bart Kerremans, Jan Orbie, "The Social Dimension of European Union Trade Policies," *European Foreign Affairs Review*, 2009, 14 (5): 629 – 641.

Bernhard G. Gunter, R. V. D. Hoeven, "The Social Dimension of Globalization: A Review of the Literature," *International Labour Review*, 2004, 143 (1): 7 – 43.

Bob Deacon, *Global Social Policy and Governance*, England: University of Sheffield: Sage Publication, 2007.

Bod Deacon, et al. , eds. *World – Regional Social Policy and Global Governance*, Routledge, 2010.

Christoph Hermann, "Crisis, Structural Reform and the Dismantling of the European Social Model (s)," *Economic and Industrial Democracy*, 2017, 38 (1): 51 – 68.

Etel Solingen, Tanja A. Börzel, "Introduction to Presidential Issue: The Politics of International Diffusion – A Symposium," *International Studies Review*, 2014, 16 (2): 173 – 187.

Evgeny Postnikov, I. Bastiaens, "Does Dialogue Work? The Effectiveness of Labor Standards in EU Preferential Trade Agreements," *Journal of European Public Policy*, 2014, 21 (6): 923 - 940.

Gary Gereffi, "Global Value Chains in a Post-Washington Consensus World," *Review of International Political Economy*, 2014, 21 (1): 9 - 37.

Gasiorek et al. , "Evaluating the Impact of Non-Reciprocal Trade Preferences Using Gravity Models," *Applied Economics* 2007 (42): 3745 - 3760.

Gerda Falkner, "The EU's Social Dimension," in Michelle Cini, Nieves Pérez - Solórzano Borragán, eds. *European union politics*, Oxford University Press, 2016.

Gerrit Faber, Jan Orbie, eds. *European Union Trade Politics and Development: Everything but Arms′ Unravelled*, Routledge, 2007.

Hoang Ha Hai, "The Social Dimension in EU Free Trade Agreements: ASEAN Perspectives," *European Review*, 2017 (25): 532 - 549。

Ian Manners, "Normative Power Europe: A Contradiction in Terms?" *Journal of Common Market Studies*, 2002 (40): 235 - 258.

Ipek Eren Vural, eds. *Converging Europe: Transformation of Social Policy in the Enlarged European Union and in Turkey*, Ashgate Publishing, Ltd. , 2011.

James Harrison, et al. , "Labour Standards Provisions in EU Free Trade Agreements: Reflections on the European Commission's Reform Agenda," *World Trade Review*, 2018 (1): 1 - 23.

James N. Rosenau, *Governance in the Twenty-first Century*, Lynn Rienner Publishers, 1995.

Jan Orbie, Gerda Van Roozendaal, "Labour Standards and Trade: In Search of Impact and Alternative Instruments," *Politics and Governance*, 2017, 5 (4): 1 - 5.

Jan Orbie, Lisa Tortell, eds. The European Union and the Social Dimension of Globalization: How the EU Influences the World, Routledge, 2009.

Jan Orbie, Lisa Tortell, "The European Union and the Social Dimension of Globalisation," *Ecdpm Discussion Paper*, 2009, 40 (5): 1 - 18.

Jan Orbie, Lore Van den Putte, Deborah Martens, "The Impact of Labour Rights Commitments in EU Trade Agreements: The Case of Peru," *Politics and Governance*, 2017, 5 (4): 6 - 18.

Jan Orbie, Olufemi Babarinde, "The Social Dimension of Globalization and EU Development Policy: Promoting Core Labour Standards and Corporate Social Responsibility," *European Integration*, 2008, 30 (3): 459 – 477.

Jan Orbie, Sangeeta Khorana, "Normative Versus Market Power Europe? The EU – India Trade Agreement," *Asia Europea Journal*, 2015, 13 (5): 253 – 264.

Jan Orbie, "Work in Progress: The Social Dimension of EU – Africa Relations," in Carbone, Maurizio ed. , *The European Union in Africa: Incoherent Policies, Asymmetrical Partnership, Declining Relevance?* Manchester University Press, 2013.

Jens Steffek, Leonie Holthaus, "The Social – democratic Roots of Global Governance: Welfare Internationalism from the 19th Century to the United Nations," *European Journal of International Relations*, 2018, 24 (1): 106 – 129.

Jens – Uwe Wunderlich, David J. Bailey, eds. *The European Union and global governance: a handbook*, Routledge, 2010.

Julia Setterberg, EU FIRST? Examining the Promotion of Sustainable Development in EU Trade Agreements with Singapore and Vietnam, MS thesis, Göteborgsuniversitet, 2018.

Lawrence S. Finkelstein, "What Is Global Governance?" *Global Governance*, 1995, 1 (3): 367 – 372.

Lore Van denPutte, Jan Orbie, "EU Bilateral Trade Agreements and the Surprising Rise of Labour Provisions," *International Journal of Comparative Labour Law and Industrial Relations*, 2015, 31 (3): 263 – 283.

Marianalovitu, "Convergence in the European Social Policy," *Annals of the University of Oradea: Economic Science*, 2012 (1): 304 – 311.

Myriam Martins Gistelinck, Bart Kerremans, "Labor Standards in EU – ACP Relations: What Explains for Their Limited Role?" *Employment Law*, 2008 (6): 29 – 45.

Myriam Oehri, "Comparing US and EU Labour Governance 'Near and Far' – Hierarchy vs Network?" *Journal of European Public Policy*, 2015, 22 (5): 731 – 749.

Orenstein, A. Mitchell, in AlexandraKaasch, Kerstin Martens, eds. , *Actors & Agency in Global Social Governance*, Oxford: Oxford University Press, 2015.

Patricia Kennett, Noemi Lendvai – Bainton, eds. , Handbook of European Social Policy, Edward Elgar Publishing, 2017.

Rebecca Zahn, "EU Internal and External Social Policy in Times of Global Crisis," in Dagmar Schiek, ed. , The EU Social and Economic Model After the Global Crisis: Interdisciplinary Perspectives (Routledge, 2013) .

Robert Kissack, "The Performance of the European Union in the International Labour Organization," *Journal of European Integration*, 2011, 33 (6): 651 – 665.

SandraLavenex, F. Schimmelfennig, "EU Rules beyond EU Borders: Theorizing External Governance in European Politics," *Journal of European Public Policy*, 2009, 16 (6): 791 – 812.

Thomas G. Weiss, R. Wilkinson, "Rethinking Global Governance? Complexity, Authority, Power, Change," *International Studies Quarterly*, 2014, 88 (1): 207 – 215.

Tonia Novitz, "The European Union and International Labour Standards: The Dynamics of Dialogue between the EU and the ILO," in Philip Alston (ed.), Labour Rights as Human Rights, New York, Oxford University Press, 2005, pp. 214 – 241.

Van Vooren, Bart, Steven Blockmans, JanWouters, eds. *The EU's Role in Global Governance: The Legal Dimension*, Oxford, 2013.

Werner Eichhorst, et al. , "External Dimension of EU Social Policy," Iza Research Reports (2010), https: //econpapers. repec. org/paper/izaizarrs/26. htm.

ZhouTaidong, Chen Xiao, Research Team on "International Development Cooperation", China Center for International Knowledge on Development, Global Strategic Adjustments Made by Major Economies and Their Concern for China's Future Move (No. 4, 2018), http: // www. chinadaily. com. cn/m/drc/2018 – 02/27/content_ 35747938. htm.

北极治理中的欧盟与中欧合作

赵纪周[*]

摘　要：作为全球治理的重要内容，北极治理近年来日益成为国际社会关注的热点问题之一。欧盟是北极事务的积极参与者，在北极治理中大力倡导和推行具有欧洲特色的治理理念与实践。本文首先介绍了后冷战时期北极治理问题面临的困境，然后重点梳理和论述了欧盟自 2006 年以来出台的一系列有关北极事务的政策文件以及具体实践，最后探讨了中国与欧洲在北极治理方面交流与合作的现状与前景。在北极治理中，欧盟主要关注气候变化与北极环境、北极地区可持续发展以及北极事务的国际合作等，其治理理念与实践具有"规范性力量"的特征；但由于其行为体特性、北极理事会的局限性以及环北极国家的排他性等因素，在北极治理问题上欧盟的角色以及中欧合作还面临一些挑战。

关键词：北极治理　欧盟　中欧合作

北极治理是全球治理的重要内容。后冷战时期，域内外诸多行为体特别是环北极国家（A8）围绕北极经济资源、地缘战略等展开了激烈争夺。近年来，随着全球气候变化，北极地区冰雪融化加速，北极治理问题成为国际社会关注的热点。那么，在北极治理问题上，欧盟提出了哪些政策理念，采取了怎样的政策实践，以及中国作为"近北极国家"[①] 同欧洲（包括欧盟）合作的现状与前景如何，本文拟对上述问题做一探讨。

---

* 赵纪周，柏林自由大学政治学博士，中国社会科学院欧洲研究所助理研究员，主要研究领域为欧洲对外关系等。

① 中华人民共和国国务院新闻办公室：《中国的北极政策》白皮书，2018 年 1 月，http：//www.gov.cn/zhengce/2018 - 01/26/content_ 5260891. htm。

一 问题的提出

欧盟（及其成员国）是全球治理中的重要行为体，也是北极事务的积极参与者。不过，要理解欧盟对北极的兴趣并非易事。① 近年来，北极在战略、经济、科研、环保、航道、资源等方面的价值日益受到国际社会的普遍关注。北极问题已不仅仅是北极国家之间的问题，也不只是局限于北极地区②的区域性问题，而是同北极域外国家乃至整个国际社会的利益也都密切相关，因此具有全球性的重大意义和广泛影响。从这个意义上说，北极治理属于全球公域治理的范畴。北极的气候变化和航道权益争夺等很多问题，已经成为全球治理的重要对象。随着北极问题的升温，包括欧盟在内的众多国际行为体对北极治理的兴趣和关注也与日俱增。但与国家行为体相比较，在北极治理问题上，欧盟作为一个具有较强超国家实体的复杂性不可忽视。为了更清晰地构建欧盟与北极地区的关系，有必要首先厘清"欧盟是什么"和"不是什么"。换而言之，正确认识欧盟作为国际行为体的独特性，是探讨其在北极治理中角色的重要前提。作为一个兼有超国家联邦政体和国际组织双重属性的"混合体"，欧盟自身实际上就是一种"治理系统"而非"欧洲联邦"。更准确地说，欧盟乃是"一个多层网状治理体系"。③ 因此，欧盟自身的存续离不开共有理念政策和相关机制的维系，在国际事务和全球治理中也极力推崇和倡导具有欧洲特色的治理理念与实践。

---

① 参见《北极发展的战略评价》（Strategic Assessment of Development of the Arctic）。SADA, Strategic Assessment of Development of the Arctic, https://www.arcticinfo.eu/images/pdf/SADA_report.pdf.

② 有关"北极地区"的定义，参阅 T. Koivurova, Environmental Impact Assessment in the Arctic: a Study on International Legal Norms, Aldershot: Ashgate Publishing Ltd 2002, pp. 25 – 28. 北极陆地属于 8 个环北极国家，即加拿大、丹麦、芬兰、冰岛、挪威、瑞典、俄罗斯与美国，它们被称为 Arctic 8（简称 A8）。参见张继民《探访北极》，社会科学文献出版社，2004，第 10～15 页。

③ 参见赵晨《欧盟的"民主赤字"与其民主化之路》，《欧洲研究》2010 年第 3 期；赵晨《欧盟是一个治理体系，而非"欧洲联邦"》，《世界知识》2017 年第 24 期。

毋庸置疑，北极国家对该地区的问题肩负着首要责任。但在现实中，许多影响北极地区的问题需要通过区域或多边合作来更有效地加以解决。① 欧盟通过支持北极合作、帮助北极国家应对挑战等，既可以维护其成员国（特别是北极国家）与欧洲民众的切身利益，也可以由此展现它在国际事务特别是北极治理中的存在。目前，欧盟有 28 个成员国（英国"脱欧"尚未完成），拥有 5 亿多人口是世界上最大的单一市场；同时，欧盟通过一系列复杂的条约、制度和立法安排，来促进其集体利益，并与外部发生经贸等联系。因此，欧盟积极参与北极事务具有重要的意义。与此同时，欧盟本身不可能像主权国家那样在北极事务上发出一个声音或主张其在北极的具体利益。大致上，欧盟内部与北极有关的权能，主要由欧盟委员会、欧洲对外行动署（EEAS）和北极事务组（Inter-Service Group on the Arctic）等机构承担，它们彼此之间并同欧盟相关机构进行信息交换。此外，鉴于欧盟作为国际行为体的独特性质，欧洲理事会（通过制定政策议程）和欧洲议会（通过修改和否决立法）也有能力塑造更符合欧盟北极利益的政策条款。

因此，从内部看，上述有关机构拥有一定的政策决策权能，表明欧盟参与北极治理是得到成员国认可的。这意味着欧盟参与北极治理的合法性问题，② 首先具备了内部认可的条件，它可以就有关北极事务的领域或问题制定针对性的政策、提出理念或倡议以及推动政策实施、国际合作等实践。根据欧洲对外行动署（EEAS）官网的说法，欧盟对北极事务的关注主要集中于三个领域。（1）气候变化与北极环境。欧盟希望了解气候变化科学，帮助制定减缓和适应气候变化的战略。因此，保护北极环境是欧盟参与北极事务的重要内容。（2）北极的可持续发展。欧盟致力于以平衡与一体化的方式推动北极地区的可持续发展。（3）北极事务的国际合作。在北极事

① EEAS, https：//eeas. europa. eu/headquarters/headquarters – homepage/20956/arctic – short – introduction_ en.
② 近年来有关欧盟参与北极治理合法性问题的讨论，参见黄栋、贺之杲《欧盟参与北极治理的合法性研究》，《德国研究》2017 年第 3 期。

务上，欧盟致力于开展多边、区域和次区域等合作。① 由此，这涉及欧盟参
与北极治理的国际或外部合法性问题。换言之，欧盟要将其关于北极治理
的政策理念付诸实践，离不开一定的国际机制、合作论坛或框架平台、某
种国际身份（成员或观察员）以及其他行为体的承认或支持等。

对此，有必要介绍一下欧盟与有关北极治理的国际机制或安排的关系。
北极理事会（Arctic Council）是目前北极治理中最重要的区域性机制安
排。② 1996 年 9 月，美国、俄罗斯、加拿大和北欧五国——冰岛、挪威、瑞
典、芬兰、丹麦八个领土处于北极圈的国家在加拿大渥太华签署《渥太华
宣言》，正式成立北极理事会。根据该宣言，北极理事会是一个政府间高
级别论坛，其工作职责被限定于推动北极地区的可持续发展和环境保护问
题上，成员国外长会议每两年举行一次。在其成立后的 20 多年里，北极
理事会的成员国一直仅限于上述环北极 8 国，但已逐步接纳了 12 个包括
中国、世界气象组织和其他 6 个组织在内的永久观察员，③ 此外，还有 6
个代表北极原住民群体的组织和其他北极居民都是北极理事会的永久参
与者。

欧盟与北极理事会的关系较为密切，同时带有一定的复杂性。首先，
欧盟与北极理事会在成员国方面有一定的重合或交集。丹麦、芬兰和瑞典
三国既是欧盟成员国也是北极理事会的成员国。不过，这三个国家在北极
理事会中只代表自己，而不代表欧盟。法国、德国、波兰、意大利和荷兰
等欧盟成员国是北极理事会的正式观察员，因而在北极事务上没有发言权。
其次，在北极理事会中，作为一个整体的欧盟并非正式成员，也还未获得
正式观察员的认可，而是由欧盟委员会代表欧盟派遣观察员参加北极理事
会的特别会议。尽管如此，这并不意味着欧盟被完全排除在北极理事会之

---

① EEAS, EU Arctic policy, 20/02/2017, https：//eeas. europa. eu/headquarters/headquarters -
homepage/20956/arctic - short - introduction_ en.
② 王晨光：《路径依赖、关键节点与北极理事会的制度变迁——基于历史制度主义的分析》，
《外交评论》2018 年第 4 期。
③ 2013 年 5 月 15 日，中国、意大利、印度、日本、韩国和新加坡成为北极理事会的正式观察
员国。

外，更不能说欧盟被排除在北极事务或北极治理之外。如上所述，芬兰、瑞典与丹麦三个北极理事会国家是欧盟成员国（格陵兰为丹麦属地，却并非欧盟的一部分），因此它们事实上受到大多数欧盟立法的约束；尤其是瑞典和芬兰，这两个国家的北极领土直接受到欧盟经济和社会等政策的影响。从这个意义上说，欧盟对北极事务是能够发挥独特作用的。

北极理事会成立 20 多年以来，北极地区的战略重要性以及北极事务的全球性日益凸显。随着有关北极资源开发、公海渔业管理、传统安全、航运、旅游以及原住民保护等问题不断涌现，北极理事会成立之时被赋予的工作职责（环境保护与可持续发展）已远远不能适应当前北极治理的现实需要。同时，北极理事会的观察员制度饱受诟病：有的认为该制度的准入条件过于苛刻，获得观察员的身份及地位要受到诸多限制；[①] 有的则认为，现有观察员对其在北极理事会中的地位普遍不满，希望改变这一情况，增加发言权。[②] 但根据北极理事会的议事规则，观察员制度改革需获得 8 个正式成员国的一致同意。近年来，欧盟多次申请成为北极理事会观察员，但先后由于加拿大、俄罗斯等国的反对而仍未能成功。事实证明，北极理事会自身存在很多缺陷，要求其进行改革的呼声日益强烈。[③]

2019 年，芬兰作为北极理事会 2017~2019 年的轮值主席国，在其任期结束前召集举行成员国外长会议，把协调北极治理的使命交给下一任（2019~2021 年）轮值主席国。这对欧盟来说，可能是其成为北极理事会观察员的又一次机会；但同时必须指出，在特朗普上台后欧美关系遭到不断冲击、欧俄关系因克里米亚危机等因素远未改善的情况下，欧盟能否顺利

---

① 郭培清、孙凯：《北极理事会的"努克标准"和中国的北极参与之路》，《世界经济与政治》2013 年第 12 期，第 119~127 页。

② Piotr Graczyk, "Observers in the Arctic Council – Evolution and Prospects," in Gudmundur Alfredsson and Timo Koivurova eds., *The Yearbook of Polar Law*, 2011, 3 (1): 575 – 633.

③ 关于北极理事会自身面临的挑战与改革困境，参见 Oran R. Young, "The Arctic Council at Twenty: How to Remain Effective in a Rapidly Changing Environment," *UC Irvine Law Review*, 2016, 6 (2): 119. 董利民：《北极理事会改革困境及领域化治理方案》，《中国海洋法学评论》2017 年第 2 期，第 227~240 页。

获得这一身份还面临一些不确定性。综上所述，本文所要探讨的问题包括，欧盟作为身份独特的行为体，在北极治理问题上出台了哪些政策或提出了何种理念，其具体实践怎样，以及对中国和欧洲（包括欧盟及其成员国）的合作现状与前景做何评估，等等。

二 北极治理的困境

北极之争由来已久。早在 20 世纪 50 年代后期，加拿大就首先宣布对北极地区拥有主权。而美国、丹麦、俄罗斯、挪威等国也未放弃对该地区拥有领土主权的要求。冷战期间，以美、苏为代表的两大集团在全球范围内展开了一系列竞争，在北极地区更是主要体现为军事上的较量。例如，由于北极处于美苏之间距离最短的位置，美苏两国在北冰洋沿岸部署了大量的陆基洲际弹道导弹发射场；而北极地区冰层厚实，则成为美苏两国核潜艇活动的理想场所；通过深海电缆架设以及建立冰山监测站，美苏还可以截获对方的情报等信息。因此，北极地区的战略位置非常重要。

（一） 北极之争愈演愈烈

后冷战时期的北极之争呈现出新的特点：在军事、安全等"高级政治"领域的竞争与对抗有所缓和的同时，在经济、社会等"低级政治"领域的合作与冲突则逐步显现。

1987 年 10 月，苏联领导人戈尔巴乔夫发表的摩尔曼斯克讲话被认为是北极进入合作时代的标志。① 随着冷战的结束，国际社会逐渐开始关注北极地区的环境污染、土著居民生存、动植物资源保护等属于"低级政治"的问题，并努力通过国际合作寻求有效的解决途径。例如，1991 年环北

① 郭培清、田栋：《摩尔曼斯克讲话与北极合作——北极进入合作时代》，《海洋世界》2008 年第 8 期，第 67 页。

极国家（A8）签订了《北极环境保护战略》；1996年又在加拿大的渥太华成立了"北极理事会"，共同致力于北极地区环境、社会与经济的可持续发展。

近年来，在强调地缘政治战略与加强军事安全的同时，有关各国纷纷将目光投向北极的潜在资源与价值，并对北极的岛屿与北冰洋地区提出领土的要求。2007年8月，俄罗斯在北冰洋海底的"插旗行动"，引发了国际政治中的巨大轰动。以此事件为标志，北极地区自冷战结束以来相对和缓的区域合作方向发生了重大变化。2009年1月，美国发布新的北极政策国家安全指令，强调美国在北极地区有着广泛的根本性的国家利益，并将每年投入4亿美元用于北极地区的考察和开发。2009年2月，挪威、冰岛、丹麦、瑞典、芬兰5国①召开了北冰洋军事安全合作机制会议，表示未来将合作控制北极水域，保证石油和天然气运输通道的畅通。这次会议被认为是北约、欧盟加入北极争夺行列的标志。②

由此可见，随着全球气候变暖和全球金融危机的爆发，北极潜藏的巨大经济利益日益显现，相关各国围绕北极权益的纷争更加激烈。后冷战时期的北极已经步入"纷争时代"。欧盟开始加入北极争夺行列，使得北极争夺态势更趋复杂，而北极治理的困境依然存在。

（二）　北极治理陷入困境

后冷战时期，由于北极在地缘政治战略、资源与经济利益以及科学考察等方面的巨大价值，有关各国的争夺战已经使得北极地区的治理处于无序的复杂状态。造成北极治理困境的一个重要原因，就在于关于北极地区治理的国际机制建设还存在诸多缺陷与不足，不能妥善解决各行为体之间的争端。

例如，1920年签订的《斯瓦尔巴德条约》作为目前北极地区唯一的具

---

① 前2个国家为北约成员而非欧盟成员，后2个国家为欧盟成员但非北约成员，丹麦则既是欧盟成员也是北约成员。

② 曾望：《北极争端的历史、现状及前景》，《国际资料信息》2007年第10期，第12页。

有足够国际色彩的政府间条约,① 将斯瓦尔巴德群岛确定为北极地区唯一的非军事区,永远不得为战争目的所用。挪威政府对该地区拥有主权,缔约国各方有权分享北极地区的资源。然而,它并未对各国如何分享与可持续性地利用资源做出规定。这就造成了北极地区治理的无序状态,各国纷纷主张自己的权利而难以达成有效共识。

此外,鉴于北极地区的海洋属性,《联合国海洋法公约》(United Nations Convention on the Law of the Sea)被认为可适用该地区,而其中部分条款也是专为北冰洋海域设计的。② 表面上看来,它已经确立了北极地区的治理规范,在实践中它的相关规定反而成了各国争夺北极利益时援引的依据。而且,1982 年、1986 年通过的两部海洋法公约存在矛盾之处:前者对于200 海里以外的外大陆架外部界限的规定存在盲点,而后者规定北极国家享有的权利远远小于前者,这无疑会引起环北极国家的不满情绪。③ 更为重要的是,国际社会对这些法律的实施效果缺乏必要的有力监督,由此相关国家在北极地区的利益争夺中可以各行其是,而不必担心会因违反这些法律条文而受到限制或制裁。换言之,由于《联合国海洋法公约》的约束力乏善可陈,缔约国可以随意为其追求利益的行为进行辩护。这实际上导致北极争端的解决更为复杂和困难。

值得注意的是,关于北极地区的条约规定涉及全球、区域与双边等层面,如果订立新的条约来解决北极争端,势必会改变各国的利益竞争格局。因此,按照"南极模式"④ 建立一个类似的"北极条约"并不现实。由于

---

① 国家海洋局极地考察办公室:《斯瓦尔巴条约》,2015 年 7 月 21 日,http://www.chinare.gov.cn/caa/gb_article.php?modid=04005。

② 1982 年通过的《联合国海洋法公约》(UNCLOS)已获 150 多个国家批准,成为解决海洋权益的最主要条约。

③ 王秀英:《国际法视阈中的北极争端》,《海洋开发与管理》2007 年第 6 期。

④ 所谓"南极模式"就是非军事化(无核化)、冻结领土争议、科学考察自由与科学合作等,核心是非军事化和领土冻结。郭培清:《美国政府的南极洲政策与〈南极条约〉的形成》,《世界历史》2006 年第 1 期,第 90 页。阮振宇:《南极条约体系与国际海洋法:冲突与协调》,《复旦学报》2001 年第 1 期,第 132 页。

《联合国海洋法公约》的有些条款就是专为北极地区设计的,① 该地区的许多双边或多边协议深受公约影响。2008 年，北冰洋沿岸国家丹麦、俄罗斯、美国、加拿大和挪威五国首次就北极问题举行部长级会议，明确提出不再缔结新的国际条约，而依靠现有的国际法主要是海洋法来解决北极纠纷。2009 年 1 月的美国北极新政策也提出，没有必要为北极制定一部类似于《南极条约》的国际法典。

鉴于"南极模式"在北极行不通，整合协调现有国际合作机制似乎可以成为务实的解决之道。在全球层面，《联合国海洋法公约》仍对北极海洋区域争议的解决具有指导性意义，但要弥合该条约中的矛盾之处将引发各国的博弈。在区域层面上，关于环保、动植物保护的多种条约较为分散，因此难以整合协调其共同的效力。在国家层面上，环北极国家大都制定了本国关于北极地区的政策文件，而这些国家之间在北极的利益诉求方面难免存在差异与冲突，甚至与现有区域及全球性机制安排有所重叠甚至矛盾。因此，协调整合现有国际合作机制并非易事；而随着欧盟以及非政府组织等行为体介入北极事务，北极治理的机制困境将更加严重。

三　北极治理中的欧盟：理念与实践

欧盟是一个北极域外的国际行为体，但在过去十多年里对北极事务的关注日益增强。相对而言，欧盟对北极治理的实际参与较晚——在冷战结束后较长一段时间里，欧盟对北极治理并未提出明确的政策理念。不过，自 2007 年以来，欧盟陆续出台了一系列有关北极的战略与政策等官方文件，表达对其在北极事务方面的利益关切，宣示其在北极治理中作为公共物品提供者的角色形象，还致力于谋求作为北极理事会永久观察员的席位。②

---

① 如第 234 条对冰封海域的管理规定。
② 国际"北极理事会"（Arctic Council）成立的宗旨是：促进北极周边国家、原住民地区及其他居民之间能在多个领域，尤其是在可持续发展和生态环境保护方面实现更好的交流合作。"理事国"包括加拿大、丹麦、芬兰、冰岛、挪威、俄罗斯、瑞典以及美国。

（一） 欧盟关于北极治理的政策理念

后冷战时期，鉴于北极地区面临生态保护的挑战、富含多种能源与资源、有望开辟新航道以及“领土”纷争与拓展等因素，特别是自 2007 年 8 月俄罗斯在北冰洋底“插旗”后，欧盟对北极事务的关注日益增强。英、法、德等欧盟成员国纷纷积极加入北极资源开发的行列，与北欧等环北极国家展开了资源争夺战。因此，后冷战时期各国在北极地区的竞争与合作是欧盟积极参与北极治理的重要背景之一。

欧盟关于北极治理的理念，主要体现在其陆续出台的一系列有关政策文件中。2007 年，欧盟委员会通过了一份名为《综合性海洋政策》的行动计划，这是欧盟首次宣示其在北极的利益。2008 年 3 月的《气候变化与安全》战略文件提出，欧盟应发展整体一致的北极政策以应对北极地缘战略的演变。同年 10 月，欧洲议会通过一项关于北极的决议，指出未来北极的国际治理机制应容纳更多的国家以及该地区的原住民群体，应参考《南极条约》体系，制定一套专门的《北极条约》。[①] 不久，欧盟在 2008 年 11 月发布了首份北极政策文件——《欧盟与北极地区》，其中首先强调“由于历史、地理、经济和科学成就的独特结合，欧盟与北极地区有着不可分割的联系”。[②] 文件指出了气候变化和人类活动对北极的影响，提出了欧盟在北极地区拥有渔业、油气等利益，确定了欧盟保护北极环境的行动目标以及一系列协调措施。欧盟称其北极政策目标是保障和维护北极地区及当地居民的权利，促进资源的可持续开发利用，致力于增强北极多边治理。[③]

[①] Brussels: European Parliament, Resolution of 9 October 2008 on Arctic governance, http://www.europarl.europa.eu/sides/getDoc.do? type = TA&reference = P6 - TA - 2008 - 0474&language = EN.

[②] 《欧盟与北极地区：欧盟委员会致欧洲议会和理事会的通信》（Maritime Policy Actions: Communication From the Commission to the European Parliament and the Council），布鲁塞尔，2008 年 11 月 20 日。

[③] EU, European Commission Communication on the European Union and the Arctic Region, Brussels, 20 November 2008, p. 4.

2009 年欧洲一些国家爆发主权债务危机后，欧盟仍继续推进其关于北极治理的政策。2012 年 7 月，欧盟委员会发表《发展中的欧盟北极政策：2008 年以来的进展和未来的行动步骤》战略文件，强调要加大欧盟在知识领域对北极的投入，并以负责任和可持续的方式开发北极，同时要与北极国家及原住民社群开展定期对话与协商。① 该文件重点强化欧盟对北极地区在气候变化、能源、科研、运输和渔业等领域的政策影响。② 根据这一政策文件，欧盟将在"2020 地平线"科技研发计划下，加大力度支持北极科考；通过发射下一代地球同步卫星，对北极地区安全航行、海上监视和搜救工作提供支持；利用欧盟项目资金，最大限度保证可持续发展惠及当地居民；等等。文件还强调，由于北极生态环境特别脆弱，各国在为北极油气资源开发提供支持的同时，应充分考虑执行严格的环境标准。而欧盟应保持在极地条件下环保型技术的领先优势。这表明，欧盟对北极问题的重视不断加强，并致力于成为北极治理公共产品的提供者，避免其在各方关于北极事务的博弈中被边缘化。由此，通过出台该战略文件，欧盟对其在北极治理中的角色做出了明确定位，即公共产品的提供者。

在此基础上，欧盟更加注重有关北极治理的政策规划。2014 年，欧盟理事会和欧洲议会要求欧盟委员会、欧盟外交与安全政策高级代表为欧盟在北极地区的行动和资助计划制定一个更加一致的框架，进一步加强欧盟在北极的形象。2016 年 4 月，欧盟外交与安全政策高级代表费代丽卡·莫盖里尼（Federica Mogherini）和欧盟委员会共同发布了欧盟北极政策建议，以指导欧盟在北极地区的行动。欧盟认为，它在北极地区拥有环境、能源、交通和渔业等领域的广泛利益。该建议提出了欧盟在北极行动的三大优先领域：（1）应对气候变化和保护北极环境；（2）实现北极地区的可持续发

---

① European Commission High Representative, "Developing European Union Policy Towards Arctic Region: Progress Since 2008 Next Steps," DG Maritime Affairs Fisheries (Brussels, 2012), http://ec. europa. eu/maritimeaffairs/policy/sea_ basins/arctic_ ocean/documents/join_ 2012.19_ en. pdf.

② Knowledge, Responsibility, Engagement: the EU Outlines its Policy for the Arctic, Brussels, 3 July 2012, http://europa. eu/rapid/press - release_ IP - 12 -739_ en. htm? locale = en.

展以及；（3）开展北极事务国际合作，涵盖了 39 项具体行动内容。①

由上可见，欧盟通过出台一系列官方文件，使其北极政策的目标更加明晰，主要包括环境保护、资源的绿色开发和提升多边治理等方面。长期以来，欧盟标榜自身为国际气候谈判中的全球领导者；2016 年 6 月出台的《欧盟外交与安全政策的全球战略》（EUGS）文件明确提出，欧盟将通过实现其对可持续发展与气候变化方面的承诺而继续发挥榜样的引领作用。② 因此，欧盟对北极治理的政策理念反复强调其对北极乃至全球气候变化的关注，并在上述官方文件中一再强调其在北极地区的"软价值"导向，即突出北极环境保护、资源的可持续利用、原住民生活方式和权益的保护等。③

（二） 欧盟关于北极治理的具体实践

在后冷战时期，欧盟一直积极参与北极地区事务，采取了一些具体实践。例如，1999 年欧盟与俄罗斯、挪威和冰岛共同发起了一项"北方政策"倡议，致力于为所辖北极地区的经济、文化、环境和交通事宜开展对话和合作。欧盟还曾长期担任北极理事会临时观察员，目前仍努力寻求能够成为北极理事会的永久观察员。此外，如前所述，在过去十多年里欧盟陆续出台了一系列关于北极的战略和政策文件，包括 2008 年发布的首份"北极战略"——《欧盟和北极地区》，以及 2016 年 4 月发布的用来指导其在北极地区行动的北极政策建议等。

大致上，欧盟在北极治理方面的具体实践主要体现在以下几个方面。

首先，欧盟目前拥有可以参与北极事务的多种渠道。在北极理事会 8 个理事国中，丹麦（格陵兰）、芬兰和瑞典为欧盟成员国，冰岛和挪威属于欧洲经济区成员国，而加拿大、俄罗斯和美国则是欧盟的战略合作伙伴。在

① European Union External Action: European Union Policy for the Arctic, http://eeas. europa. eu/ archives/docs/arctic_ region/docs/160427_ joint – communication – an – integrated – european – union – policy – for – the – arctic_ en. pdf.

② EEAS, EU Global Strategy for Foreign and Security Policy, p. 40.

③ Lassi Heininen, Arctic Strategies comparative Study, Northern Research Forum & The University Lapland, 2011, p. 64.

北极理事会的 12 个观察员国中，欧盟成员国就有 7 个，分别为英国、法国、德国、意大利、荷兰、波兰和西班牙。① 此外，欧洲议会作为欧盟的主要立法机构，已成为北极地区议员会议的正式成员，这为欧盟提供了一个信息搜集、分享与发布的平台，促进欧盟与北极国家的对话，增强其对北极政策决策体系的影响。② 因此，欧盟参与北极事务的途径和渠道是多样化的。

其次，欧盟积极寻求成为北极理事会的永久观察员。北极理事会成立于 1996 年，是环北极 8 国处理有关北极事务的一种政府间论坛，非北极国家和国际组织、非政府组织可以申请作为其观察员参加。但 2008 年的《伊鲁利萨特宣言》强化了北冰洋沿岸五国（美国、俄罗斯、加拿大、挪威与丹麦）在北极事务中的决定性地位，实际上排斥了包括欧盟在内的域外行为体在该地区事务中的作用。③ 2011 年北极理事会的《努克宣言》对申请永久观察员资格的程序和实体方面提出了更为苛刻的要求。④ 因此，"北极理事会出现了机制化、约束的法律化和对北极事务的主导甚至垄断化的发展趋势"。⑤

欧盟对北极理事会这种主导乃至"排外"的做法并不满意。2011 年年底，欧盟向北极理事会递交了成为永久观察员的申请。2012 年 3 月，欧盟时任外交与安全政策高级代表凯瑟琳·阿什顿（Catherine Ashton）访问芬兰、瑞典和挪威 3 国时，寻求与北极地区相关国家在交通、能源、航运安全和环境等问题的合作，并为欧盟申请北极理事会永久观察员席位进行了沟

① 参见北极理事会，http：//www. arctic – council. org/index. php/en/about – us/arctic – council/observers。
② 程保志：《欧盟的北极政策和与中国合作的可能性》，《和平与发展》2013 年第 3 期，第 58 页。
③ Canada，Denmark，Norway，the Russian Federation，United States of America，TheIlulissat Declaration，Arctic Ocean Conference，Ilulissat，Greenland，27 – 29 May 2008，http：//www. oceanlaw. org/downloads/arctic/Ilulissat_ Deelaration. pdf.
④ Arctic Council，Senior Arctic Officials Report Ministers，Nuuk，Greenland，May 2011，http：//www. Arctic – council. org/index. php/en/about/doeuments/category/20main – documents – from – nuuk？download =76：sao – report – to – the – ministersr.
⑤ 陈玉刚、陶平国、秦倩：《北极理事会与北极国际合作研究》，《国际观察》2011 年第 4 期，第 17～23 页。

通。但在 2013 年瑞典基律纳（Kiruna）部长级会议上，北极理事会决定就欧盟关于观察员地位的申请问题推迟做出最后决定。[①] 2017 年 5 月，北极理事会部长会议在美国阿拉斯加的费尔班克斯举行，欧盟成员国芬兰接替美国担任北极理事会 2017～2019 年的轮值主席国。然而，迄今为止欧盟仍未能如愿获得北极理事会常任观察员地位。

最后，欧盟持续增加对北极地区的资金投入。自 2002 年开始，欧盟每年提供 2000 万欧元用于支持北极地区科研项目；2007～2012 年，欧盟已投入 11.4 亿欧元用于支持北极地区的可持续发展。[②] 根据 2016 年 4 月出台的政策文件，欧盟将在"2020 地平线科研计划"框架下保持现有的对北极研究资助水平（平均每年 2000 万欧元），并将用于 2016 年和 2017 年两年的 4000 万欧元资金划拨到位，资助极地观测、北半球气温和气候变化、永冻土减少等研究项目。欧洲结构和投资基金（ESIF）也将为北极地区气候变化和环境的相关科研、创新活动提供资金支持。此外，欧盟每年都通过各种基金会资助当地原住民和社团的发展。2007～2013 年，欧盟共筹集 19.8 亿欧元用于支持北极原住民发展。2014～2020 年，欧盟将从欧洲结构和投资基金中筹集 10 亿欧元，用于支持北极原住民社区创新产业、中小企业和清洁能源等的发展。[③]

此外，欧盟还积极与北极国家开展合作。例如，在北极科考和可持续发展问题上，欧盟与加拿大保持了良好的伙伴关系。2016 年 10 月，欧盟—加拿大北极会议在渥太华举行，议题主要涉及现代化与传统、经济发展与环境保护等。作为北极理事会的创始成员国，加拿大是北极问题最活跃的利益相关方之一。因此，重视与加拿大在北极事务上保持良好的伙伴关系，对欧盟参与北极事务是具有积极意义的。

---

① http：//www. arctic‐council. org/index. php/en/about‐us/arctic‐council/observers.

② Eubusiness, EU Policy for the Arctic‐guide, 3 July 2012, http：//www. eubusiness. com/topics/environ/arctic‐policy/.

③ European Union Policy for the Arctic, http：//eeas. europa. eu/arctic_ region/docs/160427_ joint‐communication‐an‐integrated‐european‐union‐policy‐for‐the‐arctic_ en. pdf.

（三） 欧盟参与北极治理的实质与特点

综上所述，在很多国家纷纷出台北极政策、向国际社会宣示自身利益诉求的背景下，欧盟不甘落后，已经出台了一系列有关北极的政策文件并积极参与北极事务。有学者认为，欧盟在北极治理方面乃是一支规范性力量，其理念与实践的主要特点表现在：（1）以提供公共产品为标榜，积极介入北极地区多边治理；（2）在应对气候变化方面发挥积极作用；（3）保障和维护北极地区居民的权利；（4）促进资源的可持续利用；等等。①

总体来看，欧盟积极参与北极治理的实质，乃是基于利益和价值两个方面的诉求：既追求经济等方面的利益，也希望占据有利的价值高地。从利益角度看，欧盟在北极地区治理方面的主要利益包括航道、能源安全和生态安全等；从价值诉求来看，欧盟长期致力于在全球气候变化、保护生物物种多样性等方面扮演着"先锋"的角色，积极参与北极治理实际上也有助于其展示良好的国际形象。

因此，在北极治理中，欧盟的政策理念及其具体实践证明，欧盟不断强化自己作为北极事务重要利益攸关方的国际形象，其政策与实践都具有较为明显的连贯性和针对性，同时十分注重与北极地区相关各方的合作，致力于扮演一种友好合作者与公共物品提供者的角色。不过，需要指出的是，在国际社会就如何有效进行北极治理尚未完全达成共识的背景下，欧盟的高调介入使得今后的北极治理更加具有艰巨性、复杂性等特点。

四　北极治理中的中欧合作：现状与前景

中国是"近北极国家"，是北极事务的重要利益攸关方。作为联合国安理会常任理事国，以及《联合国海洋法公约》和《斯瓦尔巴德条约》的缔约国，中国在北极治理问题上应该并能够发挥更重要的作用。但"北极治

---

① 夏立平：《规范性力量理论视阈下的欧盟北极政策》，《社会科学》2014 年第 1 期。

理是一个系统性的综合课题，它涉及北极治理主体、北极治理机制和北极治理领域等方面的内容"。^① 而随着欧盟不断高调介入北极事务，未来北极治理更加需要国际社会特别是北极事务有关各方的交流、协调与合作。本文下面将简要论述、探讨中欧在北极事务合作方面的现状与前景。

（一） 中欧合作现状

首先，中欧关系的深入发展以及现有合作机制，是双方就北极事务进行政策沟通与协调的重要基础和平台。自 1975 年中国与欧盟（前身为欧共体）建交后，中欧双边关系不断取得重大进展；2003 年中欧全面战略伙伴关系确立后，双方已经构建了全方位、宽领域、多层次的合作渠道，中欧之间的交流与合作更加深入，涉及的议题更加丰富，其中包括气候变化与北极事务等。

在欧盟层面上，中欧之间的现有双边合作机制可以就北极事务进行交流与合作。例如，始于 1998 年的中欧领导人峰会作为最高级别的政治磋商机制，其议题就涉及气候变化和北极事务等。2005 年第八次中欧领导人会晤发表的《中欧气候变化联合宣言》，宣布中欧在气候变化问题上建立伙伴关系。2010 年中欧举行气候变化部长级磋商，发表《中欧气候变化对话与合作联合声明》，确立了中欧气候变化部长级对话与合作机制。2012 年 9 月，《第十五次中欧领导人会晤联合新闻公报》明确指出，中欧双方"认识到北极地区的日益重要性，尤其是在气候变化、科学研究、环境保护、可持续发展、海洋运输等相关方面，同意就北极事务交换意见"。这为中欧双方今后就北极事务进行协调与合作奠定了重要基础。2013 年，第十六次中欧领导人会晤后发表的《中欧合作 2020 战略规划》中倡议，中欧双方将"开展联合行动，提升海事安全，加强相关国际法专业知识共享，加强包括联合研究项目在内的北极事务交流"。^② 2015 年 6 月，《中欧气候变化联合

---

① 王传兴：《北极治理：主体、机制和领域》，《同济大学学报》（社会科学版）2014 年第 4 期，第 24 页。
② 《第十六次中欧领导人会晤发表〈中欧合作 2020 战略规划〉》，新华网，2013 年 11 月 24 日 http：//news.xinhuanet.com/fortune/2013-11/24/c_125752294.htm。

声明》宣布，中国和欧盟将共同致力于进一步推动中欧气候变化伙伴关系取得显著进展。除领导人峰会外，中欧之间还建立了双边对话与协商机制，涉及经贸合作、政治、战略以及科技、气候、能源、交通、环保等多个领域，扩大和加强双方在国际和地区事务中的交流与合作。

因此，上述中欧之间现有双边合作机制为双方就北极事务展开政策协调与合作提供了重要的政治基础与制度平台。此外，值得一提的是，欧盟在 2016 年 4 月提出新的北极政策建议，表示将继续与北极理事会、巴伦支海欧洲—北极理事会等机构、中国、日本、印度等非北极沿岸国以及北极原住民和社团开展积极而又务实的合作。[①] 由此可见，欧盟具有希望与中国加强在北极事务方面合作的积极意愿。

其次，在双边层面上，中国与欧洲很多国家在极地科考等方面已具备良好的合作基础，其中包括英、法、德、意等欧盟成员国，以及挪威、冰岛等北欧的非欧盟成员国。在与北极国家开展积极外交的过程中，中国一方面避免与俄罗斯、加拿大和美国等北极国家产生冲突，另一方面则与北极国家积极发展双边关系。[②] 早在 2004 年 7 月，中国在挪威的斯瓦尔巴特群岛建立了首个北极科学考察站——黄河站，为加强国际交流与合作提供了重要的科研平台。

近年来，中国与冰岛、丹麦等北极理事会成员国的关系都取得了实质性进步，特别是同冰岛在北极事务上的合作不断加强，成果斐然。例如，2010 年 9 月冰岛总统访华时主动提出，希望在北极航道方面与中方合作。2012 年 4 月，温家宝总理访问冰岛开启了中冰北极合作的进程。其间，冰

---

① European Union External Action：European Union Policy for the Arctic，http：//eeas. europa. eu/ archives/docs/arctic_ region/docs/160427_ joint – communication – an – integrated – european – u- nion – policy – for – the – arctic_ en. pdf；http：//eeas. europa. eu/arctic_ region/docs/160427_ joint – communication – an – integrated – european – union – policy – for – the – arctic_ en. pdf；《欧盟北极政策明确三大优先领域》，中国海洋在线，2016 年 5 月 4 日，http：//www. oceanol. com/gjhy/ptsy/toutiao/2016 – 05 – 04/58891. html。

② Teshu Singh，China and the Arctic：Evolving Geopolitics，NIAS Strategic Forecast，6 March 2016，http：//eprints. nias. res. in/1047/1/2016 – – NSF06 – Teshu. pdf。

岛支持中国成为北极理事会观察员，参与北极地区的和平开发利用；中冰两国签署《关于北极合作的框架协议》，国家海洋局与冰岛外交部签署《海洋与极地研究合作谅解备忘录》，提出了设立北极联合研究中心的合作意向，这也是中国首次与北极国家签署此类协议。同年，中国的"雪龙"号极地科考船首访冰岛。2013 年 5 月，北极理事会部长级会议批准中国成为北极理事会正式观察员。2014 年，中国极地研究中心和冰岛研究中心共同举行了中冰联合极光观测台奠基仪式。2016 年，中冰联合极光观测台主体建筑竣工。此外，自 2013 年起，中国派员参加在冰岛举行的历届"北极圈论坛"大会，就北极治理问题与有关各方进行交流。目前，北极治理特别是具体事务的合作，已经逐渐成为进一步发展中欧关系的新支点，为中国—北欧次区域合作的拓展与深化奠定了良好基础。

最后，中欧之间还建立了关于北极研究的学术交流与合作平台。北极的气候变化、经济发展和航运成为北欧机构和中国成员机构联合研究的核心议题。[1] 2013 年 4 月，由上海国际问题研究院与芬兰拉普兰大学联合主办的"北极安全与国际合作"国际学术研讨会在中国上海举行，来自芬兰拉普兰大学、俄罗斯圣彼得堡大学、挪威特罗姆瑟大学、挪威南森研究所、国家海洋局极地考察办公室、中国极地研究中心、中国海洋大学、同济大学和上海国际问题研究院等机构的专家学者，就北极安全与地缘政治、北极治理与国际合作、北极事务和中国参与以及北极国际社科研究现状评估等问题展开深入研讨。2013 年 6 月，中国海洋大学成为北极大学（University of the Arctic）的准成员（associate member），是我国首个加盟北极大学的科教机构。[2] 作为对 2012 年 4 月温家宝总理访问冰岛期间两国关于设立北

---

[1] Teshu Singh, China and the Arctic: Evolving Geopolitics, NIAS Strategic Forecast, 6 March 2016, http://eprints.nias.res.in/1047/1/2016 - - NSF06 - Teshu.pdf.

[2] 北极大学是一个主要由北极国家大学和研究组织共同组建的一个大学联盟，在北极理事会领导和支持下于 2001 年 6 月 12 日成立。多年来致力于北极研究与教育，目标是通过合作研究，推动环北极地区的可持续发展和原居民文化的保护。北极大学的成员包括两类：一类是正式成员（full member），来自北极八国；另一类是准成员（associate member），来自非北极国家或地区。

极联合研究中心的合作意向的落实，2013 年 12 月，中国极地研究中心、冰岛研究中心等 10 家来自中国和北欧 5 国（冰岛、丹麦、芬兰、挪威、瑞典）的北极研究机构签署了《中国—北欧北极研究中心合作协议》，宣布正式成立中国—北欧北极研究中心（CNARC）。

该研究中心致力于增进对北极及其全球影响的认识、理解，促进北欧北极的可持续发展以及中国与北极的协调发展，并将围绕北欧北极以及国际北极热点和重大问题，推动北极气候变化及其影响、北极资源、航运及经济合作、北极政策与立法等方向的国际交流和研究合作。因此，中国—北欧北极研究中心作为中国和北欧 5 国开展北极研究学术交流与合作的重要平台，不但丰富了中欧关系的人文交流等内涵，也是中欧推进务实合作的又一重大成果。

（二） 中欧合作前景

后冷战时期特别是近十多年来，气候变化、北极航运等议题在北极治理中的重要性和全球性日益凸显，这也为非北极行为体参与北极治理和相关事务合作提供了一定的基础与可能。对中国与欧洲（包括欧盟）来说，总体上看双方之间在北极治理方面拥有相近的利益诉求、相似的政策立场和类似的身份定位。2012 年 7 月发布的《发展中的欧盟北极政策：2008 年以来的进展和未来的行动步骤》表明，欧盟致力于成为北极治理的公共产品提供者。在北极政策立场方面，中欧都希望扩大北极事务的参与权；在北极相关水域的法律定位问题上，双方均认为应为北极道的自由航行奠定制度基础等，这些因素为二者开展北极合作提供了某种可能。[①]

但同时应该看到，中欧未来在北极事务方面的合作还面临一些困难。例如，有研究指出，"北极地区国际合作这种内核（也是硬核，由北冰洋沿

---

① 关于中国参与北极治理的路径以及中国与欧洲在北极治理方面的合作等讨论，参见程保志《中国参与北极治理的思路与路径》，《中国海洋报》2012 年 10 月 12 日，第 004 版；程保志《欧盟的北极政策和与中国合作的可能性》，《和平与发展》2013 年第 3 期。

岸五国构成）、核心（北极理事会）和外围（北极理事会观察员以及更广泛的国际社会）的三层地缘政治格局到此已基本形成，它既为北极地区的国际合作发展创造了一定条件，同时也为合作的拓展深入制造了某种障碍"。①因此，在当前关于北极事务的国际合作机制与治理模式已经基本定型的态势下，中国和欧盟作为域外的非北极行为体难以获得更大突破，例如，欧盟申请北极理事会永久观察员席位的结果尚不确定。

当然，通过参加每年一度在冰岛首都雷克雅未克召开的北极圈论坛大会，非北极国家等行为体可以宣布各自的北极政策、介绍发展北极利益的计划以及进行广泛的交流等。例如，2015 年举行的第三届北极圈论坛，议题涉及北极地区安全、商机与可持续开发、科学合作和研究、原住民权益保障、资讯时代北极的变化、全球变暖和北极资源开采、北极渔业和海洋保护等。② 在这次大会上，中国代表团团长在以"中国贡献：尊重、合作与共赢"为主题的中国国别专题会议上发表了"中国的北极活动与政策主张"的主旨演讲，介绍了中国在北极领域的主要活动和所做贡献，阐释了中国的北极政策秉持尊重、合作与共赢三大政策理念，坚持六项具体政策主张，包括推进探索和认知北极、倡导保护与合理利用北极、尊重北极国家和北极土著人的固有权利、尊重北极域外国家的权利和国际社会的整体利益、构建以共赢为目标的多层次北极合作框架、维护以现有国际法为基础的北极治理体系。③ 欧盟首次参加了此次论坛，中国和欧盟有望未来在北极圈论坛等国际平台上开展更多交流与合作。

值得注意的是，在中欧推进关于北极事务交流与合作的过程中，除欧盟之外还有欧盟成员国、非欧盟成员国的北欧国家以及美国、俄罗斯和加拿大以及印度、新加坡等众多行为体。2016 年，法国、荷兰和西班牙发布

① 陈玉刚、陶平国、秦倩：《北极理事会与北极国际合作研究》，《国际观察》2011 年第 4 期，第 17~23 页。
② 北极圈论坛大会是一个致力于促进北极问题国际交流与合作，支持、补充和拓展北极政府间工作机制的开放性平台，由冰岛总统格里姆松等政要和专家于 2013 年发起成立。
③ 中国外交部：外交部副部长张明出席第三届北极圈论坛大会并发表主旨演讲，2015 年 10 月 17 日，http：//www. fmprc. gov. cn/web/wjbxw_ 673019/t1306849. shtml。

各自的北极或极地政策文件。而此前丹麦、芬兰、德国、意大利、波兰、瑞典和英国都已制定了本国的北极政策框架。例如，2013 年 10 月，德国政府出台了《德国北极政策指导方针》，认为北极事务与德国日益扩展的国家利益紧密相关。研究北极理事会的成员国、欧盟成员国以及北极理事会其他观察员国的北极政策，应该引起中国学者的足够关注。

对中国而言，北极地区的自然变化和资源开发对中国的气候、环境、农业、航运、贸易和社会经济发展具有直接影响。因此，中国有参与规划北极治理的积极意愿。但中国属于北极域外国家；与北极国家相比，中国在北极地缘政治中处于明显劣势。在中国参与北极事务、同欧方开展北极事务合作的过程中，必须认识到所谓的"中国威胁论"在欧洲一些国家中仍有一定市场。不管如何，中国 2018 年出台的北极政策白皮书等文件，有助于减轻北极国家对中国参与北极事务的疑虑和关切。

对于欧洲而言，在当前美国特朗普政府的北极政策尚不明朗，美俄与欧俄关系因乌克兰危机陷入紧张，加上欧洲面临主权债务危机、难民危机、英国脱欧以及 2019 年欧洲议会选举后新一届欧盟领导人和决策机构等尚未尘埃落定等诸多挑战与不确定性因素的情况下，欧盟要进一步介入北极事务不但要考虑到美、俄等国的北极政策等外部因素，还要尽力克服部分成员国"离心"倾向日益增强等内部问题。单就如何协调欧盟内部不同地区、不同国家关于北极利益或北极政策的不同取向而言，未来欧盟要制定和实施更为一致乃至一体化的北极政策，还面临不小的困难。

五 结语

在后冷战时期，主权国家仍是塑造北极地缘政治最主要的行为体。当前，北极事务具有参与主体多、涉及内容繁杂以及机制约束力不强等特点。但在北极治理问题上，由美、加、俄等北极 8 国主导的北极理事会体现出较强的排他性，使得众多非北极国家等行为体难以从广度和深度上更为有效地参与北极事务的治理。此外，目前北极地区的现有合作机制大多采取没有约束力的协议、宣言、项目等而非公法或条约。这种"软法"形式的合作机制是导致北极治理困境的又一重要原因。

进入21世纪后，欧盟（及其部分成员国）以及北欧一些国家纷纷出台了各自的北极政策或战略文件，积极参与北极事务。在北极治理问题上，欧盟主要关注气候变化与北极环境、北极地区可持续发展以及北极事务的国际合作等方面，通过发挥"规范性力量欧洲"的独特作用体现其价值诉求，同时通过加大资金投入等手段来实现其经济诉求；由于北极理事会的局限性以及环北极的排他性等因素，欧盟在北极治理中的理念与实践尚难以对其他行为体产生重大影响。就中欧双方来说，目前已利用或建立了一些合作机制，加强了彼此之间在北极事务特别是在气候变化、极地科考等方面的交流与合作。近年来，中国—中东欧国家合作日益取得丰硕成果，今后可考虑扎实推进中国—北欧国家合作、中国—南欧国家合作，使它们成为中欧"次区域合作"的下一步发展方向。[1] 在推进中国—北欧国家合作的过程中，北极治理似可成为中国与欧盟以及北欧国家等扩大、深化双边乃至多边务实合作的重要课题。

主要参考文献

步少华：《中欧"次区域合作"：动力与未来方向》，《国际问题研究》2016年第2期。

陈玉刚、陶平国、秦倩：《北极理事会与北极国际合作研究》，《国际观察》2011年第4期。

程保志：《欧盟的北极政策和与中国合作的可能性》，《和平与发展》2013年第3期。

董利民：《北极理事会改革困境及领域化治理方案》，《中国海洋法学评论》2017年第2期。

郭培清：《美国政府的南极洲政策与〈南极条约〉的形成》，《世界历史》2006年第

---

① 步少华：《中欧"次区域合作"：动力与未来方向》，《国际问题研究》2016年第2期。

1 期。

郭培清、田栋：《摩尔曼斯克讲话与北极合作——北极进入合作时代》，《海洋世界》2008 年第 8 期。

郭培清、孙凯：《北极理事会的"努克标准"和中国的北极参与之路》，《世界经济与政治》2013 年第 12 期。

黄栋、贺之杲：《欧盟参与北极治理的合法性研究》，《德国研究》2017 年第 3 期。

阮振宇：《南极条约体系与国际海洋法：冲突与协调》，《复旦学报》2001 年第 1 期。

王晨光：《路径依赖、关键节点与北极理事会的制度变迁——基于历史制度主义的分析》，《外交评论》2018 年第 4 期。

王传兴：《北极治理：主体、机制和领域》，《同济大学学报》（社会科学版）2014 年第 4 期。

王秀英：《国际法视阈中的北极争端》，《海洋开发与管理》2007 年第 6 期。

夏立平：《规范性力量理论视阈下的欧盟北极政策》，《社会科学》2014 年第 1 期。

曾望：《北极争端的历史、现状及前景》，《国际资料信息》2007 年第 10 期。

张继民：《探访北极》，社会科学文献出版社，2004。

赵晨：《欧盟的"民主赤字"与其民主化之路》，《欧洲研究》2010 年第 3 期。

赵晨：《欧盟是一个治理体系，而非"欧洲联邦"》，《世界知识》2017 年第 24 期。

Alfredsson and Timo Koivurova eds., *The Yearbook of Polar Law*, Vol. 3, No. 1, Dordrecht：Martinus Nijhoff Publishers, 2011.

Oran R. Young, "The Arctic Council at Twenty：How to Remain Effective in a Rapidly Changing Environment," *UC Irvine Law Review*, 2016, 6 (2).

Piotr Graczyk, Observers in the Arctic Council – Evolution and Prospects, in Gudmundur.

T. Koivurova, *Environmental Impact Assessment in the Arctic：a Study on International Legal Norms*, Aldershot：Ashgate Publishing Ltd. 2002.

Teshu Singh, "China and the Arctic：Evolving Geopolitics," *NIAS Strategic Forecast*, 6 March 2016.

后　记

党的十九大报告指出，中国将继续发挥负责任大国作用，积极参与全球治理体系改革和建设，不断贡献中国智慧和力量。习近平主席提出"一带一路"倡议以及"人类命运共同体"理念都是中国参与全球治理的新理念与新方案。中国提出的"共商、共建、共享"的全球治理观离不开国际多边合作，而欧盟则是国际多边合作的积极支持者与倡导者。中欧如何共同维护多边国际秩序，推动全球治理体系改革，成为中国参与全球治理的重要命题。为了回应这一命题，本书集合了国内欧洲研究学者的集体智慧，深入探讨了欧盟参与全球治理的理念与实践，以为中欧全球治理合作提供借鉴与参考。

广东国际战略研究院作为新型高校智库，近年来致力于全球治理，尤其是全球经济治理这一重大课题的研究，并取得了丰硕的成果。本书是广东国际战略研究院在全球经济治理领域的最新成果之一，也是对广东国际战略研究院成立十周年的献礼。本书出版得到广东国际战略研究院李青秘书长以及广东外语外贸大学欧洲研究中心陈寒溪主任的大力支持，社会科学文献出版社王玉敏女士为本书的编辑和出版付出了辛勤的努力，本书编者对此表示由衷感谢。

图书在版编目（CIP）数据

欧盟与全球治理 / 严少华，赖雪仪主编. -- 北京：
社会科学文献出版社，2020.6
ISBN 978 - 7 - 5201 - 5183 - 2

Ⅰ.①欧… Ⅱ.①严… ②赖… Ⅲ.①欧洲联盟 - 研
究 ②国际政治 - 研究 Ⅳ.①D814.1 ②D5

中国版本图书馆 CIP 数据核字（2019）第 146086 号

欧盟与全球治理

主　　编／严少华　赖雪仪

出 版 人／谢寿光
责任编辑／王玉敏
文稿编辑／赵怀英

出　　版／社会科学文献出版社·联合出版中心（010）59367153
　　　　　地址：北京市北三环中路甲 29 号院华龙大厦　邮编：100029
　　　　　网址：www. ssap. com. cn
发　　行／市场营销中心（010）59367081　59367083
印　　装／三河市龙林印务有限公司

规　　格／开 本：787mm × 1092mm　1/16
　　　　　印 张：16.5　字 数：244 千字
版　　次／2020 年 6 月第 1 版　2020 年 6 月第 1 次印刷
书　　号／ISBN 978 - 7 - 5201 - 5183 - 2
定　　价／99.00 元